Das Buch

Seit 1901 wird der von dem schwedischen Erfinder und Industriellen Alfred Nobel gestiftete Nobelpreis in den Kategorien Physik, Chemie, Medizin, Literatur, Frieden und – seit 1968 – Wirtschaftswissenschaften verliehen.

In diesem Zitatenschatz versammelt der Herausgeber David Pratt über 1 000 clevere, geistreiche und scharfsinnige Bonmots, Sprüche und Aphorismen von Nobelpreisträgern aller Kategorien. Zitate von Winston Churchill, Albert Einstein, Thomas Mann, Niels Bohr, Rudyard Kipling, Konrad Lorenz, Ernest Hemingway u. v. m. werden komplettiert von einer Sammlung mit kurzen biographischen Notizen zu den 250 zitierten Nobelpreisträgern und einer Liste aller Preisträger seit 1901.

Der Autor

David Pratt ist emeritierter Professor der Queen's University in Kanada und Autor zahlreicher Kurzgeschichten, Essays und Gedichte, die in literarischen Fachzeitschriften in den USA, Kanada, Großbritannien und Australien veröffentlicht wurden.

David Pratt (Hg.)

Geniale Gedanken

Geistesblitze von Nobelpreisträgern

Aus dem Englischen von
Biene van de Laar

Ullstein

Besuchen Sie uns im Internet:
www.ullstein-taschenbuch.de

Umwelthinweis:
Dieses Buch wurde auf chlor- und säurefreiem Papier gedruckt.

Deutsche Erstausgabe im Ullstein Taschenbuch
1. Auflage Oktober 2009
© für die deutsche Ausgabe Ullstein Buchverlage GmbH, Berlin 2009
Titel der amerikanischen Originalausgabe: *The impossible takes longer –*
The 1000 wisest things ever said by Nobel Prize Laureates
(Walker & Company, New York)
Umschlaggestaltung: HildenDesign, München
Titelabbildung: © ullstein bild/Granger Collection (Unterschriften Faulkner,
Hemingway, King, Steinbeck); © ullstein bild (H. Hesse);
© akg-images (Th. Mann)
Satz: KompetenzCenter, Mönchengladbach
Gesetzt aus der Adobe Garamond
Druck und Bindearbeiten: CPI – Ebner & Spiegel, Ulm
Printed in Germany
ISBN 978-3-548-37258-7

INHALTSVERZEICHNIS

VORWORT

Seit mehr als einem Jahrhundert ist der Nobelpreis das Wahrzeichen des Genies. Leben und Werk der nunmehr fast 800 Männer und Frauen, die den Preis seit den ersten Verleihungen im Jahre 1901 erhielten, beweisen, dass dieser weitverbreitete Eindruck nicht täuscht. Was die Nobelpreisträger nicht nur interessant, sondern darüber hinaus auch noch inspirierend macht, ist die Tatsache, dass ihre intellektuelle Brillanz gewöhnlich gepaart ist mit Eigenschaften wie Humanismus und Idealismus. Sie besitzen nicht nur außergewöhnliche Fähigkeiten, sie sind auch außergewöhnliche Menschen, deren Beobachtungen zu einer Vielfalt von Themen von wesentlichem Interesse sind.

Die Nobelpreisstiftung folgte im vergangenen Jahrhundert dem Wunsch Alfred Nobels, diejenigen zu ehren, »die im vorangegangenen Jahr der Menschheit die größten Dienste erwiesen haben«. Die Dienste, die diese Gruppe von nicht einmal Tausend der Menschheit erwiesen hat, sind außerordentlich. Millionen Leben wurden durch die medizinische Arbeit der Nobelpreisträger gerettet oder verbessert. Sie gaben uns die Radiumtherapie, Antibiotika, Insulin, Antidepressiva, Knochenmark und dessen Transplantation, Bypässe, das Serum gegen Diphtherie und den Impfstoff gegen Masern. Friedensnobelpreisträger spielten herausragende Rollen in der Beendigung beider Weltkriege, der Suezkrise von 1956, dem Vietnam- und dem Kalten Krieg. Historisch weniger Beachtung fanden die Tragödien und Konflikte, die durch die engagierte Arbeit sowohl individueller Preisträger als auch von geehrten Organisationen wie dem Roten Kreuz, Amnesty International, der UNO-Friedenstruppe und den Ärzten ohne Grenzen verhindert wurden.

Nobelpreisträger sind die Pioniere vieler technischer Erfindungen, die oft der Gleichgültigkeit oder Verhöhnung durch Kollegen und die Öffentlichkeit zum Trotz niemals aufgaben. Zu ihren Erfindungen zählen Röntgenapparate, die Kernspintomographie, Transistoren, Halbleiter, integrierte Schaltkreise, Laser und Elektronenmikroskope. Darüber hinaus wäre die Welt geistig und ästhetisch ärmer ohne Autoren, die uns solche Werke wie *Herr der Fliegen, Dr. Shiwago, Warten auf Godot, Die Blechtrommel, Das öde Land, Die Forsyte Saga, Der alte Mann und das Meer, Das Dschungelbuch, Mensch und Übermensch* und *Von Mäusen und Menschen* schenkten.

In vielen Zitaten dieser Sammlung geben Nobelpreisträger Aufschluss über ihre Spezialgebiete. Physiker kommentieren tiefgründig oder ironisch die Physik, Dichter die Poesie. Aber die Preisträger äußern sich auch, und das oftmals mit großer Einsicht, zu Themen außerhalb ihres speziellen Forschungsgebietes. Ihre Interessen sind weit gestreut. Das Klischee des Nobelpreisträgers jedenfalls vom geistesabwesenden, zurückgezogenen Genie mit exzentrischen Gewohnheiten trifft auf kaum einen von ihnen zu.

Einige der Preisträger standen zu ihrer Zeit durchaus im Licht der Öffentlichkeit. Dazu gehören drei Präsidenten der Vereinigten Staaten sowie zahlreiche Präsidenten, Premierminister und Führungspersönlichkeiten anderer Länder. Wenn sie über Ereignisse berichten, so geschieht dies aus einer privilegierten Position heraus. »Die Geschichte wird gnädig mit mir umgehen«, meinte einst Winston Churchill, »denn ich beabsichtige, sie selbst zu schreiben.«[1]

Wenn von der Vielseitigkeit der Preisträger die Rede ist, gilt das vor allem für die Musik. Nehmen wir zum Beispiel die Physiker: Max Planck und Werner Heisenberg waren beide Pianisten, die auf jeder Bühne hätten Konzerte geben können. Gerald Edelman spielte Geige in einem Symphonieorchester, Gerhard Herzberg war ein angesehener Bassbariton. Albert Einstein und seine enge Verbundenheit mit seiner Geige sind hinreichend bekannt, und Richard Feynman gab zu jeder passenden Gelegenheit seine Virtuosität im Bongo-Trommeln zum Besten. Andere Preisträger galten als hervorragende Sportler. Niels Bohr war Fußballspieler, Dudley Herschbach ein Highschool-Footballheld, Philip Noel-Baker nahm dreimal an den Olympischen Spielen teil, und Max Perutz war Skiläufer und Bergsteiger. Henry Kendall, der Sporttaucher, verlor sein Leben auf einer Tauchexpedition des *National Geographic*. Ernest Hemingway bemerkte einmal: »Meine Schreiberei ist nichts. Boxen ist alles.«[2]

Mit ihrer Umtriebigkeit und ihrem ruhelosen Geist gehören Nobelpreisträger zu den Menschen, deren Vorlieben und Interessen sich selten auf ein einziges Gebiet beschränken. So vertrat der russische Physiker Pjotr Kapiza etwa die Ansicht: »Oh, aber es ist unmöglich, ohne Poesie zu leben.«[3] Oder nehmen wir Einstein, der 1930 nach einem Konzert in Berlin auf die Bühne eilte, um den jungen Geiger Yehudi Menuhin stürmisch zu umarmen: »Jetzt weiß ich, dass es einen Gott im Himmel gibt.«[4]

Einstein ist der wohl bekannteste wissenschaftliche Preisträger, und die Vielzahl seiner Beobachtungen, sowohl schmunzelnd wie auch tiefsinnig, finden sich in mannigfachen Anthologien. Oft jedoch neigen diese Sammlungen dazu, Wissenschaftler an sich stiefmütterlich zu behandeln, um sich eher einigen bekannteren Literaturpreisträgern zuzuwenden. In dieser Zusammenstellung brillierte und gewann fast die Hälfte der zitierten Preisträger in einer der wissenschaftlichen Disziplinen. *Geniale Gedanken* umfasst Zitate von 73 Preisträgern, die den Literaturpreis errangen, 55, die für ihre Friedensarbeit gewürdigt wurden, 45 im Bereich Physik, 43 in der Medizin, 24 im Bereich Chemie und 18 aus der Wirtschaft. Wie sich an den Zitaten der Wissenschaftler unschwer ablesen lässt, sind viele von ihnen sehr wortgewandte Menschen, die sich gedanklich intensiv mit Themen des öffentlichen Interesses befassen. Da sie die Grenzen des Wissens ständig erweitern, die Geheimnisse der kosmischen, subatomaren und organischen

Welten erforschen, vermögen sie uns nicht nur viel über Wissenschaft zu erzählen, sondern auch zu vielen wichtigen Themen unserer Zeit.

Auf den folgenden Seiten teilen Preisträger verschiedenster Bereiche ihre Ansichten über Glauben und Religion, Gut und Böse, Freude und Schmerz, Ethik und Moral. Viele tausend Seiten wurden für diese Sammlung durchforstet: Romane, Schauspiele und Dichtungen, Biographien und Autobiographien, wissenschaftliche Veröffentlichungen, Zeitungsberichte und Interviews, Briefe, Tagebücher, Vorträge und Internetseiten.

Alle, die sich mit dem Leben von Nobelpreisträgern befassen, erkennen schon bald, dass auch sie nicht immun sind gegen die Schicksalsschläge und Tragödien, die den Rest der Menschheit heimsuchen. Oftmals scheinen sie sogar über das normale Maß hinaus gelitten zu haben. Mehrere von ihnen verloren einen oder beide Elternteile bereits in der Kindheit, und nicht wenige wuchsen in Armut auf. Die Kriege des zwanzigsten Jahrhunderts raubten Theodore Roosevelt, Rudyard Kipling, William Henry Bragg und Robert Aumann ihre geliebten Söhne. Eine große Anzahl von Wissenschaftlern floh aus dem nationalsozialistischen Deutschland, viele andere verließen die Heimat und gingen ins Exil. Von den 259 hier zitierten Preisträgern verbrachten mindestens 30 einige Zeit im Gefängnis: ob als Kriegsgefangene wie Konrad Lorenz und Jean-Paul Sartre, internierte Zivilisten wie Albert Schweitzer oder James Chadwick, Regimekritiker wie Bertrand Russell und Aung San Suu Kyi oder Insassen von Konzentrationslagern wie Roald Hoffmann und Elie Wiesel. Und auch die anderen durchlebten im Laufe ihrer Karriere irgendwann Zeiten der Entmutigung oder Rückschläge.

Wenn Nobelpreisträger über ihre Arbeit in der Literatur, den Wissenschaften, für den Frieden oder die Wirtschaft schreiben, so berichten sie über das, was sie aus erster Hand kennen. Gleichermaßen sind ihre Äußerungen im Hinblick auf Gefängnis und Exil, Kommunismus und Faschismus, Krieg und Terrorismus,

Erfolg und Niederlage, Pflicht und Mut oder Träume und Alpträume nicht rein theoretischer oder spekulativer Natur, sondern ebenfalls Teil ihrer persönlichen Erfahrungen. Zu Beginn des 21. Jahrhunderts profitieren wir von hundert Jahren der Einsichten und Entdeckungen, die Nobelpreisträger durch Fleiß und Schmerz errangen. Sie sind eine Quelle der Weisheit, die unsere Aufmerksamkeit in ihren Bann zieht.

DANKSAGUNG

Ich bedanke mich für die Genehmigung der Nobelpreis-Stiftung, die Fotos der Preisträger aus ihrem Museum verwenden zu dürfen. Es ist ein virtuelles Museum, das mehr als dreißigtausend Dokumente umfasst, einschließlich der Biographien und Autobiographien der Preisträger, ihrer Dankesreden und Vorträge zum Nobelpreis. Es war eine unverzichtbare Informationsquelle.

Bei drei Autoren, deren Werke ich besonders hilfreich fand, stehe ich in besonderer Schuld: István Hargittai und fünf Büchern seiner *Candid Science*-Serie sowie *The Road to Stockholm* (2002); Louise S. Sherby und ihrem Buch *The Who's Who of Nobel Prize Winners, 1901–2000* (4. Auflage, 2002) sowie Tyler Wasson und *Nobel Prize Winners* (1983). Dem interessierten Leser seien diese Werke als reiche Informationsquellen über eine wirklich bemerkenswerte Gemeinschaft von Männern und Frauen ans Herz gelegt.

Ich möchte Michael Pratt, M.D., und Timothy Pratt, Ph. D., für ihre Hilfe bei den Biographien der Wissenschaftler danken.

Der Begabung und Hilfe von Hugh Brewster verdankt dieses Buch seine letztendliche Form. Darüber hinaus war es ein Vergnügen, mit Jacqueline Johnson und Mike O'Connor von Walker & Company zusammenzuarbeiten. Am wichtigsten jedoch war, dass Beverley Slopen von der Agentur Slopen niemals an diesem Projekt zweifelte und mir unablässig Mut machte. All diesen Menschen möchte ich von ganzem Herzen danken.

DIE ZITATE

ERRUNGENSCHAFTEN

1. Schwieriges lässt sich im Handumdrehen erledigen. Unmögliches hingegen dauert etwas länger.

   Fridtjof Nansen   FRIEDEN, 1922

2. Immer versucht. Immer gescheitert. Einerlei. Wieder versuchen. Wieder scheitern. Besser scheitern.

   Samuel Beckett   LITERATUR, 1969

3. Niemand vermochte, an unsere Träume von der Perfektion heranzureichen. Also messe ich uns an unserem grandiosen Fehlschlag, das Unmögliche schaffen zu wollen.

   William Faulkner   LITERATUR, 1949

4. Ein Mann kann vernichtet werden, aber er darf nie aufgeben.

   Ernest Hemingway   LITERATUR, 1954

5. Ich mag nicht die Gerechten, die nie gefallen noch fehlgetreten sind. Ihre Tugend ist tot und wertlos. Die Schönheit des Lebens hat sich ihnen nicht aufgetan.

   Boris Pasternak   LITERATUR, 1958

6. Du hattest keinen Erfolg? Höre nicht auf! Du hattest Erfolg? Höre nicht auf!

   Fridtjof Nansen   FRIEDEN, 1922

7. Ich glaube nicht, dass ich besonderes Talent besitze. Ich bin lediglich hartnäckig ... Auch nach dem ersten Fehlschlag, dem zweiten, dem dritten gab ich einfach nie auf.

Carlo Rubbia PHYSIK, 1984

8. Ich überlege und überlege monate- und jahrelang. Neunundneunzigmal ist die Schlussfolgerung falsch. Beim hundertsten Mal liege ich richtig.

Albert Einstein PHYSIK, 1921

9. Gehe ein Risiko ein. Lasse dich darauf ein. Wenn du bei dem Versuch eine Bruchlandung und Verbrennungen erleidest, so ist das immer noch besser, als es nie versucht zu haben.

Roderick MacKinnon CHEMIE, 2003

10. Heilige, so sagt man, sind jene Sünder, die nicht aufgeben. Also sind freie Männer und Frauen die Unterdrückten, die nicht aufgeben und sich durch diesen Prozess so weit entwickeln, bis sie die Verantwortung tragen und die Disziplin aufrechterhalten können, die eine freie Gesellschaft ermöglichen.

Aung San Suu Kyi FRIEDEN, 1991

11. Ich habe mir, trotz aller Desillusionierung, niemals, niemals den Gedanken ans Aufgeben gestattet. Und dies ist meine heutige Botschaft: Aufgeben ist des Menschen nicht würdig.

Alva Myrdal FRIEDEN, 1982

12. Die größte Freude des Lebens liegt darin, etwas zu erreichen. Es ist das Bekommen, nicht das Haben. Es ist das Geben, nicht das Behalten. Ich glaube fest an die Theorie, dass du innerhalb eines vernünftigen Rahmens in dieser Welt alles tun oder sein kannst, was du dir wünschst. Solange du bereit bist, dafür entsprechende Opfer zu bringen und lange und hart genug zu denken und zu arbeiten.

Frederick Banting   MEDIZIN, 1923

13. Gebt niemals auf, gebt niemals auf, nie, nie, nie, nie, in nichts, sei es groß oder klein, bedeutend oder nebensächlich – gebt niemals auf, es sei denn, es geht gegen die Ehre oder den gesunden Menschenverstand. Ergebt Euch niemals der Gewalt, ergebt Euch niemals der scheinbar überwältigenden Überlegenheit des Feindes.

Winston Churchill   LITERATUR, 1953

ARBEIT UND WIRKEN

14. Arbeit ist das einzig Gute.

John Steinbeck   LITERATUR, 1962

15. Arbeit ist das Einzige, was dem Leben Inhalt gibt.

Albert Einstein   PHYSIK, 1921

16. Ohne Berufung wäre die Existenz des Menschen bedeutungslos.

Anwar as-Sadat   FRIEDEN, 1978

17. Glücklichsein hängt davon ab, perfekt der Natur der eigenen Arbeit zu entsprechen.

Alexis Carrel MEDIZIN, 1912

18. Diejenigen, für die Arbeit und Vergnügen eins sind ..., sind ... des Glückes bevorzugte Kinder.

Winston Churchill LITERATUR, 1953

19. Wenn ich mir die Frage stelle: »Wer sind die glücklichsten Menschen auf Erden?« So lautet meine Antwort: »Jene, die es nicht erwarten können, am Morgen aufzuwachen und dort weiterzumachen, wo sie am Tage zuvor aufgehört haben.«

James Cronin PHYSIK, 1980

20. Mit dem Künstler hat der Wissenschaftler nur das eine gemeinsam. Er findet keine bessere Möglichkeit, sich von der Welt zurückzuziehen und gleichzeitig fest mit ihr verbunden zu bleiben, als seine Arbeit.

Max Delbrück MEDIZIN, 1969

21. Den bei weitem besten Preis, den das Leben zu bieten hat, ist die Möglichkeit, hart an einer Sache zu arbeiten, die es wert ist.

Theodore Roosevelt FRIEDEN, 1906

22. Alle Menschen, denen es gutgeht, arbeiten sehr hart. Niemand, der gewisse Leistungen vorzuweisen vermag, war ein Faulpelz.

Sidney Altman CHEMIE, 1989

23. Nichts wird passieren, wenn du nicht mit deinem Herzblut daran arbeitest.

Riccardo Giacconi   PHYSIK, 2002

24. Ich bin ein Glückspilz. Und je härter ich arbeite, desto mehr Glück scheine ich zu haben.

Alan MacDiarmid   CHEMIE, 2000

25. Mein ganzes Leben lang war ich von Menschen umgeben, die klüger waren als ich. Aber ich fand heraus, dass ich mit ihnen mithalten konnte, wenn ich nur hart genug arbeitete.

Glenn T. Seaborg   CHEMIE, 1951

26. Es gibt zweierlei Arten von Arbeit: Einmal, Verlagern der Materie auf oder nahe der Erdoberfläche in Bezug auf andere derartige Materie. Zweitens, andere Leute anzuweisen, es zu tun. Arbeit der ersten Art ist unangenehm und schlecht bezahlt, Arbeit der zweiten angenehm und gut bezahlt.

Bertrand Russell   LITERATUR, 1996

27. Ungeliebte Arbeit, langweilige Arbeit, Arbeit, die nur geschätzt wird, weil andere nicht mal diese haben, auch wenn sie ungeliebt und langweilig ist – gehört zu den schlimmsten Missständen, unter denen Menschen zu leiden haben.

Wislawa Szymborska   LITERATUR, 1996

28. Ein Umfeld, in dem Menschen alt werden ohne eine Arbeit, die sie individuell belohnt und die gleichzeitig zum Gemeinwohl aller beiträgt, ist moralisch inakzeptabel.

Franco Modigliani   WIRTSCHAFT, 1985

29. Alles in allem gestaltet es sich schwierig, das Leben und die Arbeit gleich gut zu meistern. Siehst du dich also gezwungen, in einem von beiden etwas vorzutäuschen, so ist es besser das Leben.

Joseph Brodsky   LITERATUR, 1987

30. Der Intellekt zwingt den Menschen, sich für die Perfektion im Leben oder in der Arbeit zu entscheiden.

William Butler Yeats   LITERATUR, 1923

31. Der Arbeiter wird den Weg des Pferdes gehen.

Wassily Leontief   WIRTSCHAFT, 1973

DER NOBELPREIS

32. Ich habe niemals im Leben damit gerechnet, den Nobelpreis zu gewinnen. Das ist die reine Wahrheit. Ich wuchs auf in dem Glauben, dass ich meinen Namen nur dann in der Zeitung lesen würde, wenn ich etwas wirklich Übles angestellt hätte.

Eugene Wigner   PHYSIK, 1963

33. Was auch immer, lass' uns frühstücken.

Isaac Bashevis Singer   LITERATUR, 1978

Antwort an seine Frau auf die Nachricht,
er habe den Nobelpreis gewonnen.

34. Sofort läutete wieder das Telefon. Im Moment des Auflegens hatte er meine Stimme gehört. »Meine Glückwünsche, Dr. Mullis. Es ist mir ein besonderes Vergnügen, Ihnen mitteilen zu dürfen, dass Sie den Nobelpreis erhalten.« »Ich akzeptiere!«, rief ich.

Kary Mullis   CHEMIE, 1993

35. Ich habe diese Arbeit nicht geleistet. Das waren die jungen Leute im Laboratorium. Ich habe nur Kaffee gekocht und die Bleistifte gespitzt.

Peter Agre   CHEMIE, 2003

36. Ich war überaus erfreut über den Nobelpreis, durfte ich doch genau wie Sie davon ausgehen, dass mein Bongospiel endlich anerkannt wurde.

Richard Feynman   PHYSIK, 1965

37. Und was stelle ich jetzt dar? Einen aufgeblasenen Narren, nur weil ich einen Preis verliehen bekam?

Jody Williams   FRIEDEN, 1997

38. Die Alten hier fragten: »Was ist das, ein Nobel? Ein Bagel?«

Derek Walcott   LITERATUR, 1992

39. Seit meine Kinder ins Teenageralter kamen, ist dies das erste Mal in meinem Leben, dass sie nach Hause kamen und mir mitteilten: »Hallo Dad, meine Freunde finden das echt cool.«

Peter Agre   CHEMIE, 2003

40. Eure Majestät, Königliche Hoheiten, Ladies und Gentlemen ... Ich kenne keinen anderen Anlass, zu dem sich Prinzen versammeln, um Molekülen ihren Respekt zu erweisen ... Ihre Anwesenheit lässt unsere Ehefrauen einen kleinen Moment zögern, bevor sie uns zum Abwaschen schicken.

John Polanyi   CHEMIE, 1986

41. Als Kind wollte ich Physiker werden. Ich bat meine Mutter inständig, mich in Tokio Physik studieren zu lassen. Ich versprach ihr, den Nobelpreis in Physik zu gewinnen. Nun, fünfzig Jahre später, kehrte ich in meinen Heimatort zurück und erzählte meiner Mutter: »Siehst du, ich habe mein Versprechen gehalten. Ich habe den Nobelpreis erhalten.« »Oh nein«, entgegnete meine Mutter, die über einen sehr feinen Sinn für Humor verfügt, »du hast mir versprochen, den Physikpreis zu gewinnen!«

Kenzaburō Ōe   LITERATUR, 1994

42. Das ist genauso gut, als ginge man zur eigenen Beerdigung, ohne vorher gestorben zu sein.

Emily Balch   FRIEDEN, 1946

43. Eine Woche lang ist das ein richtig tolles Gefühl. Aber es würde dich absolut korrumpieren, wenn es länger anhielte.

Milton Friedman WIRTSCHAFT, 1976
Kommentar zu den Nobelpreisbällen in Stockholm.

44. Der Preis ist auch für den Einzelnen ein wahres Geschenk. Ich habe schon vorher im Scherz gesagt, dass er einem lebenslangen Vorrat an Stimmungsaufhellern gleichkommt.

Alfred Gilman MEDIZIN, 1994

45. Die Leute bombardieren mich mit E-Mails, in denen sie fragen: »Was bedeutet Leben?« Und sie möchten eine rasche, umfassende Antwort!

David Baltimore MEDIZIN, 1975

46. Oh nein, das habe ich befürchtet. Ich verdrücke mich lieber.

Torsten Wiesel MEDIZIN, 1981

47. Dies ist mein Ende. Das ist tödlich. Ich werde dem niemals gerecht werden.

Sinclair Lewis LITERATUR, 1930

48. Der Nobelpreis ist die Fahrkarte zum eigenen Begräbnis. Niemand leistet mehr etwas, nachdem er ihn erhalten hat.

T. S. Eliot LITERATUR, 1948

49. Wenn du nicht aufpasst, beendet der Nobelpreis deine Karriere. Wenn ich mich wirklich darauf einließe, so würde ich bis zu meinem Lebensende Eröffnungsbänder durchschneiden.

Daniel McFadden   WIRTSCHAFT, 2000

50. Könnte ich es innerhalb von drei Monaten erklären, wäre es den Nobelpreis nicht wert.

Richard Feynman   PHYSIK, 1965

51. Wenn ich wüsste, wie man an einen Nobelpreis kommt, würde ich es Ihnen nicht verraten, sondern den nächsten in Angriff nehmen.

Robert Laughlin   PHYSIK, 1998

52. Auch Sie können den Nobelpreis gewinnen. Forschen Sie fleißig. Zollen Sie der DNA Respekt. Rauchen Sie nicht. Trinken Sie nicht. Meiden Sie Frauen und Politik. Das ist mein Erfolgsrezept.

George Beadle   MEDIZIN, 1958

53. Ihr denkt wohl, es wäre schwierig, den Nobelpreis zu gewinnen, aber es ist ganz leicht. Geradezu trivial. Werft einfach nur ein paar Protonen und Antiprotonen zusammen in eine Schachtel, schüttelt sie gut durch und heimst Euren Preis ein.

Carlo Rubbia   PHYSIK, 1984

54. Absprache ist Absprache. Es fällt schwer, sich nach einem solchen Preis mies zu verhalten.

Robert Lucas WIRTSCHAFT, 1995

Die Klausel in den Scheidungspapieren von Lucas und seiner Frau lautete: »Die Ehefrau erhält fünfzig Prozent im Falle eines Nobelpreises«, sofern er innerhalb der nächsten sieben Jahre nach ihrer Scheidung vom 31. Oktober 1988 verliehen werden sollte. Lukas gewann ihn am 10. Oktober 1995, also musste er die 600 000 Dollar teilen.

55. Manche preisen das gefrorene Sperma sorgfältig ausgewählter Spender. Manche begeistern sich sogar für das Sperma von Nobelpreisträgern. Auf diese Art der Reproduktion würde sich nur einlassen, wer die Preisträger nicht kennt.

François Jacob MEDIZIN, 1965

56. Für mein Dafürhalten ging diese Auszeichnung nicht an mich als Mensch, sondern an meine Arbeit – ein Lebenswerk unter den Qualen und dem Schweiß des menschlichen Geistes, nicht für den Ruhm und noch viel weniger für den Profit, sondern um aus dem Stoff des menschlichen Geistes etwas zu schaffen, das es zuvor nicht gab.

William Faulkner LITERATUR, 1949

57. Aber das ist ja hundert Meilen weit weg. Das ist eine lange Anfahrt, nur um essen zu gehen.

William Faulkner LITERATUR, 1949

Seine Erklärung, warum er die Einladung Präsident Kennedys zu einem Abendessen mit neunundvierzig Nobelpreisträgern ausschlug.

Glaube und Überzeugung

In Alfred Nobels Testament steht, dass die Preise Menschen verliehen werden sollen, »die im vorangegangenen Jahr der Menschheit die größten Dienste erwiesen haben.« Dieses ethische Prinzip wurde vom Nobelpreiskomitee weiter verfolgt. Obwohl die Preisträger alle Schattierungen politischer, religiöser und sozialer Überzeugungen abdecken, ist ihr Denken durchweg von Idealismus und Humanität geprägt.

Kaum ein Preisträger vertrat extremistische Ansichten, nur ein Bruchteil folgte irgendwann in seinem Leben den Doktrinen der Kommunisten oder Faschisten. Eine Minderheit verteidigte leidenschaftlich ihren religiösen Glauben, eine genauso kleine Anzahl ihren Atheismus. Was die Nobelpreisträger aber eint, ist der Glaube an ihre Arbeit, das Wohlergehen der Menschheit, die Freiheit und die Suche nach der Wahrheit.

GLAUBE UND ÜBERZEUGUNG

58. Es gibt zwei leidige Arten von Gläubigen: jene, die das Unfassbare glauben, und jene, die glauben, der »Glaube« müsse verworfen und abgelöst werden durch die »wissenschaftliche Methode«.

Max Born   PHYSIK, 1954

59. Jemand, der alles glaubt, was ihm zugetragen wird, ist niemals Wissenschaftler. Wer jedoch an gar nichts glaubt, landet entweder im Gefängnis oder vorzeitig unter der Erde.

Luis Alvarez   PHYSIK, 1968

60. Es verwundert mich immer wieder, mit welcher Leichtigkeit uninformierte Menschen eine festgefügte, leidenschaftliche Meinung vertreten, wo ihnen doch die Grundlage für ihre Einschätzung vollkommen fehlt.

William Golding   LITERATUR, 1983

61. Der Mensch an sich … neigt nur allzu gern dazu, den Einzelfall zu verallgemeinern. Der Fachbegriff hierfür lautet interessanterweise »Aberglaube«.

Francis Crick   MEDIZIN, 1982

62. Ich glaube selbstverständlich nicht an diesen Aberglauben. Aber es heißt, auch wenn man selbst nicht daran glaubt, bringe es dennoch Glück.

Niels Bohr   PHYSIK, 1922
Seine Antwort auf die Frage eines Besuchers, warum über der Tür seines Cottage-Hauses ein Hufeisen hänge.

63. Ich verspüre kein Bedürfnis nach einem anderen Glauben als meinem Glauben an die Menschen.

Pearl S. Buck   LITERATUR, 1938

64. Ich glaube an Gott – Gott zum Trotz! Ich glaube an die Menschheit – der Menschheit zum Trotz! Ich glaube an die Zukunft – der Vergangenheit zum Trotz!

Elie Wiesel   FRIEDEN, 1986

BEDEUTUNG UND BEDEUTSAMKEIT

65. Wonach der Mensch bis zur Schmerzgrenze sucht, bei seinen Gottheiten, in seiner Kunst, in seiner Wissenschaft, ist Bedeutung. Er vermag die Leere nicht zu ertragen. Er fügt Ereignissen Bedeutung zu, wie er seinem Essen durch Salz Geschmack verleiht.

François Jacob   MEDIZIN, 1965

66. Sollte es den Menschen zuweilen misslingen, der Geschichte Bedeutung zu verleihen, so können sie sich immer noch so verhalten, dass sie ihrem eigenen Leben zuteil wird.

Albert Camus   LITERATUR, 1957

67. Ich glaube nicht, dass ich für die Bedeutsamkeit oder Bedeutungslosigkeit des Lebens an sich verantwortlich bin. Aber ich trage die Verantwortung dafür, was ich aus meinem Leben mache.

Hermann Hesse   LITERATUR, 1946

68. Die Bedeutung des Lebens liegt in der Tatsache begründet, dass die Aussage, das Leben habe keine Bedeutung, keinen Sinn ergibt.

Niels Bohr   PHYSIK, 1922

69. Nicht alles, was zählt, ist zählbar, und nicht alles, was zählbar ist, zählt.

Albert Einstein   PHYSIK, 1921

70. Ich habe ein Leben und eine Chance, darin etwas Bedeutsames zu leisten … Mein Glaube gebietet mir, dass ich alles in meiner Macht Stehende unternehme, wo immer ich bin, wo immer ich es vermag, solange ich es vermag, mit den mir gebotenen Mitteln einen Unterschied zu bewirken.

Jimmy Carter   FRIEDEN, 2002

71. Der alte Bund ist zerbrochen. Der Mensch hat endlich begriffen, dass er in der gleichgültigen Unermesslichkeit des Universums, aus der er nur zufällig heraustrat, völlig allein dasteht. Weder sein Los noch seine Pflichten sind irgendwo verzeichnet. Es ist an ihm, zwischen dem Himmelreich und der Finsternis zu wählen.

Jacques Monod   MEDIZIN, 1965

72. In den Straßengräben, den ausgewaschenen Schützengräben, zwischen den Ruinen ausgebrannter Häuser erfuhr er den Wert einer Suppenkonserve, einer Stunde der Stille, die Bedeutung der Freundschaft und des Lebens selbst.

Alexander Solschenizyn   LITERATUR, 1970

WAHRHEIT UND TÄUSCHUNG

73. Die Wahrheit ist nicht immer schön, aber das Verlangen nach ihr ist es.

Nadine Gordimer   LITERATUR, 1991

74. Mit dem Beginn des Lebens beginnt auch der Hunger nach Wahrheit. Die Fähigkeit zu lügen hingegen, wird erworben in dem Bemühen zu überleben.

Gao Xingjian LITERATUR, 2000

75. Glaube jenen, die auf der Suche nach der Wahrheit sind. Misstraue all denjenigen, die meinen, sie gefunden zu haben.

André Gide LITERATUR, 1947

76. Diskussionen mit jemandem, der die Wahrheit nicht länger sucht, erübrigen sich, wenn er meint, sie längst zu besitzen.

Romain Rolland LITERATUR, 1915

77. Die Wissenschaft weist keinerlei Übereinstimmungen mit irgendwelchen Dogmen auf. Wo das Dogma regiert, existiert die Wissenschaft nicht länger.

Jean-Marie Lehn CHEMIE, 1987

78. Diese Gewissheit, im Besitz der einzigen Wahrheit zu sein, macht die Menschen so grausam.

Anatole France LITERATUR, 1921

79. Ich glaube, dass Ideen wie absolute Gewissheit, absolute Genauigkeit, endgültige Wahrheit usw. Hirngespinste sind, die in keiner Wissenschaft zugelassen werden sollten ... Diese Lockerung des Denkens scheint mir der größte Segen zu sein, den uns die heutige Wissenschaft gebracht hat. Ist doch der Glaube an eine einzige Wahrheit und die Überzeu-

gung, sie als Einziger zu besitzen, die Wurzel allen Übels in der Welt.

Max Born   PHYSIK, 1954

80. Gelegentlich stolpern Menschen über die Wahrheit, aber die meisten stehen einfach wieder auf und eilen weiter, als wäre nichts geschehen.

Winston Churchill   LITERATUR, 1953

81. Das Gegenteil einer richtigen Aussage ist eine falsche Aussage. Das Gegenteil einer grundlegenden Wahrheit mag durchaus eine weitere grundlegende Wahrheit sein.

Niels Bohr   PHYSIK, 1922

82. Tiefe Erkenntnisse wurden noch niemals hinausgeschrien.

Juan Ramón Jiménez   LITERATUR, 1956

83. Ein Mann mag erklären: »Von heute an spreche ich nur noch die Wahrheit.« Aber die Wahrheit hört ihn, rennt davon und versteckt sich, bevor er den Satz beendet hat.

Saul Bellow   LITERATUR, 1976

84. Die Menschheit erträgt nicht allzu viel Realität.

T. S. Eliot   LITERATUR, 1948

85. Keine Tatsache, die ich niederschreibe oder erzähle, wird so wahrheitsgetreu sein wie meine Fiktionen.

Nadine Gordimer   LITERATUR, 1991

86. In einem Raum, in dem die Anwesenden in einmütiger Übereinkunft schweigen, hallt ein einziges Wort der Wahrheit laut wie ein Pistolenschuss.

Czesław Miłosz LITERATUR, 1980

87. Eine Person, die von der absoluten Wahrheit besessen ist, ist eine Person, die darum bittet, um ihr Geld erleichtert zu werden.

Robert Laughlin PHYSIK, 1998

88. Sie können beschließen, Ihr Leben mit Integrität zu leben. Machen Sie dieses zu Ihrem Leitspruch: Lasst die Lüge in die Welt. Lasst sie sogar gewinnen. Aber nicht durch mich.

Alexander Solschenizyn LITERATUR, 1970

89. Lügen bedeutet nicht nur, etwas Unwahres zu sagen. Es sagt, hier ganz besonders, sogar mehr als die Wahrheit, und im Falle des menschlichen Herzens, mehr als man fühlt.

Albert Camus LITERATUR, 1957

90. Die einzigen Lügen, für die wir wirklich bestraft werden, sind jene, die wir uns selbst erzählen.

V. S. Naipaul LITERATUR, 2001

91. In meinen gesamten fünfzig Dienstjahren habe ich niemals ein Dokument gesehen, in dem sich mehr infame Unwahrheiten und verzerrte Darstellungen drängten – infame Unwahrheiten und verzerrte Darstellungen von einem solchen Ausmaß, dass ich bis heute niemals auf den Gedanken ge-

kommen wäre, irgendeine Regierung dieses Planeten wäre
fähig, so etwas von sich zu geben.

Cordell Hull FRIEDEN, 1945
An den japanischen Botschafter gerichtet, der Staatssekretär
Hull am 7. Dezember 1941 direkt nach dem Überfall auf
Pearl Harbour eine diplomatische Note überbrachte.

92. Wenn nichts sonst ihnen Halt bietet, klammern sich Menschen an Illusionen.

Czesław Miłosz LITERATUR, 1980

93. Als ich im Salon des Trinity College wartete, trat ein Pfarrer
ein. Ich stellte mich vor: »Ich bin Lord Rutherford.« Und er
antwortete mir: »Und ich bin der Erzbischof von York.«
Ich nehme an, keiner von uns glaubte dem anderen.

Ernest Rutherford CHEMIE, 1908

IDEEN

94. In mir steckt genug von einem Akademiker, um daran zu
glauben, dass Ideen sehr viel mächtiger sind als Atomwaffen.

John Polanyi CHEMIE, 1986

95. Für eine Idee, die zu Beginn nicht völlig verrückt klingt, besteht keine Hoffnung.

Albert Einstein PHYSIK, 1921

96. In der Regel ist ein Mensch mit einer ganz neuen Idee seiner Zeit so weit voraus, dass ihn jeder für verrückt hält. Also bleibt er unbedeutend und ist schon bald vergessen. Dann, so nach und nach, ist die Welt bereit für seine Idee, und derjenige, der sie zum rechten Zeitpunkt bekannt macht, heimst alle Lorbeeren ein.

Bertrand Russell   LITERATUR, 1950

97. Wie kommt man an gute Ideen? Man hat eine ganze Menge Ideen und verwirft die schlechten.

Linus Pauling   CHEMIE, 1954, FRIEDEN, 1962

98. Ideen sind wie Kaninchen. Du schaffst dir ein Pärchen an, lernst den rechten Umgang mit ihnen, und schon hast du ein ganzes Dutzend.

John Steinbeck   LITERATUR, 1962

99. Die einzige Möglichkeit herauszufinden, ob eine neue Idee wirklich bedeutend ist, ist das Gefühl panischer Angst, das mich erfasst.

James Franck   PHYSIK, 1925

100. Ich misstraue Wissenschaftlern, die anderen vorwerfen, ihre Ideen gestohlen zu haben. Ich musste meine neuen Ideen anderen immer in die Kehle stopfen.

Max Perutz   CHEMIE, 1962

101. Es gibt diese Redewendung unter Wissenschaftlern, dass du eine gute Idee von dir erst als solche erkennst, wenn dir mindestens drei Nobelpreisträger erklärt haben, dass du falschliegst.

Paul Lauterbur MEDIZIN, 2002

102. Niemand hatte jemals eine gute Idee in einem Smoking.

Frederick Banting MEDIZIN, 1923

IDEALE

103. Du musst mit einem Ideal beginnen und mit einem Ideal enden.

Frederick Banting MEDIZIN, 1923

104. Idealismus verstärkt sich proportional zur Entfernung von dem Problem.

John Galsworthy LITERATUR, 1932

105. Vieles, was sich als Idealismus tarnt, ist verdeckter Hass oder versteckte Machtgier.

Bertrand Russell LITERATUR, 1950

106. Niemand verlangt von uns, sich einer Utopie zu verschreiben oder an eine perfekte Welt zu glauben. Aber wir sind angehalten, uns Mut anzueignen, Hoffnung und die Bereitschaft zu harter Arbeit sowie große und großzügige Ideale in Ehren zu halten.

Emily Balch FRIEDEN, 1946

107. Sie bezeichnen uns als Romantiker, schwache, dumme, sentimentale Idealisten. Vielleicht weil wir an das Gute glauben, das sogar in unseren Gegnern zu finden ist, und weil wir daran festhalten, dass Güte mehr erreicht als Grausamkeit.

Fridtjof Nansen FRIEDEN, 1922

108. Meine Ideale, die mir voranleuchteten und mich stets mit neuem, freudigem Lebensmut erfüllten, waren Güte, Schönheit und Wahrheit.

Albert Einstein PHYSIK, 1921

IDEOLOGIE

109. Einer der wichtigsten Unterschiede zwischen *Ideologie* und *Wissenschaft* besteht darin, dass die Wissenschaft die Grenzen dessen, was wir wissen, anerkennt.

Joseph Stiglitz WIRTSCHAFT, 2001

110. Ideologie verleiht der Übeltat seine langgesuchte Rechtfertigung und dem Übeltäter die notwendige Unerschütterlichkeit und Entschlossenheit.

Alexander Solschenizyn LITERATUR, 1970

111. Ich weiß nicht, wessen Verbrechen schwerer wiegt: das des im Establishment verhafteten Intellektuellen oder das des Intellektuellen, der sich im ideologischen Dogma suhlt.

Wole Soyinka LITERATUR, 1986

112. Verabschiedet euch von den Ideologien und wendet euch stattdessen wieder der Wahrheit des Menschseins zu.

Gao Xingjian   LITERATUR, 2000

113. Nachdem die grausamen Utopien untergingen, die unser Jahrhundert ausbluten ließen, ist endlich die Zeit gekommen, eine radikale, sehr viel menschlichere Reform einer liberal-kapitalistischen Gesellschaft in Gang zu setzen.

Octavio Paz   LITERATUR, 1990

114. Mit dem Zusammenbruch des Sozialismus fand sich der Kapitalismus ohne Gegner wieder. Diese ungewöhnliche Situation entfesselte seine gierigen und – mehr als alles andere – seine selbstmörderischen Kräfte. Heutzutage wird die Prämisse vertreten, dass alles – und jeder – Freiwild ist.

Günter Grass   LITERATUR, 1999

115. Jeder vernünftige Mensch sollte gemäßigter Sozialist sein.

Thomas Mann   LITERATUR, 1929

116. Ein Antikommunist ist ein Hund.

Jean-Paul Sartre   LITERATUR, 1964

117. Ein »Radikaler« ist für mich jemand, der zu weit geht; ein »Konservativer« jemand, der nicht weit genug geht, und ein »Reaktionär« jemand, der sich überhaupt nicht bewegt.

Woodrow Wilson   FRIEDEN, 1919

118. Es ist an der Zeit, die in Mode gekommene Idee zu bekämpfen, dass Selbsterfüllung, die Entwicklung der eigenen
Persönlichkeit und die Erfüllung der eigenen Wünsche, ungeachtet der Auswirkungen auf Familie, Freunde, Kollegen
und die Gemeinschaft, das höchste Ziel eines Mannes oder
einer Frau darstellen sollten.

Max Perutz   CHEMIE, 1962

RELIGION

119. Der Mensch ist Mensch, weil er übernatürliche Realitäten
erkennt, nicht weil er sie zu erfinden vermag.

T. S. Eliot   LITERATUR, 1948

120. Der Mensch wird zerbrochen geboren. Er lebt durch Repa-
ratur. Die Gnade Gottes ist der Klebstoff.

Eugene O'Neill   LITERATUR, 1936

121. Ich denke, nur ein Idiot eignet sich zum Atheisten.

Christian Anfinsen   CHEMIE, 1972

122. Ich war nur ein Elektriker und das Einzige, was ich besaß,
waren mein Glaube an Gott und an das, was ich tat.

Lech Wałęsa   FRIEDEN, 1983

123. Wir müssen erkennen, dass wir sowohl spirituelle Wesen sind, die mit ihrer Seele in einer spirituellen Welt existieren, als auch materielle Wesen, die mit ihrem Körper und ihrem Gehirn in einer materiellen Welt existieren.

John Eccles MEDIZIN, 1963

124. Wir wissen zu viel und sind von zu wenig überzeugt. Unsere Literatur ist der Ersatz für die Religion, und so ist sie unsere Religion.

T. S. Eliot LITERATUR, 1948

125. Wissenschaft ohne Religion ist lahm, Religion ohne Wissenschaft ist blind.

Albert Einstein PHYSIK, 1921

126. Religion unterscheidet sich sehr von der Wissenschaft ... Wenn Sie Klavier spielen, wenn Sie einen Berg besteigen, steht dies im Gegensatz zu Ihren wissenschaftlichen Anstrengungen? ... In der Wissenschaft denken wir auf sehr spezifische Art und Weise über die Welt nach, in der Religion denken wir auf andere Weise über die Welt. Diese beiden Wege existieren konfliktfrei Seite an Seite.

Robert Aumann WIRTSCHAFT, 2005

127. Wo immer wir auch suchen, ob nah oder fern, stoßen wir nirgendwo auf einen Widerspruch zwischen Religion und Naturwissenschaft. Stattdessen finden wir genau an den entscheidenden Stellen völlige Übereinstimmung vor.

Otto Hahn CHEMIE, 1944

128. Ich denke nicht, dass irgendjemand jemals behaupten sollte, Wissenschaft gehe mit Religion einher. Ich denke, eine viel kraftvollere Aussage, die den Menschen ihre Religiosität lässt, lautet, dass die modernen Erkenntnisse der Wissenschaft der Religion nicht zuwiderlaufen.

Arno Penzias PHYSIK, 1978

129. Ich halte die Macht des Glaubens für eines der größten Geschenke an die Menschheit. Es erlaubt ihr, auf unerklärliche Weise sich den Mysterien des Universums anzunähern, ohne sie verstehen zu müssen.

Ernst Chain MEDIZIN, 1945

130. Das schönste Gefühl, das wir zu erfahren vermögen, ist das Geheimnisvolle. Es ist der Motor aller wahren Kunst und Wahrheit.

Albert Einstein PHYSIK, 1921

131. Ich denke, dass mein Glaube und meine wissenschaftliche Arbeit sich gegenseitig gestärkt haben … Die wunderbare Erfahrung, etwas über die Natur unserer Welt zu verstehen, vielleicht zum ersten Mal zu verstehen, ist ein tiefgreifendes religiöses Erlebnis.

Walter Kohn CHEMIE, 1998

132. Ein gewöhnlicher Wissenschaftler und ein gewöhnlicher Christ zu sein, ist für mich absolut natürlich.

William Phillips PHYSIK, 1997

133. Ob Gott nun tot ist oder nicht: Es ist unmöglich, ihn zu verschweigen, nachdem er so lange da war.

Elias Canetti LITERATUR, 1981

134. Wenn sie es intelligenten Menschen nicht unmöglich gemacht hat, religiös zu sein, so war es doch eine der größten Errungenschaften der Wissenschaft, ihnen zu ermöglichen, nicht religiös zu sein.

Steven Weinberg PHYSIK, 1979

135. Religion gleicht in vielen Aspekten einem Traum – oftmals einem wunderschönen Traum. Oftmals aber auch einem Alptraum. Meiner Meinung nach aber ist es höchste Zeit, aus diesem Traum zu erwachen.

Steven Weinberg PHYSIK, 1979

136. Ich vermag an die Weisheit Gottes zu glauben, aber ich sehe seine Gnade nicht.

Isaac Bashevis Singer LITERATUR, 1978

137. Die Kirchen und der Glaube haben schon viel zu viel Schaden angerichtet! ... Solange noch ein Atemzug in mir steckt, schleudere ich den Kirchen ein »Nein!« entgegen.

André Gide LITERATUR, 1947
Auf seinem Totenbett

138. Das Christentum wäre eine gute Sache, wenn es denn endlich jemand ausprobieren würde.

George Bernard Shaw LITERATUR, 1925

139. Wir alle sollten unsere Leben gestalten, als käme Christus heute Nachmittag.

Jimmy Carter FRIEDEN, 2002
Beim Gespräch in einer Bibelklasse

140. Wende dein Angesicht Gott zu, und er wird Licht, aber wende dein Gesicht ab, und er wird Dunkelheit.

William Golding LITERATUR, 1983

141. Immer, wenn ich in Schwierigkeiten stecke, bete ich zu Gott. Da ich ständig in Schwierigkeiten stecke, bete ich fast pausenlos.

Isaac Bashevis Singer LITERATUR, 1978

142. Wenn ein Mensch bei seinem Untergang nichts hat, worauf er sich stützen kann, nichts, was ihn zu trösten vermag, so ist es eine Tatsache – und ich habe es selbst erlebt –, dass ihm nur sein Glaube bleibt. Die NKWD[1] führte viele zu ihrer religiösen Gemeinde zurück … Wenn es schlecht um ihn steht, so lehrten uns die Lukischki-Nächte, sorgt der Glaube besser für den Menschen als der Mensch sich in guten Zeiten um seinen Glauben.

Menachem Begin FRIEDEN, 1978

143. Ich habe in dem Glauben gelebt und lebe ihn immer noch, dass Gott stets an meiner Seite ist. Ich weiß dies aus eigener

---

1 NKWD: Volkskommissariat für innere Angelegenheiten der UdSSR, Vorläufer des KGB in der stalinistischen Ära. Anm. d. Üb.

Erfahrung. Im August 1973, während meines Exils in Japan, entführten mich Agenten des damaligen südkoreanischen Militärregimes aus meinem Hotelzimmer in Tokio. Die Nachricht über diese Tat schreckte die Welt auf. Die Agenten brachten mich auf ein Boot, das vor der Küste vor Anker lag. Sie verbanden mir die Augen, fesselten und knebelten mich. Gerade, als sie mich über Bord werfen wollten, erschien Jesus Christus klar und deutlich direkt vor mir. Ich klammerte mich an ihn und bat ihn, mich zu retten. In diesem Moment erschien ein Flugzeug, um mich im Angesicht meines Todes zu retten.

Kim Dae-jung FRIEDEN, 2000

144. 1918 saß ich wegen pazifistischer Propaganda viereinhalb Monate im Gefängnis ... Bei meiner Ankunft erheiterte mich der Gefängniswärter am Tor, der mich zu meiner Person zu befragen hatte. Er fragte nach meiner religiösen Überzeugung, und ich antwortete: »agnostizistisch«. Er fragte, wie man das buchstabiere, und bemerkte dann mit einem Seufzer: »Nun ja, es gibt viele Religionen, aber ich nehme mal an, sie alle verehren denselben Gott.« Diese Bemerkung erbaute mich ungefähr eine Woche lang.

Bertrand Russell LITERATUR, 1950

MATERIALISMUS

145. Der Mensch lebt nicht vom Bruttosozialprodukt allein.

Paul Samuelson WIRTSCHAFT, 1970

146. Die meisten Menschen treibt das Verlangen nach dem, was sie nicht besitzen. Dadurch werden sie zu Sklaven eben

dieses Strebens ... Erst wenn der Mensch nichts mehr begehrt, wird er endlich sein eigener Herr und existiert wahrhaftig.

Anwar as-Sadat   FRIEDEN, 1978

147. Das Verlangen nach Besitz und Geld, von der bescheidenen Ratenzahlung bis hinauf zu den habgierigen Rundumschlagstaktiken der unersättlich alles zusammenraffenden Reichen, hat sich zu einer wahren Epidemie ausgewachsen, vom Abgeordneten über den Gewerkschaftsboss und den Kabinettsminister bis hin zum Diktator einer Supermacht.

Patrick White   LITERATUR, 1973

148. Ihr besitzt hier Reichtümer und Freiheit, aber ich vermisse jeden Sinn für Glaube oder Richtung. Ihr habt so viele Computer, warum nutzt ihr sie nicht, um nach Liebe zu suchen?

Lech Wałęsa   FRIEDEN, 1983
In Paris, auf seiner ersten Reise in den Westen Europas.

149. In der Vergangenheit wurde der menschliche Geist in einem großen Raum geformt, der immer noch existiert: in der Kathedrale. Heutzutage wird der menschliche Geist in einem anderen großen Raum geformt, dem Einkaufszentrum. Und hier hält die Illusion konstant an.

José Saramago   LITERATUR, 1998

150. Noch heimtückischer als jede Zensur ist der stete Einfluss, der stillschweigend in einer profitorientierten Massengesellschaft herrscht mit seiner Unterdrückung des künstlerischen und kulturellen Niveaus.

T. S. Eliot   LITERATUR, 1948

151. Die Amerikaner leiden unter der irrigen Meinung, dass sie ihre Seelen ihr Eigen nennen, indem sie weltliche Güter besitzen. Verstehen sie denn nicht, dass sie letztendlich als Nation und Imperium wohl in der Lage wären, die Welt zu erobern, dabei aber ihrer Seele verlustig gehen?

Eugene O'Neill   LITERATUR, 1936

152. Ich verstehe es nicht, Dinge zu besitzen ... Ich klammere mich wie ein Geizhals an die Freiheit, die sich in Luft auflöst, sobald ein Überfluss an Dingen herrscht.

Albert Camus   LITERATUR, 1957

153. All die anderen oberflächlichen Dinge sind nicht von Bedeutung. Ich hinterlasse kein Geld. Ich besitze keine feinen und luxuriösen Dinge des Lebens, die ich zurücklassen könnte. Aber ich wünsche mir, ein engagiertes Leben zu hinterlassen.

Martin Luther King   FRIEDEN, 1964

154. Freie Marktwirtschaften erzeugen ungerechte und verdummte Gesellschaften. Ich kann nicht glauben, dass Produktion und Konsum von Dingen die Bedeutung des menschlichen Lebens ausmachen.

Octavio Paz   LITERATUR, 1990

155. Um sich zu verteidigen, muss man bereit sein zu sterben. In einer Gesellschaft, die im Kult des materiellen Wohlstands heranwuchs, findet sich diese Bereitschaft kaum.

Alexander Solschenizyn LITERATUR, 1970

156. Ich mag den Materialismus eigentlich. Die Armen brauchen ihn.

V. S. Naipaul LITERATUR, 2001
Antwort auf eine Publikumsfrage in Indien.

ZEIT, LEBEN UND TOD

Nobelpreisträger scheinen in ihrem Leben nicht nur mehr als andere Sterbliche zu erreichen, sie scheinen auch länger zu leben. Obwohl bis zum heutigen Tag keiner der Nobelpreisträger hundert Jahre alt wurde, überschreiten sie dennoch die durchschnittliche Lebenserwartung. Hans Bethe, der Langlebigste unter ihnen, starb 2005 im Alter von achtundneunzig Jahren. Einfluss auf die Statistiken hat allerdings die Tatsache, dass man als Preisträger lange genug leben muss, damit die eigenen Errungenschaften auch anerkannt werden können. Der Preis wird nicht posthum verliehen, obwohl er in der Vergangenheit an Erik Karlfeldt und Dag Hammarskjöld ging, die beide nach ihrer Nominierung, aber vor der öffentlichen Ankündigung verstarben. Der Preis wird ebenfalls verliehen, sofern der Geehrte nach der Ankündigung, aber vor der Preisverleihung stirbt, wie 1996 im Fall von William Vickrey, der starb, nachdem er drei Tage zuvor als Gewinner des Wirtschaftspreises genannt wurde.

Der jüngste Nobelpreisträger war William Lawrence Bragg, der sich 1919 mit fünfundzwanzig Jahren den Preis mit seinem Vater William Henry Bragg teilte. Die jüngsten Preisträger im Bereich Chemie, Medizin und Frieden waren in den Dreißigern, während der jüngste Preisträger der Literatur zweiundvierzig, der für Wirtschaft einundfünfzig Jahre zählte. Der früheste lebende Preisträger war Theodor Mommsen, der 1902 den Literaturpreis gewann. Er wurde 1817 geboren und starb 1903 als Erster. Am jüngsten verstarb Martin Luther King, der mit neununddreißig einem Attentat zum Opfer fiel – vier Jahre, nachdem er den Nobelpreis gewonnen hatte.

ZEIT

157. Wir sind nicht die Väter der Zeit. Wir sind die Kinder der Zeit.

Ilya Prigogine   CHEMIE, 1977

158. Nun hat er diese seltsame Welt ein wenig vor mir verlassen. Das bedeutet gar nichts. Für uns überzeugte Physiker ist die Unterscheidung zwischen Vergangenheit, Gegenwart und Zukunft lediglich eine Illusion, wenn auch eine hartnäckige.

Albert Einstein   PHYSIK, 1921
In einem Brief an die Familie seines Freundes Michelangelo Besso vom 21. März 1955, geschrieben einen Monat vor Einsteins eigenem Tod.

159. Der einzige Grund für die Existenz der Zeit ist zu verhindern, dass alles gleichzeitig geschieht.

Albert Einstein   PHYSIK, 1921

160. Es ist eine experimentelle Tatsache, dass die Zeit in der Umgebung von Säuglingen langsamer vergeht, vor allem nachts. Wer von uns erinnert sich nicht an die wahre Maßeinheit der Unendlichkeit, nachdem er eine Nacht mit einem quicklebendigen Baby verbrachte? Und wer würde die eherne Gewissheit von Heisenbergs berühmtem Unsicherheitsprinzip bestreiten, welches besagt, dass zwei frischgebackene Elternteile niemals gleichzeitig eine ganze Nacht lang zur Ruhe kommen?

Robert Laughlin   PHYSIK, 1998

161. Das Leben – das wahre – ist mitnichten ein Kampf zwischen Gut und Böse, sondern zwischen Schlimm und Schlimmer.
Joseph Brodsky   LITERATUR, 1987

162. Das Leben betrachtet man am besten als schlechten Traum zwischen dem einen und dem nächsten Erwachen.
Eugene O'Neill   LITERATUR, 1936

163. Niemand, der im Sonnenlicht lebt, versagt im Leben.
Albert Camus   LITERATUR, 1957

164. Auf Unterdrückung, Ausplünderung und Hemmungslosigkeit antworteten wir mit Leben. Weder Überschwemmungen noch Seuchen, keine Hungersnöte oder Verheerungen, nicht einmal die ewigen Kriege, welche die Jahrhunderte durchziehen, vermochten jemals den fortdauernden Vorteil des Lebens über den Tod zu unterdrücken.
Gabriel García Márquez   LITERATUR, 1982

165. Das Leben bleibt ein Mysterium jenseits unseres Begreifens. Ich weiß nur, dass ich es nicht loslasse. Ich fürchte sein Ende – den Tod. Ich fürchte seine Schmälerung – den Schmerz. Ich strebe nach seiner Erhöhung – der Freude.
Albert Schweitzer   FRIEDEN, 1952

166. Jeder Mensch hat seine besondere Lebenszeit, in der er sich mehr als zu allen anderen Zeiten entwickelt, tiefer als sonst empfindet und mehr auf sich und andere einwirkt. Was ihm danach auch noch widerfahren und von wie großer

äußerer Bedeutung es sein mag – alles gleitet ab. Wir erinnern uns, wir betrinken uns, wir spielen in vielen verschiedenen Harmonien, transponieren aber immer wieder nur das einmal in unserem Inneren Erklungene.

Alexander Solschenizyn   LITERATUR, 1970

167. Solange du nicht dein Leben einsetzt, wirst du das Leben nicht gewinnen.

Werner Heisenberg   PHYSIK, 1932

168. Ich möchte nicht die Doktrin der unwürdigen Muße predigen, sondern die Lehre des anstrengenden Lebens.

Theodore Roosevelt   FRIEDEN, 1906

169. *Wir werden nicht nachlassen in unserem Kundschaften*
Und das Ende unseres Kundschaftens
Wird es sein, am Ausgangspunkt anzukommen
Und den Ort zum ersten Mal zu erkennen.

T. S. Eliot   LITERATUR, 1948

170. Jedes Jahr, das wir über das 55. hinaus weiterhin arbeiten, kostet uns zwei Jahre unseres Durchschnittsalters … Wenn Sie … bis zum 65. Lebensjahr oder gar länger weiter hart arbeiten müssen, bis Sie in Rente gehen, sterben Sie wahrscheinlich innerhalb der ersten 18 Monate Ihres Ruhestandes.

Leo Esaki   PHYSIK, 1973
Basierend auf den Rentenstatistiken von Boeing und Lockheed. Im Gegensatz dazu arbeitete Leo Esaki im hohen Alter von achtzig immer noch.

171. Selbst wenn alle Krankheiten ausgerottet werden sollten, gibt es meiner Meinung nach eine Grenze der menschlichen Lebensspanne. Die natürliche Lebensspanne einer Maus beträgt zweieinhalb Jahre. Bei Menschen hundertzwanzig Jahre.

Linda Buck   MEDIZIN, 2004

172. Der Durchschnittsmensch weiß mit seinem Leben nichts Rechtes anzufangen, und dennoch wünscht er sich ein weiteres, das ewig währt.

Anatole France   LITERATUR, 1921

JUGEND UND ALTER

173. Die Geburt war sein Tod.

Samuel Beckett   LITERATUR, 1969

174. Die Jugend sehnt sich nicht nach dem, was war, sondern nach dem, was sein könnte.

Willy Brandt   FRIEDEN, 1971

175. Studenten Stockholms, die Natur wird Ihre Arterien und Geisteshaltung auch ohne Ihr Zutun bald genug abhärten. Sie sind nicht verpflichtet, diesen Prozess zu beschleunigen.

Arno Penzias   PHYSIK, 1978

176. Das Ärgerlichste an der jungen Generation ist die Tatsache, dass ich nicht länger dazu gehöre.

Albert Einstein   PHYSIK, 1921

177. Achtzehn ist ein gutes Alter zum Leiden. Man hat all die notwendige Stärke, ist aber völlig wehrlos.

William Golding LITERATUR, 1983

178. Zwanzig bis Fünfundzwanzig! Das sind die Jahre! Nehmt die Dinge nicht einfach hin ... Ihr werdet jede Menge Fehler begehen. Aber solange Ihr großzügig und wahrhaftig bleibt, willensstark und entschlossen, werdet Ihr die Welt nicht verletzen, ja sie nicht einmal ernsthaft bekümmern.

Winston Churchill LITERATUR, 1953

179. Die kostbarste, kreativste und innovativste Zeit in Ihrem Leben sind die zehn Jahre um das 32. Lebensjahr. Planen Sie Ihre Karriere so, dass Sie diese wertvolle Dekade weise und effektiv nutzen, um die größten Errungenschaften Ihres Lebens hervorzubringen.

Leo Esaki PHYSIK, 1973

180. Fortschritte im Verständnis des Universums werden vor allem von Menschen unter vierzig erreicht. Das ist gut so, sonst enden wir wie der Kreml, der von Menschen über achtzig regiert wird.

Sheldon Glashow PHYSIK, 1979

181. Junge Mädchen in der Blüte ihrer Jahre lachen und schwatzen immer noch am Strand. Aber jener, der sie beobachtet, verliert nach und nach das Recht, sie zu lieben – gerade so wie jene, die er liebte, die Macht verlieren, geliebt zu werden.

Albert Camus LITERATUR, 1957

182. Jeder Mann über vierzig ist ein Tunichtgut.

George Bernard Shaw LITERATUR, 1925

183. Die Jahre zwischen fünfzig und siebzig sind die schlimmsten. Alle bitten dich ständig darum, etwas für sie zu erledigen, und du bist noch nicht klapprig genug, um sie abzuweisen.

T. S. Eliot LITERATUR, 1948

184. Es ist allemal besser, siebzig Jahre jung, als vierzig Jahre alt zu sein.

Jimmy Carter FRIEDEN, 2002

185. Der Nervenkitzel des Lernens scheidet die Jugend vom Alter. Solange du lernst, bist du nicht alt.

Rosalyn Yalow MEDIZIN, 1977

186. Vielleicht muss man sehr alt werden, bevor man lernt, amüsiert und nicht schockiert zu reagieren.

Pearl S. Buck LITERATUR, 1938

187. Wenn ich nicht länger empört reagiere, werde ich langsam alt.

André Gide LITERATUR, 1947

188. Wir atmen, wir verändern uns! Wir verlieren unsere Haare, unsere Zähne! Unsere Blüte! Unsere Ideale!

Samuel Beckett LITERATUR, 1969

189. Ich glaube nicht, dass wir älter werden. Ich denke eher, dass es uns schon früh in unserem Leben bestimmt ist, ab einem gewissen Alter stillzustehen und zu stagnieren.

T. S. Eliot   LITERATUR, 1948

190. Gentlemen, ich denke, wir können es als gegeben ansehen, dass das Abendlicht allen Menschen gleich erscheint. Wenn die Schatten länger werden, vergleicht man seine anfänglichen Absichten mit dem, was man tatsächlich erreicht hat.

Rudyard Kipling   LITERATUR, 1907

191. Ich dachte immer, beim Älterwerden ginge es um Eitelkeit. In Wahrheit geht es darum, Menschen zu verlieren, die man liebt. Falten zu bekommen ist trivial.

Eugene O'Neill   LITERATUR, 1936

192. Das Geheimnis eines guten Alters ist ganz schlicht ein ehrenhaftes Abkommen mit der Einsamkeit.

Gabriel García Márquez   LITERATUR, 1982

193. Das Alter ist wundervoll ... Eine Schande, dass es so übel endet.

François Mauriac   LITERATUR, 1952

194. Warum nicht, Sie scheinen mir ausreichend gesund zu sein.

George Bernard Shaw   LITERATUR, 1925

1946 an seinem neunzigsten Geburtstag gegenüber einem jungen Journalisten geäußert, der sagte: »Ich hoffe, Sie an Ihrem 100. Geburtstag erneut befragen zu dürfen.« Diese Anekdote wird auch Winston Churchill zugeschrieben.

TOD UND STERBLICHKEIT

195. Bisher wurde in der Biologie nichts entdeckt, das für die Unausweichlichkeit des Todes spricht.

Richard Feynman   PHYSIK, 1965

196. Bei unserer Ankunft in Cambridge wurde uns ein eher erschreckender Empfang zuteil. An allen Anschlagssäulen stand in großen Buchstaben: »Hängt den Mann!« Später fanden wir heraus, dass sich dieser Ausspruch nicht auf mich bezog, sondern absolut harmlos war. Es handelte sich um den Titel eines Theaterstückes.

Max Born   PHYSIK, 1954

197. Ich verfluche den Tod. Ich kann nichts dagegen tun. Und sollte ich darüber erblinden, so kann ich nichts dagegen tun. Ich verweigere den Tod mit all meiner Kraft. Würde ich ihn hinnehmen, wäre ich ein Mörder.

Elias Canetti   LITERATUR, 1981

198. Am besten hat man nie gelebt, heißt es im Roman; nie einen Blick ins Angesicht des Tages, nie einen Atemzug getan; nächstbestens sagt man gute Nacht und macht sich rasch davon.

William Butler Yeats LITERATUR, 1923

199. Die Berührung der Blumen und Frauenhände zu verlieren, ist die höchste Art der Trennung.

Albert Camus LITERATUR, 1957

200. Einmal schrieben die Zeitungen, ich sei tot. Aber nachdem ich die Beweise sorgfältig geprüft hatte, kam ich zu dem Ergebnis, dass diese Aussagen falsch waren.

Bertrand Russell LITERATUR, 1950

201. Der Tod ist nur eine Begebenheit und noch nicht einmal die wichtigste in unserem hiesigen Sein ... Schau nach vorn, fühle Dich frei, erfreue Dich des Lebens, umsorge liebevoll unsere Kinder, hüte meine Erinnerungen. Gott schütze Dich. Lebe wohl. W.

Winston Churchill LITERATUR, 1953
Brief an seine Frau vor seinem Aufbruch nach Frankreich 1915, der erst nach seinem Tod zu überbringen wäre.

202. Die Kalifornier sind die einzigen Menschen, die bezüglich ihrer eigenen Sterblichkeit herrlich ahnungslos sind.

Sheldon Glashow PHYSIK, 1979

203. Wir sollten alle auf der Höhe des Sommers gehen, wenn über den Rasen uns Schönheit entgegenschreitet.

John Galsworthy LITERATUR, 1932

204. Als Jerónimo, mein Großvater, Schweinehirt und Geschichtenerzähler, das Herannahen des Todes spürte, ging er hinaus und verabschiedete sich von den Bäumen im Hof, von einem nach dem anderen. Er umarmte sie und weinte dabei, denn er wusste, er würde sie nie wiedersehen.

José Saramago LITERATUR, 1998

205. Genau das wird auch mir zustoßen.

Martin Luther King FRIEDEN, 1964

Dr. King und seine Frau saßen zusammen, als sie am 22. November 1963 die Nachricht von dem Attentat auf Präsident John F. Kennedy hörten.

206. Unser ganzes Wissen dient uns nur dazu, einen qualvolleren Tod zu sterben als die Tiere in ihrer Unwissenheit. Es wird der Tag kommen, da die Wissenschaft ihren Irrtum erkennt und nicht länger zögert, unser Leiden zu verkürzen. Es wird der Tag kommen, da sie wagemutig und mit sicherer Hand handelt; wenn das Leben in seiner größeren Weisheit still in seiner Stunde scheidet, im Wissen, am Ende seiner Zeit angekommen zu sein.

Maurice Maeterlinck LITERATUR, 1911

207. Es steht einer Gesellschaft nicht gut an, wenn sie einen Mann zwingt, dies selbst zu tun.

Percy Bridgman PHYSIK, 1946
In seinem Abschiedsbrief. Bridgman litt an rasch fortschreitendem Knochenkrebs.

208. Die Menschheit sollte sich nicht mit ihrer Intelligenz brüsten, solange sie nicht vermag, einen friedlichen Tod zu gewähren. Wir kultivieren das genaue Gegenteil der Euthanasie, wir kennen nur die Dysthanasie.[2]

Charles Richet MEDIZIN, 1913

209. Die Beendigung des Lebens wird mehr und mehr zu einer willkürlichen Angelegenheit. Menschen können an lebenserhaltende Maschinen angeschlossen und mehr oder minder unbegrenzt am Leben gehalten werden ... Die Frage über die Beendigung des Lebens geht jeden etwas an. Ich persönlich sehe die Art und Weise, wie wir diese angehen, als oberste ethische Priorität an.

Joshua Lederberg MEDIZIN, 1958

GRABINSCHRIFTEN UND LOBREDEN

210. *Mein Sohn wurde getötet, als über einen Scherz er lachte.*
Ich wüsste gern
über welchen. Er könnte mir Trost spenden, in Zeiten,
da Scherze sind fern.

Rudyard Kipling LITERATUR, 1907

---

2 Dysthanasie = qualvolles Sterben. Anm. d. Üb.

211. *Sollte jemand fragen, warum den Tod wir fanden,*
So antwortet, weil unsere Väter sich in Lügen wanden.
Rudyard Kipling LITERATUR, 1907

212. *Aus kleinen Städten in einem fernen Land sind wir gekommen*
einzutreten für unsere eigene Ehre und eine Welt in Flammen.
Neben kleinen Städten in einem fernen Land der Schlaf uns
wiegt.
Die Welt, die wir für euch gewannen,
vertrauensvoll in eure Hände gelegt.
Rudyard Kipling LITERATUR, 1907

213. Auf dem Schlachtfeld der menschlichen Konflikte verdank-
ten niemals zuvor so viele so wenigen.
Winston Churchill LITERATUR, 1953
Über die Piloten der Royal Airforce im englischen
Luftkampf.

214. »Es war nicht vergeblich« möge jene, die überlebten, mit
Stolz erfüllen und die Grabsteine jener ehren, die fielen.
Winston Churchill LITERATUR, 1953

215. Solange man Englisch spricht und Geschichte studiert, wer-
den Menschen die Größe Sir Winstons bewundern.
John Cockcroft PHYSIK, 1951
Ehrenbezeugung für Churchill am Churchill College in
Cambridge am 24. Januar 1965.

216. An diesem Orte stehend, möchte ich alle meine Lieben ehren – und alle meine Gegner. Ich möchte die Gefallenen aller Länder und aller Kriege ehren; ihre Familien, welche die nie vergehende Last des Verlustes tragen; die Verwundeten, deren Narben niemals heilen werden.

Jitzchak Rabin   FRIEDEN, 1994

217. Mein Lebenswerk ist erfüllt. Ich tat alles Menschenmögliche.

Michail Gorbatschow   FRIEDEN, 1990

218. Hier liegt einer, der sich bemühte, seine Mitmenschen so wenig wie möglich zu bescheißen.

Camilo José Cela   LITERATUR, 1989
Grabinschrift, die Cela selbst aussuchte.

219. Er liegt hier, irgendwo.

Werner Heisenberg   PHYSIK, 1932

220. Wenn ich dieses Leben verlasse, so seien meine Abschiedsworte, dass jenes, was ich sah, unübertrefflich war.

Rabindranath Tagore   LITERATUR, 1913

GESCHICHTE UND VERGANGENHEIT

221. Der Mensch lebt nicht in einem natürlichen Zustand, sondern in der Geschichte.

Boris Pasternak   LITERATUR, 1958

222. Die Vergangenheit ist niemals tot. Sie ist noch nicht einmal vergangen.

William Faulkner   LITERATUR, 1949

223. Keiner ist frei vom Erbe der Vergangenheit.

Willy Brandt   FRIEDEN, 1971

224. In manchen Zeiten ist es äußerst schwierig, den Gedanken zu verdrängen, dass die Geschichte ungefähr so lehrreich ist wie ein Schlachthof.

Seamus Heaney   LITERATUR, 1995

225. Wer seine Hand ausstreckt, um das Rad der Geschichte aufzuhalten, dem werden die Finger zerquetscht.

Lech Wałęsa   FRIEDEN, 1983

226. Geschichte wird weder frei von Liebe oder Hass gemacht noch niedergeschrieben.

Theodor Mommsen   LITERATUR, 1902

227. Die Geschichte wird gnädig mit mir umgehen, denn ich habe die Absicht, sie selbst zu schreiben.

Winston Churchill   LITERATUR, 1953

DIE ZUKUNFT

228. Die Vision der Zukunft sollte die Tagesordnung der Gegenwart gestalten.

Schimon Peres   FRIEDEN, 1994

229. Eine Nation, die nicht vorausschauend denkt, wird ein böses Erwachen erleben.

John Galsworthy   LITERATUR, 1932

230. Einen Nobelpreisträger zu fragen, welches Unterfangen völlig unmöglich sei, ist die beste Art und Weise, die Zukunft vorherzusagen.

Peter Lauterbur   MEDIZIN, 2003

231. In der näheren Zukunft wird die Entwicklung in der Biologie Probleme schaffen, die wir noch nie zuvor gesehen haben.

Richard Feynman   PHYSIK, 1965

232. Im Jahr 2020 werden Sie in eine Apotheke gehen, wo innerhalb einer Stunde oder so Ihre DNA festgestellt und Ihnen, für Ihre spätere Analyse, auf CD gebrannt mitgegeben wird.

Eric Cornell   PHYSIK, 2001

234. Der Zusammenprall der Weltmächte ist auf dem Wege, seine Führung an den Zusammenprall der Zivilisationen zu verlieren ... In vielleicht zehn oder auch fünfzig Jahren

wird die Dominanz der westlichen Zivilisation ebenfalls in Zweifel gezogen werden.

Albert Camus   LITERATUR, 1957

235. Sie müssen es sich nur wünschen, und Sie bekommen eine Welt ohne Hunger, Krankheiten, Krebs und quälende Plackerei – alles, was Sie wünschen. Wünschen Sie sich alles, und es kann wahr werden. Oder wir löschen einfach uns selbst aus … Zurzeit jedenfalls sind wir auf dem besten Weg der Auslöschung.

Albert Szent-Györgyi   MEDIZIN, 1937

236. Auf dem Weg in die Zukunft hat die Tradition an jeder Wegkreuzung 10 000 Mann postiert, um die Vergangenheit zu schützen.

Maurice Maeterlinck   LITERATUR, 1911

237. Da immer mehr Wasserstoff aufgezehrt wird, dehnt sich der Kern der Sonne, in welchem Wasserstoff zu Helium umgewandelt wird, gegenwärtig immer mehr in Richtung der Sonnenoberfläche aus. Wenn dieser Heliumkern entsprechend angewachsen ist – in etwa sechs Milliarden Jahren – verwandelt sich die Sonne in einen »Roten Riesen« und driftet aus der Hauptreihe.[3] Zu diesem Zeitpunkt wird

---

3 Hauptreihe des Hertzsprung-Russell-Diagramms: Trägt man die (wahre) Helligkeit und die Farbe von Sternen gegeneinander auf, liegen die »normalen« Sterne in diesem Diagramm auf einer Linie; »besondere« Sterne ordnen sich außerhalb dieser ein. Entwickelt sich ein Hauptreihenstern zu einem Roten Riesen – was nicht mit allen, voraussichtlich aber mit der Sonne geschehen wird –, driftet er in einen anderen Bereich und liegt damit nicht mehr auf der Hauptreihe. Das mit der Bewegung ist also metaphorisch zu verstehen. Anm. d. Üb.

die Erdoberfläche heiß genug sein, um Blei zu schmelzen, die Ozeane kochen, und das Leben auf der Erde wird enden.

Max Delbrück   MEDIZIN, 1969

238. Für die Zukunft etwas aufzubauen, ist ein schwieriges Unterfangen. Wir dürfen nicht hoffen, dieses Werk innerhalb einer Generation zu vollenden. Ein Grund mehr, sofort damit zu beginnen.

René Cassin   FRIEDEN, 1968

MENSCHLICHE EIGENSCHAFTEN

Die menschliche Seite der Nobelpreisträger wird in der Öffentlichkeit am intensivsten mit Friedenspreisträgern wie Albert Schweitzer, Mutter Teresa und Desmond Tutu in Verbindung gebracht. Der Friedensnobelpreis wurde außerdem mehr als zwanzig Mal an humanitäre Organisationen wie das Rote Kreuz, Ärzte ohne Grenzen und die Internationale Kampagne gegen Landminen verliehen.

Selbstlosigkeit ist eine Eigenschaft, die sich im Leben vieler Preisträger findet. Die schwedische Schriftstellerin Selma Lagerlöf ermöglichte zusammen mit Prinz Eugen vielen jüdischen Flüchtlingen die Emigration nach Schweden und rettete so die zukünftige Preisträgerin Nelly Sachs 1940 vor dem Holocaust. Pjotr Kapiza rettete das Leben seines Physikkollegen Lew Landau, indem er sich bei den sowjetischen Behörden für dessen Freilassung aus dem Gefängnis einsetzte. In den dreißiger Jahren des vorigen Jahrhunderts wurde das Kopenhagener Laboratorium von Niels Bohr zum rettenden Hafen für jüdische Wissenschaftler, die aus Nazideutschland flohen. Bohr war außerdem eine treibende Kraft bei dem erfolgreichen Vorhaben, alle dänischen Juden unmittelbar vor der Internierung durch die Nationalsozialisten nach Schweden zu bringen. Ernest Rutherfords Cavendish-Labor in Cambridge war ein weiterer Rückzugpunkt für deutsche Wissenschaftler, während die Anstrengungen einer ganzen Reihe weiterer Preisträger in Großbritannien und den USA einer großen Zahl von Flüchtlingen das Leben retteten. Viele Nobelpreisträger spendeten ihr gesamtes Preisgeld oder zumindest einen Teil davon. Mit seinen Eltern vor den Russen auf der Flucht, sah Günter Blobel die beeindruckende Frauenkirche in Dresden, die nur wenige Tage später den Bombenangriffen der Alliierten zum Opfer fiel. Als er 1999 den Nobelpreis für Medizin gewann, spendete er sein gesamtes Preisgeld für den Wiederaufbau der Kirche und den Neubau einer Synagoge in Dresden.

Auch Mut ist ein Thema, das viele Nobelpreisträger aus eigener Erfahrung kennen. Eine beträchtliche Anzahl von ihnen wurde für den Dienst in den Streitkräften ihres Vaterlandes ausgezeichnet. Während des Zweiten Weltkrieges arbeiteten nicht wenige bereits geehrte und zukünftige Nobelpreisträger im Widerstand in Frankreich, Polen, Ungarn und Italien. Tatsächlich waren fast alle Preisträger, die zu jener Zeit in Frankreich lebten, Mitglieder der Résistance, einschließlich des Iren Samuel Beckett und des Polen Georges Charpak.

Von Gefängnismauern umgeben zu sein, stellte für eine Vielzahl von Nobelpreisträgern ebenfalls eine Herausforderung dar. Sie waren Gefangene in Internierungslagern, feindliche Ausländer im eigenen Land, verfolgte Minderheiten oder Widerstandskämpfer. Zusätzlich fanden sich einige weitere Preisträger aufgrund ihrer Arbeit oder ihrer Einstellung im Gefängnis wieder. Zu diesen gehörten Menachem Begin, Nelson Mandela, Martin Luther King, Schirin Ebadi, Anwar as-Sadat, Andrei Sacharow, Lech Wałęsa und Wangari Maathai. Als Regimekritiker wurden außerdem Bertrand Russell, Alexander Solschenizyn, Josef Brodsky und Wole Soyinka inhaftiert.

GUT UND BÖSE

239. Das Böse ist nicht die Norm. Ungerechtigkeit ist nicht die Norm. Armut ist nicht die Norm. Krieg ist nicht die Norm ... Die Norm ist Güte. Die Norm ist Mitgefühl. Die Norm ist Sanftmut.

Desmond Tutu FRIEDEN, 1984

240. Es gibt keine einfache Wahl zwischen den Kindern des Lichts und den Kindern der Finsternis. Gut und Böse erstrecken sich nicht symmetrisch entlang politischer Linien.

Saul Bellow LITERATUR, 1976

241. Erst als ich da auf dem verrottenden Gefängnisstroh lag, spürte ich in meinem Inneren die ersten zarten Bewegungen des Guten. Nach und nach wurde mir enthüllt, dass die Grenze, die Gut und Böse trennt, weder durch Staaten oder Klassen noch zwischen politischen Parteien verläuft, sondern direkt durch das menschliche Herz und die Herzen aller Menschen.

Alexander Solschenizyn LITERATUR, 1970

242. Die Wurzeln des Bösen sprießen, sobald ein Mensch denkt, er sei besser als die anderen.

Joseph Brodsky LITERATUR, 1987

243. Alle wirklich bösartigen Dinge entspringen einer unwissenden Unschuld.

Ernest Hemingway LITERATUR, 1954

244. Ich und einige wenige andere wissen, was getan werden muss, um wenigstens keinen Beitrag zum Bösen zu liefern, wenn wir es schon nicht verhindern können. Vielleicht können wir diese Welt nicht daran hindern, Kinder zu foltern. Aber wir können die Anzahl der gefolterten Kinder reduzieren.

Albert Camus LITERATUR, 1957

245. Ein Mann muss kein Engel sein, um ein Heiliger werden zu können.

Albert Schweitzer   FRIEDEN, 1952

246. Wenn dies eine Welt des Lasters und des Jammers ist, dann nehme ich das Laster, und Sie können den Jammer haben.

Winston Churchill   LITERATUR, 1953

CHARAKTERZÜGE UND SELBSTDEFINITION

247. Kannst Du nicht Gold sein, so sei Silber.

Juan Ramón Jiménez   LITERATUR, 1953

248. Versuche nicht, ein Erfolgsmensch zu werden, sondern vielmehr ein wertvoller Mensch.

Albert Einstein   PHYSIK, 1921

249. Ich kann es nicht länger ertragen, menschlich zu sein, und werde es auch nicht länger versuchen.

Samuel Beckett   LITERATUR, 1969

250. Der Mensch ist nur das, was er aus sich selbst macht. Das ist das erste Prinzip des Existentialismus.

Jean-Paul Sartre   LITERATUR, 1964

251. Ein Mensch ist niemals, was er ist, sondern das Selbst, nach dem er trachtet.

Octavio Paz   LITERATUR, 1990

252. Großes Leid erhebt einen Menschen und bringt ihn in Reichweite der Selbsterkenntnis.

Anwar as-Sadat   FRIEDEN, 1978

253. Er war zu einfältig, um sich zu fragen, wann er diesen Zustand der Demut erlangt hatte. Aber er wusste, er hatte ihn erlangt, und er wusste, es war nicht entehrend und es brachte nicht den Verlust echten Stolzes mit sich.

Ernest Hemingway   LITERATUR, 1954

254. Ich wurde als unentbehrlich und als Wundertäter bezeichnet. Ich weiß es genau, denn ich erinnere mich an jedes Wort, dass ich gesagt habe.

Henry Kissinger   FRIEDEN, 1973

255. Wenn Sie Menschen auf einer Abendgesellschaft langweilen, verschafft Ihre Berühmtheit Ihnen den großen Vorteil, dass die anderen sich die Schuld dafür geben.

Henry Kissinger   FRIEDEN, 1973

256. Vermeiden Sie es unter allen Umständen, sich die Rolle des Opfers anzueignen … Egal wie entsetzlich Ihre Umstände auch sein mögen, versuchen Sie nicht, die Schuld irgendjemandem oder irgendetwas anderem zuzuschieben.

Joseph Brodsky   LITERATUR, 1987

257. Die Neigung, sich selbst unablässig als Opfer zu betrachten, führt dazu, sich der Verantwortung zu entziehen und das Böse zu dulden.

Albert Luthuli FRIEDEN, 1960

MUT UND HELDENTUM

258. Mut wird zu Recht als höchste menschliche Eigenschaft gewürdigt … Diese Eigenschaft ist der Garant für alle anderen.

Winston Churchill LITERATUR, 1953

259. Wir wissen nicht, wie man sich zurückzieht, wir wissen nur, wie man voranschreitet.

Jassir Arafat FRIEDEN, 1994

260. Wenn du im letzten Graben hockst, bleibt dir nichts mehr als zu singen.

Samuel Beckett LITERATUR, 1969

261. Würde unter Druck.

Ernest Hemingway LITERATUR, 1954
In einem Interview mit Dorothy Parker auf die Frage, was er mit *Mumm* meine.

262. Wenn Menschen so viel Mut in die Welt tragen, muss die Welt sie töten, um sie zu brechen. Und natürlich tötet es sie. Die Welt zerbricht jeden, und hinterher sind viele an den gebrochenen Stellen stark. Aber jene, die nicht zerbrechen, werden getötet. Sie tötet die wirklich Guten und die

sehr Sanften und die sehr Mutigen ohne Ansicht der Person. Wenn du nicht dazu gehörst, kannst du sicher davon ausgehen, trotzdem getötet zu werden, allerdings lässt sie sich mehr Zeit damit.

Ernest Hemingway LITERATUR, 1954

263. Ein Held ist jemand, der tut, was er kann.

Romain Rolland LITERATUR, 1915

264. Wie können wir unsere Träume rechtfertigen? Wie können wir unsere Überzeugungen bestätigen? Wie können wir uns selber beweisen, dass die Lehren unserer Kindheit wahr sind? Wie können wir unsere Zweifel mindern? Wie können wir in unseren oftmals untätigen Leben für Aktionen begeistert werden, die manchmal sogar auf Kosten unseres eigenen direkten Wohlbefindens gehen? Wir beziehen diese Inspirationen von unseren Helden.

Jimmy Carter FRIEDEN, 2002

265. Eines Tages wird der Süden seine wahren Helden anerkennen … Es werden die jungen Abiturienten und Hochschulstudenten sein, die jungen Geistlichen, die das Evangelium verbreiten, und eine wahre Heerschar ihrer Ältesten, die mutig und gewaltfrei in Restaurants sitzen und um ihres Gewissens willen willig ins Gefängnis gehen.

Martin Luther King FRIEDEN, 1964

266. Der Feigling ist für seine Feigheit verantwortlich. Der Held für seinen Heldenmut.

Jean-Paul Sartre LITERATUR, 1964

267. Es gibt keine Helden der Tat, nur Helden des Verzichts und des Leids. Und nur wenige von ihnen sind bekannt, und selbst diese nicht der Masse, sondern nur einigen wenigen.

Albert Schweitzer FRIEDEN, 1952

268. Was die Zukunft für mich bereithält, das weiß ich nicht. Es mag Hohn sein, Gefängnis, Konzentrationslager, Auspeitschen, Verbannung und sogar der Tod. Ich bete zum Allmächtigen, dass er meine Entschlossenheit stärken möge, so dass ich angesichts dieser düsteren Aussichten nicht ins Wanken gerate, zum Wohle des guten Namens unseres geliebten Landes, der Union von Südafrika; damit es eine wahre Demokratie werde und zu einer wahren Vereinigung aller Gemeinschaften in diesem Land sowohl in seiner äußeren Gestalt wie im Geiste führen wird.

Albert Luthuli FRIEDEN, 1960
Stellungnahme im Jahr 1952 anlässlich seiner Absetzung als Führer seines Zulu-Stammes aufgrund seiner Weigerung, aus dem Afrikanischen Nationalkongress auszutreten.

269. Es ist seltsam und auch wunderbar, in einem Land zu leben, in dem es immer noch Helden gibt.

Nadine Gordimer LITERATUR, 1991
In Bezug auf Südafrika.

270. Mein ganzes Leben habe ich dem Kampf für das afrikanische Volk gewidmet. Ich habe gegen die weiße Vorherrschaft gekämpft, und ich habe gegen die schwarze Vorherrschaft gekämpft. Ich habe das Ideal einer demokratischen und freien Gesellschaft aufrechterhalten, in der alle Menschen

in Harmonie und mit den gleichen Möglichkeiten für alle leben. Es ist ein Ideal, für das ich hoffe, weiterzuleben und es entstehen zu sehen. Dennoch, mein Gott, wenn es notwendig sein sollte, so ist es ein Ideal, für das ich bereit bin zu sterben.

Nelson Mandela FRIEDEN, 1993
Rede in seinem Gerichtsverfahren in Johannesburg am
20. April 1964.

271. Die Politiker wollen, dass die Menschen heldenhaft zu sterben wissen; der Dichter möchte, dass sie heldenhaft leben.

Salvatore Quasimodo LITERATUR, 1959

272. Sei im dichtesten Getümmel der Schlacht nicht entmutigt. Dies ist der Ort, an den alle guten Männer sich wünschen.

Lester Pearson FRIEDEN, 1957

273. Ich erkläre dem Unterhaus, wie ich auch schon jenen erklärte, die dieser Regierung beitraten, dass ich nur Blut, Schweiß und Tränen anzubieten habe.

Winston Churchill LITERATUR, 1953

274. Wappnen wir uns also, unsere Pflicht zu erfüllen, und lasst uns derart Haltung zeigen, dass selbst angesichts eines tausendjährigen Britischen Empires und seines Commonwealth die Menschheit immer noch ausruft: »Dies war ihre größte Stunde.«

Winston Churchill LITERATUR, 1953

275. Freunde, ich bitte Sie, die Lautstärke soweit möglich zu dämpfen. Ich weiß nicht, inwieweit Ihnen bekannt ist, dass ich kürzlich angeschossen wurde. Um einen Elch zu töten, bedarf es allerdings größerer Anstrengungen. Glücklicherweise hatte ich diese, meine Vorlage dabei, aus der Sie ersehen, dass ich eine längere Rede geplant hatte, und da war eine Kugel – und hier ist diese Kugel eingedrungen – und wahrscheinlich lenkten diese Manuskriptseiten die Kugel von meinem Herzen ab. Die Kugel steckt immer noch in mir. Daher vermag ich keine lange Rede zu halten, aber ich werde mein Bestes geben.

Theodore Roosevelt FRIEDEN, 1906

Am 14. Oktober 1912 feuerte ein verwirrter Immigrant eine Kugel in Roosevelts Brust, als dieser sich anschickte, für eine Wahlrede einen Saal in Milwaukee zu betreten.

276. Wollten wir unsere Freiheit zurück, so mussten wir streiken. Wir teilten den Sowjets mit, dass Ihr nach Eurem Gutdünken mit Euren Panzern anrollen könntet. Dann würden wir Blumen in die Rohre dieser Panzer stecken, und Eure Soldaten wären über kurz oder lang gezwungen, die Luken zu öffnen und auszusteigen, um Luft zu schnappen. Sobald sie draußen sind, würden unsere Mädchen sie zu Tode küssen. Wie auch immer, wir werden nicht länger für Euch schuften.

Lech Wałęsa FRIEDEN, 1983

277. Mehr als vierzig Jahre lang habe ich meine Mitarbeiter aufgrund ihrer Intelligenz und ihres Charakters und nicht aufgrund ihrer Großmütter ausgewählt. Und ich bin nicht willens, diese Auswahlkriterien für den Rest meines Lebens zu ändern.

Fritz Haber CHEMIE, 1918
In einem Rücktrittsschreiben als Direktor des
Kaiser-Wilhelm-Institutes im Jahr 1913, nachdem er aufgefordert wurde, Juden aus seiner Abteilung zu entfernen.

278. Einen Arm zu verlieren ist eher eine Unannehmlichkeit als eine Katastrophe.

Eric Cornell PHYSIK, 2001
Cornell verlor 2004 aufgrund einer Streptokokken-Infektion einen Arm und die Schulter.

PFLICHT UND VERANTWORTUNG

279. Freiheit bedeutet, eigene Verantwortung zu übernehmen. Es geht nicht darum, keinerlei Verantwortung zu tragen, sondern sie selber auswählen zu können.

Toni Morrison LITERATUR, 1993

280. Das eigene Leben für andere zu leben ist das einzig lohnenswerte Leben.

Albert Einstein PHYSIK, 1921

281. Die wahre Definition von Einsamkeit ... ist ohne Verantwortung zu leben.

Nadine Gordimer LITERATUR, 1991

282. Ich schlief und träumte, das Leben bedeute Freude. Ich erwachte und sah, das Leben bedeutete Dienen. Ich handelte und siehe, Dienen bedeutete Freude.

Rabindranath Tagore LITERATUR, 1913

283. Pflichtbewusstsein ist nützlich bei der Arbeit, aber beleidigend in persönlichen Beziehungen.

Bertrand Russell LITERATUR, 1950

284. Schämt sich ein Dummkopf seiner Handlungen, redet er sich damit heraus, es sei seine Pflicht gewesen.

George Bernard Shaw LITERATUR, 1925

MITGEFÜHL

285. Wenn du andere glücklich machen willst, zeige Mitgefühl. Wenn du glücklich sein willst, dann zeige Mitgefühl.

Der vierzehnte Dalai Lama FRIEDEN, 1989

286. Das höchste Maß an Verständnis erreichen wir durch Lachen und menschliches Mitgefühl.

Richard Feynman PHYSIK, 1965

287. Sie und ich, meine Freunde, gehören einer Gruppe an, die früh aufsteht. Wir stehen früh auf, weil wir nicht viel schlafen. Und wir schlafen so wenig, weil uns die Welt nicht schlafen lässt. Im Gegenzug versuchen wir unser Bestes, der Welt den Schlaf zur rauben. Wenn irgendwo Menschen lei-

den, schreien oder flüstern wir, aber zumindest bemühen wir uns, sie aufzuwecken.

Elie Wiesel   FRIEDEN, 1986

288. Drei Leidenschaften, einfacher Natur, aber überwältigend stark, bestimmten mein Leben: die Sehnsucht nach Liebe, die Suche nach Wissen und das schier unerträgliche Mitgefühl für das Leiden der Menschheit.

Bertrand Russell   LITERATUR, 1950

289. Heutzutage ist es nicht länger der Unterschied von Bedeutung, wer gläubig ist und wer nicht, was zählt, ist der Unterschied, ob sich jemand Gedanken macht oder nicht.

George Pire   FRIEDEN, 1958

290. Nur die Gequälten können jene verstehen, die gequält wurden.

Jassir Arafat   FRIEDEN, 1994

291. Wie können Sie von einem Menschen, der warm ist, erwarten, einen Kalten zu verstehen?

Alexander Solschenizyn   LITERATUR, 1970

VERGEBUNG

292. Ohne Vergebung gibt es keine Zukunft.

Desmond Tutu   FRIEDEN, 1984

293. In jeder Sprache, jeder Kultur sind die schwierigsten aller Worte: »Es tut mir leid. Vergib mir.«

Desmond Tutu FRIEDEN, 1984

294. Wahre Versöhnung besteht nicht darin, die Vergangenheit einfach zu vergessen.

Nelson Mandela FRIEDEN, 1993

295. Wir sind vor Gott dem Allmächtigen auf die Knie gefallen und baten ihn um Vergebung.

F. W. de Klerk FRIEDEN, 1993

ANPASSUNG UND EXZENTRIZITÄT

296. Ich habe respektable Menschen immer für Schurken gehalten. Und ich blicke jeden Morgen besorgt in den Spiegel und suche nach Zeichen dafür, dass ich zu einem Schurken werde.

Bertrand Russell LITERATUR, 1950

297. Große Geister stießen bei mittelmäßigem Verstand immer auf heftige Opposition. Der mittelmäßige Verstand ist unfähig, einen Mann zu verstehen, der sich weigert, sich blind den üblichen Vorurteilen zu beugen und stattdessen seine Meinung mutig und ehrlich zum Ausdruck bringt.

Albert Einstein PHYSIK, 1921
Über Bertrand Russell, dessen Einstellung am City College in New York mit der Begründung wieder aufgehoben wurde, er sei »moralisch untragbar«.

298. Von jener Minderheit, die anders handelt, als es die Mehrheit vorsieht, lernt jene Mehrheit am Ende, es besser zu machen.

Friedrich von Hayek   WIRTSCHAFT, 1974

299. Schreien Sie mich nicht an. Wenn Sie nicht anders können als schreien, dann tun Sie es wenigstens nicht alle auf einmal.

Boris Pasternak   LITERATUR, 1958
An Störenfriede gerichtet, während seiner Rede vor dem Plenum der Union der Sowjetischen Schriftsteller, 1957.

300. Ein Mann von ausgeprägt gesundem Menschenverstand und gutem Geschmack – beschreibt einen Mann ohne Originalität oder moralischen Mut.

George Bernard Shaw   LITERATUR, 1925

301. Haben Sie keine Angst, exzentrische Meinungen zu vertreten, denn jede mittlerweile anerkannte Meinung war einst exzentrisch.

Bertrand Russell   LITERATUR, 1950

302. Als ich jung war, fand ich heraus, dass der große Zeh unweigerlich Löcher in die Socken bohrte. Also trug ich keine Socken mehr.

Albert Einstein   PHYSIK, 1921

DUMMHEIT

303. Auch wenn fünfzig Millionen Menschen etwas Dummes sagen, bleibt es dennoch etwas Dummes.

Anatole France LITERATUR, 1921

304. Zwei Dinge sind unendlich: das Universum und die menschliche Dummheit. Dabei bin ich mir über das Universum nicht völlig sicher.

Albert Einstein PHYSIK, 1921

305. Nichts in der Welt ist gefährlicher als aufrichtige Ignoranz und gewissenhafte Dummheit.

Martin Luther King FRIEDEN, 1964

306. Das traurig Stimmende an der Welt sind die vielen darin lebenden dummen und gewöhnlichen Menschen. Und diese Welt wird zugunsten der Dummen und Gewöhnlichen geführt.

V. S. Naipaul LITERATUR, 2001

307. Dass die Dummen so felsenfest von sich überzeugt sind und die Intelligenten so voller Selbstzweifel, ist das große Problem dieser Welt.

Bertrand Russell LITERATUR, 1950

308. Es sind genau die dümmsten Menschen, die ihre falschen Überzeugungen am ernsthaftesten vertreten.

Norman Angell FRIEDEN, 1933

309. Ignorante Menschen in modischer Kleidung sind für Amerika gefährlicher als jedes Öl-Embargo.

V. S. Naipaul   LITERATUR, 2001
Nachdem er ein Jahr am Wellesley College unterrichtete.

310. Seien Sie nicht neidisch auf das Glück jener, die in trügerischer Sicherheit leben, denn nur ein Narr wird diese für Glück halten.

Bertrand Russell   LITERATUR, 1950

311. Um in der Wissenschaft Erfolg zu haben, musst du dumme Menschen meiden.

James Watson   MEDIZIN, 1962

312. Wie die Geschichte uns bereits mehrfach gelehrt hat, geht die Gefahr für unser Land nicht von Helmträgern, sondern von Hohlköpfen aus.

George C. Marshall   FRIEDEN, 1953

GEFÜHLE

Autoren, die den Nobelpreis für Literatur erhielten, haben viel über Gefühle geschrieben. Aber Betrachtungen über dieses Thema sind keinesfalls exklusiver Tummelplatz professioneller Schriftsteller.

Nobelpreisträger schreiben zumeist mit entsprechender Kompetenz über menschliche Erfahrungen, die oftmals auf den extremen eigenen Erfahrungen ihres Lebens beruht. Dies wird in den Holocaust-Beschreibungen von Elie Wiesel und Imre Kertész deutlich. Andere Beispiele geben Kenzaburō Ōe und Pearl S. Buck, die beide behinderte Kinder aufzogen. Heinrich Böll, René-Samuel Cassin, Camilo José Cela, Renato Dulbecco, Ernest Hemingway und François Jacob wurden im Krieg schwer verletzt. Im Falle von Jacob bedeutete dies, seinen langgehegten Traum von der Chirurgenkarriere aufzugeben.

Nobelpreisträger sind Tragödien nicht weniger ausgesetzt als die übrige Menschheit. Richard Feynmans geliebte Frau starb mit zweiundzwanzig an Tuberkulose. Ilja Mechnikows Frau starb nach nur fünf Jahren Ehe ebenfalls an Tb, was ihm so großen Kummer bereitete, dass er sich umzubringen versuchte. Andere Preisträger, einschließlich Albert Camus, Kenzaburō Ōe, Donald Cram, Roald Hoffmann, Harry Martinson und Gabriela Mistral wurden bereits in jungen Jahren von einem Elternteil oder beiden Eltern verlassen oder verloren sie durch den Tod. Theodore Roosevelts Mutter und seine erste Frau starben aus unterschiedlichen Ursachen am selben Tag. Das Leben von Max Planck, dem Vater der Quantenphysik, verlief besonders tragisch. Seine Frau starb nach zweiundzwanzig Jahren Ehe, er verlor zwei Töchter kurz nach der Geburt, sein ältester Sohn fiel im Ersten Weltkrieg, und der jüngere wurde 1944 nach dem Bombenattentat auf Hitler exekutiert.

Aber wenn sie über Gefühle schreiben, ist der Ton trotz aller Traumata bejahend und nicht verzweifelt. Nur wenige ließen sich als verbitterte Pessimisten beschreiben. Indem sie die Freuden und Tragödien des Lebens erfuhren, aus denen sie mit größerer Einsicht und mehr Mitgefühl hervorgingen, sind Nobelpreisträger voll geistiger Gesundheit und innerer Stärke angesichts des menschlichen Dilemmas.

FREUDE UND GLÜCK

313. Was für ein Himmel! Was für ein Licht! Oh, trotz allem ist es ein Segen, bei solchem Wetter am Leben und aus dem Krankenhaus heraus zu sein.
Samuel Beckett   LITERATUR, 1969

314. Sie müssen Freude als moralische Pflicht annehmen.
André Gide   LITERATUR, 1947

315. Ein Mann, der zum ersten Mal eine zarte Blume pflückt, damit sie während der Arbeit in seiner Nähe bliebe, hat einen Schritt zu auf die Freude des Lebens getan.
Hermann Hesse   LITERATUR, 1946

316. Vergnügen lässt sich verschaffen, ohne den Preis mühevoller Anstrengung. Für die Freude gilt das nicht.
Konrad Lorenz   MEDIZIN, 1973

317. Ungeteiltes Glück ist kein Glück.

Boris Pasternak LITERATUR, 1958

318. Ein Akt der Güte ist in sich ein Akt der Freude. Die ausbleibende Belohnung für diese Tat lässt sich mit der süßen Belohnung vergleichen, die darin einfloss.

Maurice Maeterlinck LITERATUR, 1911

319. Auf einige begehrte Dinge zu verzichten ist unentbehrlicher Teil des Glücklichseins.

Bertrand Russell LITERATUR, 1950

320. Es gibt keinen besseren Weg, den eigenen Kummer zu bewältigen, als die Freude eines anderen zu teilen.

Sheldon Glashow PHYSIK, 1979

321. Glückliche intelligente Menschen sind das Seltenste, was ich kenne.

Ernest Hemingway LITERATUR, 1954

322. In der Post bereiten mir Werbesendungen das größte Vergnügen auf dieser Welt, denn ich weiß sofort, was ich damit anfangen soll.

Roald Hoffmann CHEMIE, 1981

323. Ein Kollege, der mich traf, als ich ziellos durch die wundervollen Straßen Kopenhagens lief, meinte recht freundlich: »Sie sehen sehr unglücklich aus.« Woraufhin ich heftig antwortete: »Wie soll man denn glücklich aussehen, wenn man über den anomalen Zeeman-Effekt nachdenkt?«

Wolfgang Pauli PHYSIK, 1945

BESTÄTIGUNG UND DANKBARKEIT

324. Für alles, das war – Danke! Für alles, das sein wird – Ja!

Dag Hammarskjöld FRIEDEN, 1961

325. Ja zum Leben zu sagen, bedeutet gleichzeitig, Ja zu sich selbst zu sagen.

Dag Hammarskjöld FRIEDEN, 1961

326. Ich danke Dir, Gott. Ich weiß nicht so recht warum. Aber trotzdem danke.

Juan Ramón Jiménez LITERATUR, 1956

327. Dankbarkeit ist ein Wort, das ich sehr schätze. Dankbarkeit definiert die Menschlichkeit des Menschen.

Elie Wiesel FRIEDEN, 1986

328. Er wollte schlicht schildern, was man in den Heimsuchungen lernen kann, nämlich dass es an den Menschen mehr zu bewundern als zu verachten gibt.

Albert Camus LITERATUR, 1957

SCHÖNHEIT

329. Der Mensch sollte sich glücklich schätzen, Zeitgenosse der Rose gewesen zu sein.

Juan Ramón Jiménez LITERATUR, 1956

330. Angesichts wirklich schöner Dinge erfahren wir nicht nur Freude, sondern auch Trauer oder Furcht.

Hermann Hesse LITERATUR, 1946

331. Man hilft entweder dem ganzen Menschen oder hilft ihm lieber gar nicht. Und wenn der Mensch Brot und Gerechtigkeit braucht und wenn getan ist, was getan werden muss, um diese Bedürfnisse zu befriedigen, so benötigt er dennoch wahre Schönheit, die das Brot seines Herzens ist.

Albert Camus LITERATUR, 1957

332. Dass unsere Gleichungen schön sind, ist viel wichtiger, als dass sie dem Experiment entsprechen.

Paul Dirac PHYSIK, 1933

SCHMERZ UND LEID

333. Zwischen dem Leid und dem Nichts wähle ich das Leid.

William Faulkner LITERATUR, 1949

334. Unverdientes Leid wirkt erlösend.

Martin Luther King FRIEDEN, 1964

335. Man findet sehr viele Schmerzen, wenn der Regen fällt.
John Steinbeck LITERATUR, 1962

336. Das ist ein vernichtender Schlag, von dieser Samenbank ausgeschlossen zu sein. Ich habe mich schon mies gefühlt, als man mir erzählte, ich würde auf Präsident Nixons Liste seiner Feinde nur unter »ferner liefen« geführt.
George Wald MEDIZIN, 1967
Die kurzlebige »Samenbank für Genies« wurde in den 1980ern gegründet. Berichten zufolge beteiligten sich drei Nobelpreisträger, was aber kein Nobelbaby zur Folge hatte.

337. Ich denke, es gibt in Ihrem Hirn eine Region, die reserviert ist für die »Melancholie vergangener Beziehungen«. Sie wächst und gedeiht im Laufe des Lebens und zwingt Sie am Ende, gegen Ihr besseres Wissen, Countrymusik zu hören.
Kary Mullis CHEMIE, 1993

338. Ich bin eine von Millionen auf dieser Welt, die sich niemals vom Tod John Fitzgerald Kennedys oder dessen Umständen erholen werden.
Pearl S. Buck LITERATUR, 1938

GLEICHGÜLTIGKEIT

339. Ich habe die Torheit der Leidenschaft immer der Weisheit der Gleichgültigkeit vorgezogen.
Anatole France LITERATUR, 1921

340. Wenn Sie sich angesichts einer Ungerechtigkeit neutral verhalten, wählen Sie damit die Seite der Unterdrücker. Wenn ein Elefant mit seinem Fuß auf dem Schwanz einer Maus steht und Sie erklären sich für neutral, wird die Maus Ihre Neutralität nicht zu würdigen wissen.

Desmond Tutu   FRIEDEN, 1984

341. Lieber ein ungerechter Gott als ein desinteressierter.

Elie Wiesel   FRIEDEN, 1986

342. Das Gegenteil von Liebe ist nicht Hass, sondern Gleichgültigkeit. Das Gegenteil von Kunst ist nicht Hässlichkeit, sondern Gleichgültigkeit. Das Gegenteil von Glaube ist nicht Häresie, sondern Gleichgültigkeit. Und das Gegenteil von Leben ist nicht der Tod, sondern Gleichgültigkeit.

Elie Wiesel   FRIEDEN, 1986

343. Die Welt wusste darum und schwieg. Also schwor ich, niemals still zu schweigen, wenn oder wo immer auch Menschen Leid und Erniedrigung zugefügt werden. Wir müssen uns entscheiden. Neutralität unterstützt die Unterdrücker, niemals die Opfer. Schweigen ermutigt den Peiniger, niemals den Gepeinigten. Manchmal müssen wir uns einmischen. Wenn Menschenleben in Gefahr sind, wenn menschliche Würde gefährdet ist, dann sind nationale Grenzen und Empfindlichkeiten irrelevant. Wo immer auch Männer und Frauen aufgrund ihrer ethnischen Zugehörigkeit, Religion oder politischen Überzeugung verfolgt werden, muss genau dieser Ort zum Mittelpunkt des Universums werden.

Elie Wiesel   FRIEDEN, 1986

HOFFNUNG UND VERZWEIFLUNG

344. Ich war schon immer der Meinung, wenn derjenige, der Hoffnungen in die Natur des Menschen setzt, ein Narr ist, dann ist derjenige, der angesichts der Umstände die Hoffnung aufgibt, ein Feigling.

Albert Camus LITERATUR, 1957

345. Die Hoffnung verleiht dem Leben einen Sinn. Und Hoffnung stützt sich auf die Aussicht, eines Tages die tatsächliche Welt in eine möglicherweise bessere zu verwandeln. Als der französische Schriftsteller Tristan Bernard und seine Frau von der Gestapo verhaftet wurden, tröstete er sie: »Die Zeit der Furcht ist vorüber. Jetzt kommt die Zeit der Hoffnung.«

François Jacob MEDIZIN, 1965

346. Vergiss niemals: Du darfst nie, unter keinen Umständen verzweifeln. Zu hoffen und zu handeln ist in schweren Zeiten unsere Pflicht.

Boris Pasternak LITERATUR, 1958

347. Zuckt niemals zurück, ermüdet niemals, verzweifelt niemals.

Winston Churchill LITERATUR, 1953

348. In der Tiefe des Winters entdeckte ich einen unüberwindlichen Sommer in mir.

Albert Camus LITERATUR, 1957

349. Ohne den Glauben an eine Sache gibt es kein Handeln. Gegen Unwissenheit gibt es Aufklärung, Aberglaube lässt sich auszumerzen. Intoleranz kann sich in Toleranz und Hass sich in Liebe verwandeln. Ideen können gedeihen, Wissen ausgeweitet und die Herzen der Menschen geadelt werden. Vom Pessimismus, der nichts als düstere Visionen sieht, ist hingegen nichts zu erwarten.

Klas Arnoldson FRIEDEN, 1908

350. Kein Pferd, das *Trübsal* heißt, hat je ein Rennen gewonnen.

Ernest Hemingway LITERATUR, 1954

351. Sich über den Fortschrittsglauben lustig zu machen, ist die größte Torheit, damit das letzte Wort gesprochen in geistiger Armut und mit armseligem Verstand.

Peter Medawar MEDIZIN, 1960

352. Pessimismus angesichts der Vergangenheit ist ein schwerwiegender Fehler. Pessimismus gegenüber der Zukunft ist ein Verbrechen.

Philip Noel-Baker FRIEDEN, 1959

353. Da ich mich erinnere, verzweifle ich. Da ich mich erinnere, habe ich die Pflicht, die Verzweiflung in ihre Schranken zu weisen. Ich erinnere mich an die Mörder, ich erinnere mich an die Opfer, während ich darum kämpfe, tausendundeinen Grund für die Hoffnung zu erfinden.

Elie Wiesel FRIEDEN, 1986

354. Es gibt Pessimisten und Optimisten, und von diesen beiden sind die Pessimisten die besser Informierten.

Imre Kertész   LITERATUR, 2002

355. Wenn Sie weiterhin davon reden, dass alles schlimm enden wird, so haben Sie eine gute Chance, zum Propheten zu werden.

Isaac Bashevis Singer   LITERATUR, 1978

FURCHT

356. Wenn wir unser Licht leuchten lassen, so erlauben wir unbewusst anderen, dasselbe zu tun. So wie wir von unserer eigenen Furcht befreit werden, befreit unsere Gegenwart automatisch andere.

Nelson Mandela   FRIEDEN, 1993

357. Nicht Macht korrumpiert, sondern Furcht. Furcht, die Macht zu verlieren, korrumpiert jene, die sie ausüben, und Furcht vor der Geißel der Macht korrumpiert diejenigen, die ihr unterworfen sind.

Aung San Suu Kyi   FRIEDEN, 1991

358. Emotionale Erinnerungen, die Furcht umfassen, sind auf ewig in das Gehirn eingebrannt. Sie können unterdrückt, aber niemals ausgelöscht werden.

Francis Crick   MEDIZIN, 1962

359. Die schlimmste Furcht ist die Furcht vor dem Leben.

Theodore Roosevelt FRIEDEN, 1906

360. Die Liebe zu fürchten, bedeutet, das Leben zu fürchten. Und wer sich vor dem Leben fürchtet, ist bereits zu drei Vierteln tot.

Bertrand Russell LITERATUR, 1950

361. Das siebzehnte Jahrhundert war das Jahrhundert der Mathematik, das achtzehnte das der Physikwissenschaft und das neunzehnte das der Biologie. Unser zwanzigstes Jahrhundert ist das Jahrhundert der Angst.

Albert Camus LITERATUR, 1957

MENSCHLICHE BEZIEHUNGEN

Der beliebte Irrglaube, das soziale Leben brillanter Menschen sei von Rückzug und Einzelgängertum geprägt, wird durch die Biographien der Nobelpreisträger widerlegt. Ein auffallend hoher Anteil von ihnen, besonders unter den Wissenschaftlern, ging Ehen ein und blieb auch verheiratet. Saul Bellow war fünfmal verheiratet, Ernest Hemingway und Bertrand Russell viermal – aber dies sind Ausnahmen. Nachdem er aus Nazideutschland geflohen war, gelang Erwin Schrödinger das Kunststück, in einem seriösen Dubliner Vorort mit seiner Frau und seiner Geliebten in einem Haus zu wohnen, während er gleichzeitig Affären mit seinen Studentinnen pflegte und Kinder mit zwei weiteren irischen Frauen hatte. Ein Nobelpreisträger, der muslimische Abdus Salam, hatte zwei Frauen, was hinsichtlich des Protokolls für die Nobelpreisfeier in Stockholm gewisse Probleme aufwarf, ist es doch Tradition, dass die Frau des Physikpreisträgers am Arm des Königs von Schweden in den Speisesaal geleitet wird.

In ihren Autobiographien danken Preisträger häufig ihren Familien. Obwohl eine ganze Anzahl von Preisträgern aus eher bescheidenen Verhältnissen stammten, waren die meisten Kinder berufstätiger oder akademischer Elternhäuser. So war die Physikerin Maria Goeppert-Mayer bereits in der siebten Generation Universitätsprofessorin. Acht Preisträger hatten Eltern, die ihrerseits den Nobelpreis gewannen. Die Welt kann von Glück sprechen, dass die meisten Preisträger ihre Gene weitergeben. Theodor Mommsen hält mit sechzehn Kindern den Rekord. Pearl S. Buck adoptierte neun Kinder und gründete das Willkommen-Haus, über das die Adoption Tausender, von amerikanischen Militärangehörigen in Asien gezeugter Kinder ermöglicht wurde. Robert Aumann hatte achtzehn Enkelkinder.

Nobelpreisgewinner sind höchst selten einzelgängerische Genies. Obwohl der zurückgezogen arbeitende Wissenschaftler bei der Gründung der Nobelpreisstiftung im Jahre 1901 durchaus nicht ungewöhnlich war, so macht die Wissenschaft heute nicht länger durch die Arbeit forschender Einsiedler in beengten, vollgestellten Laboratorien Fortschritte. Theoretiker arbeiten unter Umständen allein, aber angesichts der Ausmaße und der Komplexität der heutigen experimentellen Wissenschaft ist Zusammenarbeit eine fast unausbleibliche Konsequenz. Viele Wissenschaftspreisträger führen ihren Erfolg einzig und allein auf die Kooperation mit einem brillanten älteren Kollegen während ihrer Anfangsjahre zurück. In den letzten zwanzig Jahren gingen die Wissenschaftspreise fast immer an Forschungsduos oder -trios. Ungeteilte Preise sind jedoch nach wie vor die Norm im Bereich Literatur. Nur wenige literarische Werke sind das Produkt einer gemeinsamen Autorenschaft.

Vier Ehepaare gewannen Nobelpreise. Marie und Pierre Curie, die sich 1903 den Physikpreis teilten, verkörpern den Inbegriff ehelicher Zusammenarbeit, die erst endete, als Pierre tragischerweise in Paris von einer Droschke überfahren wurde. Viele Frauen spielten eine tragende Rolle bei wissenschaftlichen Entdeckungen, dennoch sind Frauen in den Nobelpreisverleihungen unterrepräsentiert. Bis 2008 erhielten 756 Männer, aber nur 35 Frauen einen Nobelpreis. Zwei Frauen gewannen den Preis für Physik, drei für Chemie, acht für Medizin, elf für Literatur und zwölf für Frieden.

LIEBE UND ZUNEIGUNG

362. Liebe ist eine Krankheit, verläuft aber nicht tödlich.
Selma Lagerlöf LITERATUR, 1909

363. Liebe, die stammelt, die stottert, ist die Liebe, die fähig ist, am besten zu lieben.

Gabriela Mistral LITERATUR, 1945

364. Wie alle großen Schöpfungen der Menschheit ist auch die Liebe zweischneidig: Sie ist höchste Glückseligkeit und tiefstes Leid.

Octavio Paz LITERATUR, 1990

365. Liebe ist nicht das Verlangen nach Schönheit, es ist die Sehnsucht nach Vervollständigung.

Octavio Paz LITERATUR, 1990

366. Jeder macht Fehler. So ist das Leben. Aber es ist niemals ein Fehler, zu lieben.

Romain Rolland LITERATUR, 1915

367. Von allen Formen der Vorsicht ist Vorsicht in der Liebe am tödlichsten für wahres Glück.

Bertrand Russell LITERATUR, 1950

368. Nicht jeder von uns kann große Dinge vollbringen, aber wir alle können kleine Dinge mit großer Liebe tun.

Mutter Teresa FRIEDEN, 1979

369. Das Spektakel der Christen mit ihrer Liebe zu allen Menschen war das Erstaunlichste, was Rom je zu sehen bekommen hatte.

Jane Addams   FRIEDEN, 1931

370. Liebe ist die einzige Kraft, die fähig ist, die Schranken niederzureißen, die zwischen Körper und Geist, Sichtbarem und Unsichtbarem, dem Einzelnen und Gott bestehen können.

Anwar as-Sadat   FRIEDEN, 1978

371. Wie seltsam ist doch das Los von uns Sterblichen! Jeder von uns weilt hier nur eine kurze Zeitspanne; zu welchem Zweck, das wissen wir nicht, obwohl wir es manchmal spüren. Aber wir wissen aus dem Alltag, dass wir vor allem anderen für andere existieren, von deren Lächeln und Wohlergehen unser eigenes Glück abhängig ist.

Albert Einstein   PHYSIK, 1921

372. Wo keine tiefe Liebe herrscht, kann es auch keine tiefe Enttäuschung geben.

Martin Luther King   FRIEDEN, 1964

373. Niemand wird jemals wissen, wie viele Romane, Gedichte, Analysen, Beichten, Leid und Freude auf diesem Kontinent namens Liebe angehäuft wurden, ohne dass sie diesen jemals vollends ergründet hätten.

Heinrich Böll   LITERATUR, 1972

374. Eine lieblose Welt ist eine tote Welt. Und immer wieder naht eine Stunde, in der jemand der Gefängnisse überdrüssig ist, seiner Arbeit und seiner Pflichterfüllung, und sich nur noch nach einem geliebten Gesicht, der Wärme und dem Wunder eines liebenden Herzens sehnt.

Albert Camus   LITERATUR, 1957

375. Unter dem Mantel der Liebe verbirgt sich die Verbannung, mit einer gelegentlichen Postkarte aus der Heimat.

Samuel Beckett   LITERATUR, 1969

376. Wenn sich zwei Menschen lieben, ist ein Happy End ausgeschlossen.

Ernest Hemingway   LITERATUR, 1954

377. Liebe, die erwidert wird, ist immer ein Jungbrunnen.

T. S. Eliot   LITERATUR, 1948
Antwort auf einen Toast des Bildhauers Jacob Epstein zu seinem siebzigsten Geburtstag im Jahr 1958, ein Jahr nachdem er mit achtundsechzig die dreißigjährige Valerie Fletcher ehelichte.

378. Durch die vielen unverfänglichen Ehen in Sicherheit gewiegt, geriet völlig in Vergessenheit, dass Liebe keine Gewächshauspflanze ist, sondern eine wilde Blume, geboren in einer feuchten Nacht, geboren in einer Stunde voller Sonnenschein. Aus wildem Samen gekeimt und die Straße hinuntergeweht von einem wilden Wind. Eine wilde Pflanze, die, wenn sie zufällig innerhalb der Grenzen unseres Gartens blüht, von uns als Blume bezeichnet wird, sollte sie

jedoch außerhalb wachsen, nur Unkraut ist – aber ob Blume oder Unkraut, ihr Duft und ihre Farben bleiben immer wild!

John Galsworthy LITERATUR, 1949

379. Du liebst nicht wegen etwas – du liebst dennoch. Nicht aufgrund der Vorteile, sondern aufgrund der Fehlerhaftigkeit.

William Faulkner LITERATUR, 1949

380. Wie unerträglich sind doch für Frauen die Zärtlichkeiten, die Männer ihnen ohne jede Liebe geben.

Albert Camus LITERATUR, 1957

381. Der Wankelmütigkeit der Frauen, die ich liebe, kommt nur die teuflische Beständigkeit jener Frauen gleich, die mich lieben.

George Bernard Shaw LITERATUR, 1925

EHE

382. Eheliche Liebe, die tausend Launen des Schicksals übersteht, scheint mir das schönste aller Wunder zu sein, wenn auch das häufigste.

François Mauriac LITERATUR, 1952

383. Ich glaube daran, dass die Ehe die beste und wichtigste Beziehung darstellt, die es zwischen zwei Menschen geben kann.

Bertrand Russell LITERATUR, 1950

384. Wenn es der Welt des zwanzigsten Jahrhunderts nicht gelingt, in dieser einen Sache, der ehelichen Liebe, erfolgreich zu sein, hat sie bereits Selbstmord begangen.

Sinclair Lewis LITERATUR, 1930

385. Sie sollten sich sorgfältig unter den Mitgliedern des anderen Geschlechts umsehen und jemanden wählen, mit dem Sie den Rest Ihres Lebens verbringen möchten. Heiraten Sie jung, und bleiben Sie verheiratet.

Linus Pauling CHEMIE, 1954; FRIEDEN, 1962

386. Übrigens bist du jetzt meine Verlobte.

George Hitchings MEDIZIN, 1988
Heiratsantrag an Joyce Shaver Hitchings, M.D.,
die ihn zu einer Veranstaltung fuhr.

387. Du kannst gerne in einer Kirche verheiratet werden, wenn du es denn möchtest, aber nicht mit mir.

John Barden PHYSIK, 1956; PHYSIK, 1972
Zu seiner Verlobten.

388. Nachdem ich die Heiratslizenz besorgt hatte, ging ich vom Standesamt auf einen Drink in die gegenüberliegende Bar. Der Barkeeper fragte mich: »Was möchten Sie?« Und ich antwortete: »Ein Glas Schierlingssaft.«

Ernest Hemingway LITERATUR, 1954

389. Es handelt sich lediglich um einen unwahrscheinlichen Zufall, wenn eine Frau und ein Mann aufeinandertreffen, die

beide genügend Größe besitzen, um nicht auf die Größe des anderen eifersüchtig zu sein. Und sollten sie tatsächlich aufeinandertreffen, ist einer von ihnen bereits mit einem kümmerlichen großkotzigen Fatzke verheiratet, und sie können nie zueinander kommen.

Sinclair Lewis LITERATUR, 1930

390. Ein amerikanisches Mädchen macht aus ihrem Ehemann zunächst einen Diener und verachtet ihn hinterher dafür.

John Steinbeck LITERATUR, 1962

391. Eine unglückliche Ehe! Nicht etwa unangemessenes Verhalten – nur dieses undefinierbare Unbehagen, diese schreckliche Fäulnis, die alle Liebenswürdigkeit im Hier und Jetzt abtötete. Und von Tag zu Tag, von Nacht zu Nacht, von Woche zu Woche, von Jahr zu Jahr geht es so weiter, bis dass der Tod sie scheidet.

John Galsworthy LITERATUR, 1932

392. Ich hätte es verstanden, wenn sie sich einen Rodeoreiter geschnappt hätte, aber einen gewöhnlichen Chemiker?

Wolfgang Pauli PHYSIK, 1945
Anlässlich der erneuten Vermählung seiner
ehemaligen Ehefrau.

SEX

393. Niemand wird jemals den Kampf der Geschlechter gewinnen. Es gibt einfach zu viel Verbrüderung mit dem Feind.

Henry Kissinger FRIEDEN, 1973

394. Warum zwei anstatt drei Geschlechter? Welch eine Quelle neuer Handlungsstränge würden drei Geschlechter den Romanautoren eröffnen, welche neuen Verwicklungen den Psychologen und welche neuen Komplikationen den Anwälten.

François Jacob   MEDIZIN, 1965

395. Wie kann es sein, dass im menschlichen Körper die Vermehrung die einzige Funktion ist, die von einem Organ abhängig ist, das immer nur zur Hälfte in einer Person vorhanden ist, so dass diese gezwungen ist, unglaublich viel Zeit mit der Suche nach der anderen Hälfte zu verschwenden?

François Jacob   MEDIZIN, 1965

396. Ich habe bisher kein einziges Feigenblatt umdrehen können, ohne auf dessen Rückseite ein Preisschild zu finden.

Saul Bellow   LITERATUR, 1976

397. Mir wurde bewusst, dass die sexuelle Revolution eine sehr blutige Angelegenheit war – so wie die meisten Revolutionen.

Saul Bellow   LITERATUR, 1976

Als er 1976 nach seiner Meinung zur Ehe befragt wurde.

398. Um die Freuden des Ehebruchs voll auszukosten, bedarf es eines frommen Menschen.

Anatole France   LITERATUR, 1921

399. Von allen sexuellen Verirrungen ist Keuschheit die abwegigste.

Anatole France LITERATUR, 1921

FRAUEN UND MÄNNER

400. In Gesellschaften, in denen sich Männer ihrer selbst wirklich sicher sind, werden Frauen nicht nur toleriert, sondern respektiert.

Aung San Suu Kyi FRIEDEN, 1991

401. Die grundlegende Erforschung eines Volkes liegt in der Erforschung der Beziehung zwischen ihren Männern und Frauen.

Pearl S. Buck LITERATUR, 1938

402. Männer und Frauen stellen sich jeder Herausforderung, ertragen alles, wenn sie sich gegenseitiger Loyalität und Zuneigung sicher sind. Sie ertragen nichts, wenn sie einander nicht sicher sind.

Pearl S. Buck LITERATUR, 1938

403. In keinem anderen Land – und ich habe die meisten Länder dieser Erde kennengelernt – existieren derart unbefriedigende Beziehungen zwischen Männern und Frauen wie in Amerika.

Pearl S. Buck LITERATUR, 1938

404. Privilegien standen Frauen von jeher viele zu, und dennoch blieb den meisten der eine große Segen eines Männerlebens versagt: Die Notwendigkeit, in die Welt hinauszugehen und sich ihr Brot selbst zu verdienen.

Pearl S. Buck LITERATUR, 1938

405. Du kannst alles schaffen!

Rosalyn Yalow MEDIZIN, 1977

406. Die Demütigungen, denen sich Frauen ausgesetzt sehen, sind das Resultat eines kranken Gens, das an jede neue Generation von Männern weitergegeben wird – nicht nur durch die Gesellschaft als Ganzes, sondern auch durch ihre Mütter. Es sind die Mütter, die Jungen erziehen, die zu Männern werden. Es ist Sache der Mütter, dieses kranke kulturelle Gen nicht mehr weiterzugeben.

Shirin Ebadi FRIEDEN, 2003

407. Anstatt Mädchen anzuweisen, ihre Haare zu bedecken, sollten wir ihnen beibringen, ihre Köpfe zu benutzen.

Shirin Ebadi FRIEDEN, 2003

408. Was als Vernachlässigung der Interessen der Frauen seinen Anfang nimmt, gefährdet am Ende Leib und Leben aller.

Amartya Sen WIRTSCHAFT, 1998

409. Frauen sind der Schlüssel für jedwede Entwicklung, sie sind der Schlüssel, um die Armut auszumerzen. Wenn wir die

Macht dazu in ihre Hände legen, ermächtigen wir eine ganze Nation.

Desmond Tutu   FRIEDEN, 1984

KINDER UND FAMILIE

410. Jedes Kind wird mit der Botschaft geboren, dass Gott an der Menschheit noch nicht verzweifelt ist.

Rabindranath Tagore   LITERATUR, 1913

411. Kindlichkeit ist eine der wichtigsten, unverzichtbarsten und – im wahrsten Sinne des Wortes – menschlichsten Eigenschaften der Menschheit.

Konrad Lorenz   MEDIZIN, 1973

412. Das Herz eines Kindes zu besitzen ist keine Schande. Es ist eine Ehre.

Ernest Hemingway   LITERATUR, 1954

413. Menschen, vor allem junge Leute, brauchen Komplimente und Bewunderung. Wir müssen ihnen ein Gefühl ihrer eigenen Bedeutung und Würde vermitteln, wir müssen sie darin ermutigen, alle ihre Talente zu nutzen und zu entwickeln. Wenn ich Kinder habe, werde ich auf jeden Fall so handeln. Ich werde ihnen ohne Umschweife erklären, dass sie wichtig und absolut wundervoll sind.

Mairead Corrigan   FRIEDEN, 1976

414. Ich habe vier Jahrzehnte in einer Welt der Kinder und des kindlichen Humors gelebt, der kindlichen Phantasie und der kindlichen Leidenschaft. Wenn es mir gelingt, alt zu werden, in dieser Welt alt und kindisch zu werden – sollte es denn mein Schicksal sein, alt zu werden – so werde ich mich glücklich schätzen.

Carleton Gajdusek   MEDIZIN, 1976

415. Ich habe um die dreißig Bücher geschrieben – genau weiß ich es nicht mehr – aber ich habe fünf Kinder, und das ist der wahre Segen meines Lebens.

Knut Hamsun   LITERATUR, 1920

416. Der Vater einer Nation zu sein, bedeutet eine große Ehre. Aber der Vater einer Familie zu sein, bereitet die größere Freude.

Nelson Mandela   FRIEDEN, 1993

417. Wenn ein Kind seine Eltern nicht zutiefst lieben lernt, so gehe ich davon aus, dass es niemals lernt, jemand anderen zutiefst zu lieben. Nicht zu wissen, wie man liebt, bedeutet aber, den Sinn des Lebens und seine Erfüllung niemals kennenzulernen.

Pearl S. Buck   LITERATUR, 1938

418. Alle Kinder sind Wissenschaftler. Sie sind geborene Wissenschaftler. Sie stellen all diese fürchterlichen Fragen, die niemand beantworten kann, weil sie Wissenschaftler sind. Was tun wir also? Wir ersticken ihre Neugier, und sie hören auf, Fragen zu stellen. Es ist sehr schwer, das zu überstehen.

Leon Lederman   PHYSIK, 1988

419. Überall, überall, sind Kinder die verhöhnten Menschen dieser Erde.

Toni Morrison LITERATUR, 1993

420. Zwei Elternteile bewältigen die Erziehung eines Kindes nicht besser als einer alleine. Es bedarf einer ganzen Gemeinschaft – einfach jedes Einzelnen –, um ein Kind aufzuziehen.

Toni Morrison LITERATUR, 1993

421. Der fundamentale Fehler von Vätern ist ihr Wunsch, dass ihre Kinder ihnen Ehre machen.

Bertrand Russell LITERATUR, 1950

422. Du kannst dir deine Familie nicht aussuchen. Sie ist Gottes Geschenk für dich, wie du es auch für sie bist.

Desmond Tutu FRIEDEN, 1984

423. Familien, ich hasse euch! Abgeschottete Häuser, verschlossene Türen, eifersüchtiges Wachen über das Glück.

André Gide LITERATUR, 1947

424. Alles in allem betrachtet, ist Familiensolidarität das einzig Gute im Leben.

Marie Curie PHYSIK, 1903; CHEMIE, 1911

FREUNDSCHAFT

425. Wenn die Wege von Freunden eins werden, ist die Welt für
eine Stunde ein Zuhause.

Hermann Hesse   LITERATUR, 1946

426. *Bedenkt, wo des Mannes Ruhm wird beginnen und enden,*
Und bezeugt, dass mein Ruhm beruht auf wahren Freunden.

William Butler Yeats   LITERATUR, 1923

427. Wenn die ganze Welt dir feindlich gesinnt ist, wird sich
der Tausendste als dein Freund erweisen.

Rudyard Kipling   LITERATUR, 1907

428. Ich stellte bereits fest, dass Liebe tragisch verläuft. Ich
möchte hier hinzufügen, dass Freundschaft eine Antwort
auf die Tragödie ist.

Octavio Paz   LITERATUR, 1990

429. Wenn du einen Freund einer schwierigen Stunde opferst,
wirst du nie wieder einen neuen Freund finden.

Schimon Peres   FRIEDEN, 1994

430. Wähle deine Freunde sorgfältig. Deine Feinde werden dich
wählen.

Jassir Arafat   FRIEDEN, 1994

ZURÜCKGEZOGENHEIT UND EINSAMKEIT

431. In dieser Zeit gibt es keine größere Freude, als allein und unbekannt zu leben.

Albert Camus   LITERATUR, 1957

432. Abgeschiedenheit ist der höchste Preis, den jemand empfangen kann.

Camilo José Cela   LITERATUR, 1989

433. Ich lebe in jener Einsamkeit, die in der Jugend schmerzhaft ist, aber köstlich in reiferen Jahren.

Albert Einstein   PHYSIK, 1921

434. Mein ganzes Leben stellt eine Einheit dar. Alles, was ich tat, selbst mein Schreiben, erwächst aus dem faszinierten Interesse an den Menschen, an den Wundern ihres Geistes und Herzens, ihrer Empfindlichkeiten, ihrer Bedürfnisse und der grundsätzlichen Einsamkeit angesichts ihrer Stellung im Universum.

Pearl S. Buck   LITERATUR, 1938

435. Wir sind allein, vollkommen allein auf diesem zufälligen Planeten – und von all diesen Lebensformen, die uns umgeben, ist niemand, außer dem Hund, eine Allianz mit uns eingegangen.

Maurice Maeterlinck   LITERATUR, 1911

436. Das Leben ist für jeden Menschen eine Einzelzelle mit Spiegelwänden.

Eugene O'Neill   LITERATUR, 1936

437. Fast alle großen Erfinder und Entdecker lebten überwiegend zurückgezogen. Man hat entweder viele Ideen und wenig Freunde oder viele Freunde und wenige Ideen.

Santiago Ramón Cajal   MEDIZIN, 1906

438. In der westlichen Welt herrscht die Einsamkeit, die ich die Lepra des Westens nenne. Auf vielerlei Weise ist das schlimmer als unsere Armen in Kalkutta.

Mutter Teresa   FRIEDEN, 1979

439. Beten Sie, dass Ihre Einsamkeit Sie dazu antreibt, etwas Lebenswertes zu finden, das groß genug ist, um dafür zu sterben.

Dag Hammarskjöld   FRIEDEN, 1961

GEIST, WISSEN UND LERNEN

Die Arbeit, die zum Nobelpreis führt, findet überwiegend im Geist der Männer und Frauen statt, ihrem zielgerichteten und disziplinierten Verstand, gut trainiert und gut ausgebildet. Die Analyse des Geistes jedoch, im Gegensatz zu seiner Nutzung, ist die Domäne der Philosophie. In der Philosophie aber gibt es keinen Nobelpreis. Dennoch richten viele Nobelpreisträger ihren scharfen Blick auf das Feld des menschlichen Geistes und des menschlichen Lernens.

Die Ausbildungsstätten spielen im Leben der Nobelpreisträger eine tragende Rolle. Unter den Universitäten nimmt Englands Cambridge University dabei unangefochten den ersten Rang ein. Sie kann auf über sechzig Preisträger zurückblicken. Wäre sie ein Land, stünde sie nach der Anzahl der von ihr hervorgebrachten Nobelpreisgewinner an sechster Stelle. Mit über vierzig Preisträgern folgt Harvard. Ein besonderes Lob verdient das City College von New York, da es seinen Studenten eine kostenlose Ausbildung bietet. Neun zukünftige Preisträger gingen aus ihm hervor. Einige Universitäten haben allerdings, was ihren Umgang mit den Ausgezeichneten betrifft, nicht fair gehandelt. So verwies die Cambridge University 1918 etwa Bertrand Russell ihres Lehrkörpers aufgrund seiner pazifistischen Einstellung. Im selben Jahr und aus demselben Grund wurde auch Emily Balch vom Wellesley College entlassen. Brooklyn Polytechnic zwang Gertrude Elion, die Studien für ihre Doktorarbeit abzubrechen, da sie es sich nicht leisten konnte, ihren Teilzeitjob aufzugeben. Aus diesem Grund gehört sie zu einer Handvoll Preisträgern, die niemals einen Doktortitel errang.

Schulen können für frühreife, altkluge Schüler schwierige Orte sein, und eine Anzahl von Nobelpreisträgern hat sich gegenüber erzieherischen Praktiken äußerst kritisch geäußert. Andere haben Schritte unternommen, um die Mängel der Schulen zu beseitigen. Marie Curie, Bertrand Russell und Rabindranath Tagore gründeten selber Ausbildungsstätten. Mehrere Wissenschaftspreisträger waren nicht nur mit Leib und Seele Universitätsdozenten, sondern genossen dabei auch große Beliebtheit. Der Physiker Carl Wieman und der Chemiker Harold Kroto spendeten ihr Nobelpreisgeld für Projekte, die den Unterricht und das Verständnis im Bereich der Wissenschaften förderten. Drei Wochen vor seinem Tod nahm der damals schon schwer kranke Richard Feynman die Einladung an, am Gymnasium seines Wohnortes an einer Diskussionsrunde zum Thema Erziehung teilzunehmen.

DENKEN UND GEDANKEN

440. Versuche niemals das Denken zu entmutigen, denn du würdest mit Sicherheit Erfolg haben.

Bertrand Russell LITERATUR, 1950

441. Drücke dich niemals klarer aus, als du zu denken fähig bist.

Niels Bohr PHYSIK, 1922

442. Nein, nein. Sie denken nicht, Sie sind nur logisch.

Niels Bohr PHYSIK, 1922

443. Es macht mir nichts aus, Doktor, wenn Sie langsam denken. Aber ich habe etwas dagegen, wenn Sie schneller publizieren, als Sie denken können.

Wolfgang Pauli PHYSIK, 1945

444. Man muss wie ein Mann der Tat denken und wie ein Mann des Denkens handeln.

Henry Bergson   LITERATUR, 1927

445. Viele Menschen würden lieber sterben als denken. In Wahrheit ist es auch so.

Bertrand Russell   LITERATUR, 1950

446. Wenn wir es versäumen, unsere Kinder die Fähigkeit zum klaren Denken zu lehren, werden sie hinter jedem Guru hinterhermarschieren, wenn er nur den schillerndsten Rock trägt.

Paul Boyer   CHEMIE, 1922

447. Manche Themen sind so ernst, dass man über sie nur Witze machen kann.

Niels Bohr   PHYSIK, 1922

VERSTAND UND VERNUNFT

448. Der Mensch ist ein vernunftbegabtes Tier – so wurde es mir zumindest berichtet. Während meines langen Lebens habe ich eifrig nach Beweisen Ausschau gehalten, die diese Aussage bestätigen würden. Bisher war mir das Glück in dieser Hinsicht allerdings noch nicht hold.

Bertrand Russell   LITERATUR, 1950

449. Ich habe mehr gesunden Menschenverstand am Tisch eines Bauernhauses versammelt gesehen als an den Tischen im Raum des Komitees der Vereinten Nationen.

Lester Pearson   FRIEDEN, 1957

450. Gesunder Menschenverstand ist die Ansammlung von Vorurteilen, die man bis zum achtzehnten Lebensjahr erworben hat.

Albert Einstein   PHYSIK, 1921

451. In einer Million Jahren gab es null Veränderung in der menschlichen Intelligenz, und das wird sich auch in der nächsten Million Jahren nicht ändern.

Carleton Gajdusek   MEDIZIN, 1976

452. Man besitzt eine außergewöhnliche, ja geradezu pathologische Verfassung, wenn man Gedanken logisch und ohne Ansehen der Konsequenzen durchdenkt. Solche Menschen werden Märtyrer, Apostel oder Wissenschaftler, und die meisten von ihnen enden auf dem Scheiterhaufen oder in einem Stuhl, elektrisch oder akademisch.

Albert Szent-Györgyi   MEDIZIN, 1937

453. Ich betone den feinen Unterschied zwischen der Idee des Notwendigen und der Hinlänglichkeit der Vernunft als Verteidigung gegen die irre und selbstzerstörerische Form des Antirationalismus, die da verkündet, da die Vernunft nicht ausreichend ist, sei sie überholt.

Peter Medawar   MEDIZIN, 1960

454. Ich weiß so gut wie jeder andere, dass der Intellektuelle ein gefährliches Tier ist, stets bereit, Verrat zu üben.

Albert Camus   LITERATUR, 1957

455. Wenn eine ältere und ehrwürdige Person dir etwas erzählt, dann höre ihr aufmerksam und mit dem entsprechenden Respekt zu – aber glaube ihr nicht. Setze dein Vertrauen niemals in etwas anderes als deinen eigenen Verstand.

Linus Pauling   CHEMIE, 1954; FRIEDEN, 1962

456. Aus meiner Sicht ist es viel wahrscheinlicher, dass die Berichte über fliegende Untertassen den allseits bekannten irrationalen Zügen der irdischen Intelligenz zuzuordnen sind und nicht den unbekannten rationalen Anstrengungen einer außerirdischen Intelligenz.

Richard Feynman   PHYSIK, 1965

WAHNSINN

457. Wir werden alle verrückt geboren. Einige verbleiben in diesem Zustand.

Samuel Beckett   LITERATUR, 1969

458. Wahnsinn: Wenn man dasselbe immer und immer wieder tut und abweichende Resultate erwartet.

Albert Einstein   PHYSIK, 1921

459. Wenn ich denn Nerven besäße, hätte ich einen Nervenzu-
sammenbruch.

Eugene O'Neill LITERATUR, 1936

460. Eines der Symptome eines sich ankündigenden Nerven-
zusammenbruchs ist die fixe Idee, dass die eigene Arbeit
unheimlich wichtig sei.

Bertrand Russell LITERATUR, 1950

461. Niemand ist so verrückt, sich auch nur für einen Moment
vorzustellen, dass du bei einem Seelenklempner so etwas
wie geistige Gesundheit findest.

Kary Mullis CHEMIE, 1993

462. Sie werden *niemals* alles verstehen. Wenn jemand alles ver-
steht, ist er wahnsinnig.

Philip Anderson PHYSIK, 1977

463. Mich bat einmal ein Mann, ihm einige meiner Bücher zu
empfehlen, da er an Philosophie interessiert sei. Ich tat,
worum er mich bat, aber am nächsten Tag schon kehrte er
zurück und erzählte mir, er habe eines davon gelesen und
nur eine Bemerkung darin verstanden und die schiene ihm
falsch zu sein. Ich fragte ihn, welche das sei, und er antwortete, es wäre die Behauptung, dass Julius Cäsar tot sei.
Als ich ihn fragte, warum er mir nicht zustimme, warf er
sich in die Brust und erklärte: »Weil ich Julius Cäsar bin.«

Bertrand Russell LITERATUR, 1950

GENIE UND TALENT

464. Ohne Leidenschaft gibt es kein Genie.

Theodor Mommsen LITERATUR, 1902

465. In der gängigen Vorstellung ist der Wissenschaftler ein einsames Genie. In der Realität sind nur wenige von uns Genies und noch weniger einsam.

J. Michael Bishop MEDIZIN, 1989

466. Ausgelebtes Talent birgt die tiefste Zufriedenheit, die ein Mensch erfahren kann.

Pearl S. Buck LITERATUR, 1938

467. Wie schnell doch die Vision des Genies das Dosenfutter der Intellektuellen wird!

Saul Bellow LITERATUR, 1976

468. Jeder denkt, dass Talent reine Glückssache sei. Niemand denkt daran, dass Glück eine Sache des Talents sein könnte.

Jacinto Benavente LITERATUR, 1922

WISSEN UND VORSTELLUNGSKRAFT

469. Je größer der Kreis aus Licht wird, desto größer die ihn umschließende Dunkelheit.

Albert Einstein PHYSIK, 1921

470. Ich kann mit Zweifeln und Unsicherheit und einer gewissen Unwissenheit leben. Ich denke, es ist viel interessanter, nicht alles zu wissen, als vielleicht falschen Antworten aufzusitzen.

Richard Feynman   PHYSIK, 1965

471. Ich habe genug von einem Künstler in mir, um mich frei bei meiner Vorstellungskraft zu bedienen. Vorstellungskraft ist viel wichtiger als Wissen. Wissen ist begrenzt. Die Vorstellungskraft umschließt die ganze Welt.

Albert Einstein   PHYSIK, 1921

472. Wenn sich eine ganze Weile niemand mehr über deine angebliche Verantwortungslosigkeit aufgeregt hat, solltest du darüber nachdenken, ob du deine Vorstellungskraft zu sehr an der Kandare hältst.

Edmund Phelps   WIRTSCHAFT, 2006

ERINNERUNG UND VERGESSEN

473. Jeder braucht Erinnerungen. Sie lassen den Wolf der Belanglosigkeit draußen vor der Tür.

Saul Bellow   LITERATUR, 1976

474. Ein Einzelner, eine Gesellschaft ohne Erinnerung ist ein Kranker, ist eine kranke Gesellschaft.

Heinrich Böll   LITERATUR, 1972

475. Ich selber habe nie an den therapeutischen Effekt des »Gras über die Sache wachsen lassen« geglaubt.

Willy Brandt   FRIEDEN, 1971

476. Ich versuche, in meinen Büchern die Zeit anzuhalten, damit die Gegenwart nicht vergessen wird.

Günter Grass   LITERATUR, 1999

477. Vergessen ist eine Tugend, Erinnerung eine Untugend.

Juan Ramón Jiménez   LITERATUR, 1956

478. Im Alter leben wir nicht länger unser Leben, wir bleiben lediglich mit Hilfe unserer Erinnerungen auf den Füßen.

Knut Hamsun   LITERATUR, 1920

479. Wenn wir einen geliebten Menschen verlieren, fließen unsere bittersten Tränen bei der Erinnerung an Stunden, in denen wir nicht genug liebten.

Maurice Maeterlinck   LITERATUR, 1911

480. Das Beste, was wir von anderen Menschen erwarten dürfen, ist vergessen zu werden.

François Mauriac   LITERATUR, 1952

481. Liebe ist so kurz bemessen und Vergessen so lang.

Pablo Neruda   LITERATUR, 1971

482. Jeder trägt tief in sich einen kleinen Friedhof mit all jenen, die er einst liebte.

Romain Rolland LITERATUR, 1915

483. Ich habe mich bemüht, die Erinnerung am Leben zu halten ... Ich habe versucht, jene zu bekämpfen, die lieber vergessen wollen. Denn wenn wir vergessen, sind wir schuldig, sind wir Komplizen.

Elie Wiesel FRIEDEN, 1986

484. Wenn irgendetwas die Menschheit zu retten vermag, so ist es die Erinnerung. Für mich ist Hoffnung ohne Erinnerung wie Erinnerung ohne Hoffnung. So wie der Mensch nicht ohne Träume leben kann, kann er auch nicht ohne Hoffnung leben. Wenn Träume die Vergangenheit spiegeln, dann kündet die Hoffnung von der Zukunft.

Elie Wiesel FRIEDEN, 1986

485. So sehr mich das nachlassende Erinnerungsvermögen einerseits ärgert, so sehr fasziniert und erfreut es mich auf der anderen Seite. Das allmähliche Vergessen kann sich auch als großes und subtiles Vergnügen erweisen.

Eugene Wigner PHYSIK, 1963

TRÄUME UND ALPTRÄUME

486. Ich hatte Träume und ich hatte Alpträume. Aber mit Hilfe meiner Träume habe ich die Alpträume besiegt.

Linus Pauling CHEMIE, 1954; FRIEDEN, 1962

487. Im Bett war meine wahre Liebe stets der Schlaf, der mich rettete, indem er mir erlaubte zu träumen.

Luigi Pirandello   LITERATUR, 1934

488. Alle die Dinge, die man vergessen hat, schreien in Träumen um Hilfe.

Elias Canetti   LITERATUR, 1981

489. Im Schlaf wirbelt all dieser unausgegorene Kram empor wie aus einem Papierkorb, der in einer heftigen Bö umkippt.

William Golding   LITERATUR, 1983

490. Finde deinen eigenen Traum. Bewahre diesen Traum und pflege ihn, und dann, irgendwann, wirst du etwas zustande bringen.

Koichi Tanaka   CHEMIE, 2002

491. Du siehst Dinge und fragst: »Warum?« Ich aber träume Dinge, die niemals waren, und ich sage: »Warum nicht?«

George Bernard Shaw   LITERATUR, 1938

492. Es gab viele Wege, ein Herz zu brechen. Die Geschichten sind voller Herzen, die die Liebe brach. Aber was ein Herz wahrhaftig brach, war der Verlust eines Traumes – was auch immer für ein Traum dies war.

Pearl S. Buck   LITERATUR, 1938

493. Obwohl man gleichwohl verpflichtet ist, die Stationen seiner Reise sorgfältig zu planen, so wusste ich seit frühester
Jugend, hat man dennoch das Recht, von seinem Ziel zu
träumen und weiter zu träumen. Ein Mann kann sich so alt
wie seine Jahre fühlen und dennoch so jung wie seine
Träume.

Schimon Peres FRIEDEN, 1994

494. Ich habe einen Traum, dass eines Tages auf den roten
Hügeln von Georgia die Söhne früherer Sklaven und die
Söhne früherer Sklavenhalter miteinander am Tisch der
Brüderlichkeit sitzen können. Ich habe einen Traum, dass
sich eines Tages selbst der Staat Mississippi, ein Staat, der in
der Hitze der Ungerechtigkeit und Unterdrückung ver-
schmachtet, in eine Oase der Gerechtigkeit verwandelt. Ich
habe einen Traum, dass meine vier kleinen Kinder eines
Tages in einer Nation leben werden, in der man sie nicht
nach ihrer Hautfarbe, sondern nach ihrem Charakter beur-
teilen wird.

Martin Luther King FRIEDEN, 1964

PHILOSOPHIE

495. Den Balsam, der die Wunden der Zeit heilt, nennt man
Religion. Das Wissen, dass wir ein Leben lang mit dieser
Wunde leben müssen, nennt man Philosophie.

Octavio Paz LITERATUR, 1990

496. Wissenschaftler sind Forscher, Philosophen sind Touristen.

Richard Feynman PHYSIK, 1965

497. Inhalt der Philosophie ist es, mit etwas so Einfachem zu beginnen, dass es kaum der Rede wert scheint, und mit etwas derart Paradoxem zu enden, dass niemand es zu glauben vermag.

Bertrand Russell   LITERATUR, 1950

498. Grob gesagt, beschreibt die Wissenschaft das, was wir wissen, und die Philosophie das, was wir nicht wissen.

Bertrand Russell   LITERATUR, 1950

499. Ich habe eine große Entdeckung gemacht, eine wirklich große Entdeckung: Alles, was Philosophen je zu Papier brachten, ist nichts als Gefasel.

Niels Bohr   PHYSIK, 1922

500. Das ist Metaphysik, mein lieber Freund. Mein Doktor hat sie mir verboten, denn sie schlägt mir auf den Magen.

Boris Pasternak   LITERATUR, 1958

501. Es gibt nur ein wahrhaft ernst zu nehmendes philosophisches Problem, und das ist der Selbstmord. Zu entscheiden, ob ein Leben lebenswert ist oder nicht, entspricht der Antwort auf die grundlegendste Frage der Philosophie.

Albert Camus   LITERATUR, 1957

ETHIK UND MORAL

502. Wenn man mich anwiese, ein Buch über die Moral zu schreiben, so wären von hundert Seiten neunundneunzig leer. Auf die letzte Seite aber würde ich schreiben: »Ich erkenne nur eine Pflicht an, und die bedeutet zu lieben.«

Albert Camus   LITERATUR, 1957

503. Das wichtigste menschliche Unterfangen ist das Streben nach moralischer Handlungsweise. Unser inneres Gleichgewicht, ja sogar unsere ganze Existenz hängt davon ab. Nur eine moralische Handlungsweise verleiht dem Leben Schönheit und Würde. Diese zu einer lebendigen Kraft zu machen und klar ins Bewusstsein zu rücken, ist das vielleicht vordringlichste Ziel der Erziehung.

Albert Einstein   PHYSIK, 1921

504. Moral muss im Gewissen wurzeln, nicht im Dogma.

Franco Modigliani   WIRTSCHAFT, 1985

505. *Der größte Verrat ist die letzte Verlockung:*
Das Rechte zu tun aus falscher Überzeugung.

T. S. Eliot   LITERATUR, 1948

506. Persönlich gesehen würde ich ethische Fragen nicht auf der Grundlage von absolut richtig oder falsch bewerten. Wann immer Sie den Begriff Ethik sehen, sehe ich den Begriff Politik, der für mich wiederum persönliche, festgefasste, schwierige Interessenkonflikte beinhaltet.

Sydney Brenner   MEDIZIN, 2002

KRITIKER UND KRITIK

507. Ich habe in allen Lebenslagen stets Vorteile aus Kritik gezogen, und ich vermag mich nicht zu erinnern, dass es mir daran jemals gemangelt hätte.

Winston Churchill LITERATUR, 1953

508. Die Mitteilung, dass der Präsident nicht zu kritisieren sei oder dass wir alle stets zu unserem Präsidenten stehen müssen, sei er im Recht oder Unrecht, ist nicht nur unpatriotisch und unterwürfig, sondern auch moralischer Hochverrat an der amerikanischen Öffentlichkeit.

Theodore Roosevelt FRIEDEN, 1906

509. Unsere amerikanischen Professoren lieben ihre Literatur klar und kalt und rein und sehr leblos.

Sinclair Lewis LITERATUR, 1930

510. Sofern ein Literaturkritiker nicht den Mut aufbringt, dich vorbehaltlos zu loben, sage ich: »Ignoriere den Bastard.«

John Steinbeck LITERATUR, 1962
John Kenneth Galbraith beschreibt ein 1958 stattgefundenes, zufälliges Treffen mit Steinbeck auf einem Flughafen, als beide die vernichtende Kritik über Galbraiths *Gesellschaft im Überfluss* lasen.

WEISHEIT

511. Weisheit liegt nicht in der Vernunft, sondern in der Liebe.

André Gide LITERATUR, 1947

512. Wo ist das wahre Leben, das wir im Alltag verloren? Wo ist die Weisheit, die wir im Wissen verloren? Wo ist das Wissen, das wir in Informationen verloren?

T. S. Eliot LITERATUR, 1948

513. Weisheit findet sich weder in Starre noch im Wandel, sondern im Austausch zwischen beiden.

Octavio Paz LITERATUR, 1990

514. Du kannst an den Antworten eines Mannes erkennen, ob er klug ist. Du kannst an den Fragen eines Mannes erkennen, ob er weise ist.

Nagib Machfus LITERATUR, 1988

515. Neun Zehntel der Weisheit liegen darin, dann klug zu handeln, wenn es darauf ankommt.

Theodore Roosevelt FRIEDEN, 1906

516. Denke wie ein kluger Mann, aber drücke dich wie der Mann auf der Straße aus.

William Butler Yeats LITERATUR, 1923

517. Der Narr schweigt, da er nichts zu sagen weiß. Der weise Mann aber schweigt, weil er zu viel sagen könnte.

Elie Wiesel FRIEDEN, 1986

518. Ein weiser Mann wird durch Leid noch weiser. Ein Mensch ohne Weisheit kann hundert Jahre leiden und dennoch als Narr sterben.

Isaac Bashevis Singer   LITERATUR, 1978

FANATISMUS

519. So wenig wie die Wolken das Licht aufhalten können, wird der Extremismus die Modernisierung [der Gesellschaft] stoppen.

Shirin Ebadi   FRIEDEN, 2003

520. Vom heiligen und unbeirrbaren Idealisten ist es oftmals nur ein kleiner Schritt zum Fanatiker.

Friedrich von Hayek   WIRTSCHAFT, 1974

521. Fanatismus ist nach wie vor der größte Keimträger der Furcht. Und die Rhetorik der Religion mit der Hysterie, die sie allenthalben entfacht, wird immer schneller zur stets bereitstehenden, tödlichen Waffe unserer Zeit.

Wole Soyinka   LITERATUR, 1986

522. Ein paar Fanatiker sind kein fundamentales Problem. Nein, das Problem entsteht erst, wenn politische Fanatiker sich innerhalb einer moralisch legitimen, politischen Bewegung einnisten.

David Trimble   FRIEDEN, 1998

523. Ein Fanatiker ist jemand, der weder seine Einstellung ändern noch das Thema wechseln kann.

Winston Churchill LITERATUR, 1953

SCHULEN UND LEHRER

524. Bildung ist das rückständigste aller großen Unternehmen.

Arthur Lewis WIRTSCHAFT, 1979

525. Auf der ganzen Welt ist nichts gegen die Unschuldigen Gerichtete so schrecklich wie eine Schule.

George Bernard Shaw LITERATUR, 1925

526. Man kann es tatsächlich als Wunder bezeichnen, dass die modernen Bildungsmethoden die Freude, die heilige Neugier des Forschens noch nicht komplett erstickt haben – denn dies delikate Pflänzchen bedarf neben der Anregung hauptsächlich der Freiheit. Ohne sie verwandelt sich alles ausnahmslos in Schutt und Asche.

Albert Einstein PHYSIK, 1921

527. Manchmal denke ich, es wäre besser, die Kinder zu ertränken, als sie in den heutigen Schulen einzusperren.

Marie Curie PHYSIK, 1903; CHEMIE, 1911

528. Ich hatte das große Glück, dass ich in meinem Leben niemals so etwas wie Erziehung genoss.

Rabindranath Tagore LITERATUR, 1913

529. Fast zwölf Jahre Schule … bilden nicht nur den unangenehmsten, sondern auch den tristesten und unglücklichsten Abschnitt meines Lebens … eine Zeit des Unbehagens, der Beschränkungen und der sinnlosen Monotonie … Ich wäre bei weitem lieber der Lehrling eines Maurers geworden oder hätte als Botenjunge Nachrichten überbracht oder meinem Vater dabei geholfen, die Schaufenster eines Lebensmittelladens zu gestalten. Das wäre real gewesen; es wäre natürlich gewesen; es hätte mich viel mehr gelehrt; und ich wäre viel besser darin gewesen.

Winston Churchill LITERATUR, 1953

530. Der Wunsch zu unterrichten, liegt im Blut: Er bedarf keiner Verteidigung, er erlaubt keine Erklärungen, er ist eine kulturelle Verpflichtung, er ist eine Berufung. Gelehrsamkeit und Forschung ohne Berufung zum Unterrichten sind nutzlos und tot.

J. Michael Bishop MEDIZIN, 1989

531. Wird ein Thema von Lehrern unterrichtet, die dieses nicht lieben, ist es dem Untergang geweiht und daher ein dummes Unterfangen.

Richard Feynman PHYSIK, 1965
An einem örtlichen Gymnasium, drei Monate vor seinem Tod.

532. Unterricht ist keine Unterhaltung, allerdings besteht wenig Aussicht auf Erfolg, wenn er nicht unterhaltsam ist.

Herbert Simon WIRTSCHAFT, 1978

533. Meine Botschaft an euch junge Leute lautet: Seid nicht die Klassenbesten. Wenn ihr Klassenbeste seid, dann seid ihr in der falschen Klasse.

James Watson   MEDIZIN, 1962

534. Professor an einer amerikanischen Universität zu sein, ist der beste Job in der westlichen Zivilisation.

Leon Lederman   PHYSIK, 1988

535. Der typische Universitätslehrplan würde Diogenes niemals von seiner Suche nach einem ehrlichen Menschen abhalten.

George Stigler   WIRTSCHAFT, 1982

536. Die letzte wirklich bemerkenswerte Weiterentwicklung, die in neuerer Zeit im Bereich der höheren Schulbildung stattfand, war die Erfindung der Druckerpresse.

V. S. Naipaul   LITERATUR, 2001

537. Ich malte mir die Universitäten immer in den leuchtendsten Farben aus, als Hort des Lernens und Forschens. Nun, das ist alles Schwindel. Da sind nur Scheinstudenten, die Scheinkurse in scheinbarer Schreiberei belegen.

V. S. Naipaul   LITERATUR, 2001

538. Ich hasse Universitätsstädte und Universitätsangehörige, die überall gleich sind – mit schwangeren Frauen, flegelhaften Kindern, vielen Büchern und scheußlichen Bildern an den Wänden ... Oxford ist sehr hübsch, aber ich bin nicht gerne tot.

T. S. Eliot LITERATUR, 1948

539. Niemand, der hier am Tisch sitzt, wäre fähig, eine Frittenbude zu führen.

Howard Florey MEDIZIN, 1945
Zum leitenden Lehrkörper des Queen's College in
Oxford, dem er als Dekan angehörte.

540. Mein alter Freund aus Cambridge-Zeiten, T.R. Glover, erzählte mir immer, es gäbe drei Wege, sich in Cambridge unbeliebt zu machen. Einer ist ein gewisser Bekanntheitsgrad außerhalb von Cambridge. Beim zweiten weißt du über ein Thema Bescheid, das nicht Teil deiner Prüfungen war. Und der dritte besteht darin, in einfachem Englisch zu schreiben, das jedem verständlich ist.

Edward Appleton PHYSIK, 1947

541. Es ist das erste Mal, dass wir einen Kunsthistoriker in unsere Mitte gewählt haben, und ich hoffe doch sehr, es ist auch das letzte Mal.

J. J. Thomson PHYSIK, 1906
Als Leiter des Trinity Colleges in Cambridge stellte er den
Kunsthistoriker und später enttarnten Spion Anthony
Blunt vor.

542. Die Rivalität zwischen Yale und Harvard ist nicht weniger ausgeprägt als jene zwischen Cambridge und Oxford, auch wenn sie sich auf unkonventionellere Weise manifestiert. Im Hause eines Professors [in Yale] gab es einen Hund, der sich krank stellte, sobald er den Namen Harvard hörte.

J. J. Thomson PHYSIK, 1906

543. Bryn Mawr gelang, was eigentlich eine Vierjahresdosis liberaler Erziehung bewirken sollte: Für achtzig Prozent der nützlichen Arbeit dieser Welt war sie nicht länger geeignet.

Toni Morrison LITERATUR, 1993

544. Als wir vom Profit-Gen die akademische Kultur abspalteten, schufen wir einen neuen Organismus – die rekombinante Universität. Wir programmierten die Anreize in der Wissenschaft ganz neu. Die Regel in der akademischen Welt lautete zuvor: »Veröffentlichung oder Niedergang«. Jetzt haben die Biowissenschaftler eine Alternative: »Patent und Profit«.

Paul Berg CHEMIE, 1980

545. Keine Politik ist schmutziger als Hochschulpolitik.

Milton Friedman WIRTSCHAFT, 1976

546. Die Dispute verlaufen so erbittert, weil die Einsätze so gering sind.

Henry Kissinger FRIEDEN, 1973
Über Hochschulpolitik.

547. Ein Professor, dessen Hände am Ende des Semesters nicht zittern, hat seine Pflichten vernachlässigt.

Allvar Gullstrand   MEDIZIN, 1911

KUNST UND KULTUR

Obwohl die meisten der hier aufgeführten Zitate von Literaturpreisträgern stammen, hat diese Gruppe kein Monopol auf das
Interesse an Kunst. Mehrere Wissenschaftspreisträger waren talen-
tierte Musiker. Einige von ihnen spielten auf Symphonieniveau.
Der Schriftsteller Gao Xingjian stellte seine Gemälde international aus; Harold Kroto wählte Chemie statt einer Karriere in bil-
dender Kunst, und der Chemiker Roald Hoffman ist ein bekannter Dichter.[4]

Es ist schwierig, einen Nobelpreisträger zu finden, der nicht
auch ein begabter Autor war. Ihre Nobelpreisreden sind wortge-
wandt. Die meisten Preisträger schreiben ihre Autobiographien
für das Nobelarchiv selber. Diese Dokumente finden sich im
Nobelmuseum (http://nobelprize.org). Preisträger, die nicht wenigstens eine Handvoll Bücher veröffentlicht haben, sind sehr
selten, das durchschnittliche Portfolio eines Literaturpreisträgers
im Laufe seiner Karriere umfasst drei Dutzend Bände. Winston
Churchill veröffentlichte vierzig Bücher, Pearl S. Buck über achtzig und Bertrand Russells Bibliographie listet über viertausend
Titel auf.

---

4 Günter Grass absolvierte eine Steinmetzlehre, studierte Graphik und Bildhauerei.
   Noch heute töpfert, zeichnet und malt er und illustriert seine Bücher selbst. Hermann
   Hesse malte über 300 farbenfrohe Aquarelle, die zum Teil seine Gedichtbände illus-
   trieren. Anm. d. Üb.

KUNST UND KÜNSTLER

548. Kunst ist die Betrachtung der Welt im Zustand der Gnade.
Hermann Hesse LITERATUR, 1946

549. Die grundsätzliche Botschaft und Versicherung jeder Kunst lautet: »Die Welt ist lebenswert.«
Hermann Hesse LITERATUR, 1946

550. Kunst ist immer ein gutes Versteck – nicht für Dynamit, aber für intellektuellen Sprengstoff und soziale Zeitbomben.
Heinrich Böll LITERATUR, 1972

551. Kunst ist eine rückstoßfreie Waffe.
Joseph Brodsky LITERATUR, 1987

552. Ein schlechtes Gewissen muss sich offenbaren. Ein Kunstwerk ist eine Offenbarung.
Albert Camus LITERATUR, 1957

553. Es gibt kein einziges Kunstwerk, das nicht letztendlich zum inneren Frieden jedes Menschen beitrug, der es kannte und liebte.
Albert Camus LITERATUR, 1957

554. Kunst ohne Risiko und Aufopferung ist undenkbar.
Boris Pasternak LITERATUR, 1958

555. Um einen Künstler wahrhaft bewundern zu können, sollte
er dir unbekannt sein.
Jacinto Benavente   LITERATUR, 1922

556. Kunst, die sich der Konventionalität unterordnet, und sei es
die makelloseste Doktrin, ist verloren.
André Gide   LITERATUR, 1947

557. Es ist die Aufgabe des Künstlers, dort Sonnenschein zu
schaffen, wo es keinen gibt.
Romain Rolland   LITERATUR, 1915

SPRACHE UND LITERATUR

558. Literatur ist die Verschmelzung von Leiden mit dem Instinkt für Formulierung.
Thomas Mann   LITERATUR, 1929

559. Als eine Art moralischer Versicherung ist die Literatur auf
jeden Fall sehr viel verlässlicher als ein Glaubenssystem oder
eine philosophische Doktrin.
Joseph Brodsky   LITERATUR, 1987

560. Literatur ist eine Wissenschaft, die es zu lernen gilt, und dabei stehen 10 000 Jahre hinter jeder Kurzgeschichte, die
geschrieben wird.
Gabriel García Márquez   LITERATUR, 1982

561. Die Literatur ist ein riskanter und unabänderlicher Teil meines Lebens, meines Todes und meines Leidens, meiner Berufung und meiner Knechtschaft, mein stetes Sehnen und mein wohlverdienter Trost.

Camilo José Cela LITERATUR, 1989

562. Und selbst wenn eines Tages nicht mehr geschrieben und gedruckt werden wird oder darf, wenn Bücher als Überlebensmittel nicht mehr zu haben sind, wird es Erzähler geben, die uns von Mund zu Ohr beatmen, indem sie die alten Geschichten aufs Neue zu Fäden spinnen: laut und leise, hechelnd und verzögert, manchmal dem Lachen, manchmal dem Weinen nahe.

Günter Grass LITERATUR, 1999

563. Ein Roman ist nichts weniger als eine Philosophie in Bildern.

Albert Camus LITERATUR, 1957

564. Alle Geschichten haben Ähnlichkeit miteinander, ich weiß nur noch nicht welche.

Elias Canetti LITERATUR, 1981

565. Worte sind alles, was wir haben.

Samuel Beckett LITERATUR, 1969

566. Kurze Worte sind die besten und alte Worte, die kurz sind, am allerbesten.

Winston Churchill LITERATUR, 1953

SCHRIFTSTELLER UND SCHREIBEN

567. Als ich ein kleiner Junge war, nannte man mich einen Lügner, aber jetzt, als Erwachsenen, nennen sie mich Schriftsteller.

Isaac Bashevis Singer LITERATUR, 1978

568. Auf die ewige Frage, »Warum schreiben Sie?«, wird die Antwort des Dichters immer kurz und knapp lauten, »um besser zu leben«.

Saint-John Perse LITERATUR, 1960

569. Ich glaube, dass die Menschheit nicht nur Bestand haben wird, sie wird sich durchsetzen. Sie ist unsterblich – nicht nur, weil sie als einzige Kreatur eine unerschöpfliche Stimme hat, sondern weil sie eine Seele besitzt, den Geist der Leidenschaft und Opferbereitschaft und Ausdauer. Es ist des Dichters, des Schriftstellers Pflicht, über diese Dinge zu schreiben. Es ist sein Privileg, des Menschen Durchhaltevermögen zu stärken, indem er dessen Herz erhellt, indem er ihn an den Mut und die Ehre und die Hoffnung und den Stolz und die Leidenschaft und das Mitgefühl und die Opferbereitschaft erinnert, die den Ruhm seiner Vergangenheit ausmachen.

William Faulkner LITERATUR, 1949

570. Alle guten Bücher haben gemeinsam, dass sie echter wirken als die Realität. Und ist man mit der Lektüre fertig, hat man das Gefühl, alles Erzählte habe man selbst erlebt und als gehöre es einem ganz allein: das Gute und das Böse; die Freude und der Kummer; die Menschen, die Orte und das

Wetter. Wenn man das den Lesern geben kann, ist man ein wahrer Schriftsteller.

Ernest Hemingway LITERATUR, 1954

571. Wenn du Romane lediglich schreibst, um zu unterhalten – dann verbrenne sie! … Überlege nur einmal, wie viele Autoren es die Jahrhunderte hindurch gab, die Unterhaltungsliteratur schrieben! Und wer erinnert sich noch an sie?

Miguel Ángel Asturias LITERATUR, 1967

572. Wie asketisch die Fassade nach außen auch sein mag, verbirgt doch jeder Schriftsteller in seinem Inneren den Wunsch, dass jemand liest, was er geschrieben hat.

William Golding LITERATUR, 1983

573. Veröffentlicht zu werden, ist nicht der Punkt. Du schreibst, um atmen zu können.

Samuel Beckett LITERATUR, 1969

574. Eines Mannes Schriftstellerei ist sein Ich. Ein liebenswürdiger Mann schreibt liebenswürdig. Ein gehässiger Mann schreibt gehässig. Ein kranker Mann schreibt krank. Und ein weiser Mann schreibt weise.

John Steinbeck LITERATUR, 1962

575. Aber manchmal, wenn ich mit einer neuen Geschichte begann und sie nicht in Gang bekam … stand ich da und blickte über die Dächer von Paris und dachte: »Mach dir keine Sorgen. Bisher hast du immer geschrieben, und du

wirst auch jetzt schreiben. Alles, was du tun musst, ist einen wahren Satz zu schreiben. Schreibe den wahrsten Satz, den du kennst.«

Ernest Hemingway   LITERATUR, 1954

576. Sollte mich das Verlangen zu schreiben jemals verlassen, so möge dieser Tag mein letzter sein.

Nagib Machfus   LITERATUR, 1988

577. Ich hätte es sonst nicht ertragen – weiterzumachen, meine ich. Ich hätte dieses fürchterlich elendige Leben nicht ertragen, ohne einen Fleck auf der Stille zu hinterlassen.

Samuel Beckett   LITERATUR, 1969

578. Der Schriftsteller ist allein seiner Kunst verpflichtet. Er wird völlig rücksichtslos handeln, wenn er gut darin ist. Er hat einen Traum. Dieser quält ihn so sehr, dass er ihn loswerden muss. So lange findet er keinen Frieden. Alles andere fällt unter den Tisch: Ehre, Stolz, Anstand, Sicherheit, Glück, alles, um dieses Buch zu schreiben. Wenn ein Schriftsteller dazu seine Mutter berauben muss, so wird er nicht zögern. Die »Ode an eine griechische Urne« ist jede Menge alter Damen wert.

William Faulkner   LITERATUR, 1949

579. Die grundlegendste Gabe eines guten Schriftstellers ist ein eingebauter, stoßfester Mistdetektor. Er ist das Radar des Schriftstellers, und alle großen Schriftsteller besaßen ihn.

Ernest Hemingway   LITERATUR, 1954

580. Das Schreiben ist im besten Fall ein einsames Leben ... Er arbeitet allein, und wenn er als Schriftsteller gut genug ist, so muss er jeden Tag der Ewigkeit ins Angesicht blicken – oder ihrer Abwesenheit.

Ernest Hemingway LITERATUR, 1954

581. Der Beruf des Bücherschreibens lässt Pferderennen wie ein solides, krisensicheres Geschäft aussehen.

John Steinbeck LITERATUR, 1962

582. Wenn ein Schriftsteller zum Zentrum seines eigenen Universums wird, so wird er ein Nudnik.[5] Und ein Nudnik, der sich für tiefsinnig hält, ist sogar noch schlimmer als ein herkömmlicher Nudnik.

Isaac Bashevis Singer LITERATUR, 1978

583. Diejenigen, die klar und deutlich schreiben, werden gelesen. Diejenigen, die schwammig schreiben, werden interpretiert.

Albert Camus LITERATUR, 1957

584. Für mich bedeutet, Schriftsteller zu sein, die geheimen Wunden anzuerkennen, die wir in uns tragen, die Wunden, die so geheim sind, dass wir selbst ihrer kaum gewahr werden. Es bedeutet auch, sie geduldig zu erforschen, zu kennen, zu beleuchten, diese Schmerzen und Wunden anzu-

---

5 Jiddisch, in dieser Steigerung: Langweiler, leerer Schwätzer, Nervensäge, aufdringlicher Angeber. Anm. d. Üb.

nehmen und sie zu einem bewussten Teil unseres Geistes und unseres Schreibens zu machen.

Orhan Pamuk   LITERATUR, 2006

585. Nach meinen eigenen Erfahrungen benötige ich für mein Gewerbe Papier, Tabak, Nahrung und etwas Whisky.

William Faulkner   LITERATUR, 1949

586. Wenn sich Publikum einstellt, um Vorträge von uns Autoren zu hören, geschieht dies überwiegend in der Hoffnung, dass es witziger ist, uns zu betrachten als uns zu lesen.

Sinclair Lewis   LITERATUR, 1930

587. Wenn es darum geht, Druckfahnen zu lektorieren, fühle ich mich immer an die grauenvolle Szene erinnert, die ich einst in einem Kriegsgefangenenlager beobachtete: Ein Mann aß langsam und mit voller Absicht sein Erbrochenes.

Konrad Lorenz   MEDIZIN, 1973

588. Hätte man Moses Zeitungshonorare für die Zehn Gebote gezahlt, hätte er wohl eher Zweitausend Gebote verfasst.

Isaac Bashevis Singer   LITERATUR, 1978

589. Ich habe immer an eine glühende, hingebungsvolle Lehrzeit geglaubt … Ehrgeizige Talente sind von ihrer Originalität besessen. Das ist bei jungen Menschen geradezu unerträglich.

Derek Walcott   LITERATUR, 1992

590. Zwei Momente sind beim Schreiben der Mühe wert. Wenn du beginnst und wenn du alles in den Papierkorb feuerst.

Samuel Beckett   LITERATUR, 1969

DICHTER UND DICHTUNG

591. Poesie muss menschlich sein. Ist sie nicht menschlich, ist es keine Poesie.

Vicente Aleixandre   LITERATUR, 1977

592. Literatur ist der Zustand der Kultur, Dichtung ist der Zustand der Gnade.

Juan Ramón Jiménez   LITERATUR, 1956

593. Ich glaube nicht, dass Poesie aus Erziehung erwächst ... Ich glaube, sie kommt von Gott.

Joseph Brodsky   LITERATUR, 1987
1964 bei seinem Prozess in Moskau.

594. Das Schicksal der Dichtung ist es, sich trotz aller Geschichte in die Welt zu verlieben.

Derek Walcott   LITERATUR, 1992

595. Poesie ... ist die einzig verfügbare Versicherung gegen die Vulgarität des menschlichen Herzens.

Joseph Brodsky   LITERATUR, 1987

596. Aber es ist unmöglich, ohne Poesie zu leben.

Pjotr Kapiza PHYSIK, 1978

597. Literatur, die sich nicht auf das Niveau der Dichtung hebt, ob als Verse oder Prosa, ist überhaupt keine Literatur.

Nagib Machfus LITERATUR, 1988

598. Die einzigen Dinge, die Politik und Poesie gemeinsam haben, sind die Buchstaben »P« und »O«.

Joseph Brodsky LITERATUR, 1987

599. Aus den Unstimmigkeiten mit anderen machen wir Rhetorik, aus den Unstimmigkeiten mit uns selbst Poesie.

William Butler Yeats LITERATUR, 1923

600. Liebe ist eine metaphysische Affäre, deren Ziel es ist, die Seele entweder zu vollenden oder zu befreien … Das ist und war schon immer der Schlüssel der lyrischen Dichtung.

Joseph Brodsky LITERATUR, 1987

601. Wahre Dichtung teilt sich mit, bevor sie verstanden wird.

T. S. Eliot LITERATUR, 1948

602. Die Beziehung zwischen Erotik und Dichtung lässt sich ohne falsche Scheu dahingehend beschreiben, dass Erstere die Poesie des Körpers ist und Letztere die Erotisierung der Sprache.

Octavio Paz LITERATUR, 1990

603. Zwischen Poesie und Literatur besteht genauso viel Abstand wie zwischen Liebe und Verlangen, Sinnlichkeit und Sexualität, Wort und Gefasel.

Juan Ramón Jiménez   LITERATUR, 1956

604. Das Erlebnis eines Gedichtes ist das Erlebnis sowohl eines Augenblicks als auch eines ganzen Lebens.

T. S. Eliot   LITERATUR, 1948

605. Im Haus der Poesie überdauert nichts, das nicht mit Herzblut geschrieben und gehört wird.

Pablo Neruda   LITERATUR, 1971

606. Einem Gedicht am nächsten kommt ein Laib Brot oder ein Keramikteller oder ein Stück Holz, liebevoll geschnitzt, wenn auch von ungeschickter Hand.

Pablo Neruda   LITERATUR, 1971

607. Zeitgenössische Dichtung sollte so klingen, dass der Zuhörer oder Leser ausruft: »So würde ich reden, wenn ich dichten könnte.«

T. S. Eliot   LITERATUR, 1948

608. Unreife Dichter imitieren, reife Dichter stehlen.

T. S. Eliot   LITERATUR, 1948

609. Keine Dichtung ist ohne Mühe für den Mann, der eine gute Arbeit abliefern will.

T. S. Eliot   LITERATUR, 1948

610. Der Instinkt zu reimen ist uns angeboren ... Das Entzücken, wenn zwei Laute sich vereinen, bedeutet, dass es irgendwo einen Sinn gibt ... Alles ist ein Verspaar: zwei Augen, Ehemann und Ehefrau, Mann und Frau ... Die Reise zum Reim ist wie ein Gebet. Es ist ein Gebet, das aussagt, ich bewege mich auf etwas zu, das scheint Weisheit zu sein, das bedeutet, ich hoffe auf eine Ordnung, es gibt Ordnung, ich gehorche dieser Ordnung ... Die Art Anarchie und Atheismus oder Agnostizismus, die sich im freien Prosavers tummelt, ist dem Reim unterlegen, ist ihm so unterlegen wie der Agnostizismus der Idee von Gott.

Derek Walcott   LITERATUR, 1992

611. Der Aspekt meiner Schulzeit, den ich rückschauend am meisten wertschätze, wird in der modernen amerikanischen Bildungstheorie abgelehnt: Die Gepflogenheit, Gedichte auswendig zu lernen.

Salvador Luria   MEDIZIN, 1969

612. Ich gehe nicht auf die Suche nach der Poesie. Ich warte darauf, dass die Poesie mir einen Besuch abstattet.

Eugenio Montale   LITERATUR, 1975

613. Ich glaube, dass Inspiration ein Zufluchtsort der Dichter ist. Alle Dichter sind im Grunde faul. Sie sind Nichtstuer!

Camilo José Cela   LITERATUR, 1989

614. Ich wurde auf Sardinien geboren. Meine Familie bestand sowohl aus klugen wie auch gewalttätigen Menschen und primitiven Künstlern. Die Familie war respektiert und wohl angesehen und nannte eine Privatbibliothek ihr eigen. Als ich aber mit dreizehn zu schreiben begann, erhoben sie Einspruch. Wie der Philosoph es sagt: Wenn dein Sohn Gedichte schreibt, schicke ihn die Bergpfade hinauf. Das nächste Mal darfst du ihn bestrafen, beim dritten Mal aber lasse ihn in Ruhe, denn er ist ein Dichter.

Grazia Deledda   LITERATUR, 1926

615. So wie die Dinge stehen und grundsätzlich auch bleiben sollten, ist Dichtung keine berufliche Laufbahn, sondern eigentlich Schwachsinn. Kein ehrlicher Dichter kann sich jemals des dauerhaften Wertes seines Geschriebenen sicher sein: Vielleicht hat er nur seine Zeit verschwendet und sein Leben für nichts und wieder nichts verpfuscht.

T. S. Eliot   LITERATUR, 1948

616. Wer ein Gedicht liest, hört es mit den Augen. Wer es hört, sieht es mit den Ohren.

T. S. Eliot   LITERATUR, 1948

617. Wenn eine Gesellschaft ohne soziale Gerechtigkeit keine gute Gesellschaft ist, so ist eine Gesellschaft ohne Dichtung eine Gesellschaft ohne Träume … Wenn die Gesellschaft Dichtung abschafft, begeht sie geistigen Selbstmord.

Octavio Paz   LITERATUR, 1990

618. Der einzige Job, bei dem man nicht lügen kann, ist Dichtung. Du kannst in der Dichtung nicht lügen. Wenn du ein Lügner bist, so wirst du immer auffliegen. Vielleicht jetzt, vielleicht in fünf Jahren, in zehn Jahren, aber irgendwann wirst du entlarvt, wenn du lügst.

Giorgos Seferis LITERATUR, 1963

619. Bürokraten und Buspassagiere reagieren mit einem Hauch von Ungläubigkeit, wenn sie herausfinden, dass sie es mit einem Dichter zu tun haben.

Wislawa Szymborska LITERATUR, 1996

620. Haben Sie in letzter Zeit viele Gedichte geschrieben, Mr. Keats?

J. J. Thomson PHYSIK, 1906
An den irischen Dichter William Butler Yeats gerichtet,
den Ehrengast einer Abendgesellschaft.
John Keats war hingegen Dichter der englichen Romantik.

BÜCHER

621. Kein Freund ist so loyal wie ein Buch.

Ernest Hemingway LITERATUR, 1954

622. Ein Mann kann niemals zu viele Bücher besitzen, zu viel Rotwein oder zu viel Munition.

Rudyard Kipling LITERATUR, 1907

623. Ich bin altmodisch und glaube, dass Bücher zu lesen das großartigste Freizeitvergnügen ist, das sich die Menschheit bisher ausgedacht hat.

Wislawa Szymborska LITERATUR, 1996

624. Es gibt schlimmere Verbrechen, als Bücher zu verbrennen. Eines davon ist, sie nicht zu lesen.

Joseph Brodsky LITERATUR, 1987

625. Verleihe niemals Bücher, denn niemand gibt sie je zurück. Die einzigen Bücher in meiner Bibliothek sind Bücher, die mir andere geliehen haben.

Anatole France LITERATUR, 1921

626. Ich kenne kein leichteres, faszinierenderes und größeres Lesevergnügen als einen Katalog.

Anatole France LITERATUR, 1921

627. All diese Menschen, die sich Verleger nennen – sie sind nicht besser als die Leute, die Bücher aus einem Karren verkaufen.

V. S. Naipaul LITERATUR, 2001

628. Fast alle Verleger gehören den herrschenden Technokraten an und verehren daher die zweifelhaften sozialen Wissenschaften, verachten die Klassiker und misstrauen der Dichtung, die sie als nutzlose Aktivität oder veraltetes Freizeitvergnügen betrachten.

Octavio Paz LITERATUR, 1990

629. Bestseller sind keine literarischen Werke, sie sind Ware.

Octavio Paz LITERATUR, 1990

DIE MEDIEN

630. Solange ich keine Zeitung lese, geht es mir gut.

Otto Hahn CHEMIE, 1944

631. Stell den Fernseher ab. Lies keine Zeitung. Es ist alles nur voll mit dem, was gestern alles falschgelaufen ist.

Betty Williams FRIEDEN, 1976

632. Kein Gedicht kann das getreue Abbild unserer Welt sein. Das wahre, das entsetzliche Abbild unserer Welt ist die Zeitung.

Elias Canetti LITERATUR, 1981

633. Zeitungen scheinen unfähig zu sein, zwischen einem Fahrradunfall und dem Zusammenbruch der Zivilisation kritisch zu unterscheiden.

George Bernard Shaw LITERATUR, 1925

634. Wie Journalisten es gelegentlich formulieren: »Was könnte wohl als Nächstes geschehen, das du dir nicht einmal vorzustellen vermagst?«

Paul Lauterbur MEDIZIN, 2003

635. Das vielleicht Wichtigste, was meine Eltern taten, war, mich darin zu ermutigen, mir KEINEN Fernseher anzuschaffen. Wir lebten weit draußen in den Wäldern, und einmal in der Woche fuhren wir in die (fast eine Stunde entfernt liegende) Stadt, um einzukaufen. Auf diesen Fahrten nahmen meine Eltern uns jedes Mal mit in die öffentliche Bücherei.

Carl Wieman PHYSIK, 2001

636. Das Fernsehen hat bewiesen, dass Millionen Menschen Lust und Gewalt geradezu inbrünstig lieben.

Saul Bellow LITERATUR, 1976

637. Das Fernsehen macht zwar Diktaturen unmöglich, aber die Demokratie unerträglich.

Schimon Peres FRIEDEN, 1994

ORTE

Geographisch gesehen, konzentrieren sich die Nobelpreise in Nordamerika und Westeuropa. Weniger als fünf Prozent aller Preisträger wurde südlich des Äquators geboren, darunter fast alle in Australien oder Neuseeland. Etwa vierzig Prozent der Preisträger waren Bürger der Vereinigten Staaten. Deutschland nimmt den zweiten Platz ein, dicht gefolgt von Großbritannien und Frankreich. Die winzige karibische Insel St. Lucia mit einer Bevölkerung von gerade einmal 150 000 Menschen brachte zwei Preisträger hervor: Arthur Lewis in Wirtschaft und Derek Walcott in Literatur.

Das Ereignis, das die nationale Verteilung der Preise am nachhaltigsten beeinflusste, war die Machtübernahme der Nationalsozialisten in Deutschland. Von deutschen Universitäten verwiesen, verließen viele jüdische Wissenschaftler, darunter einige, die bereits einen Nobelpreis erhalten hatten bzw. noch gewinnen würden, ihr Heimatland. Zumeist gingen sie nach Großbritannien oder in die Vereinigten Staaten. Bevor Hitler an die Macht kam, war Deutschland in den Wissenschaften weltweit anerkannt und führend. Bis 1932 gewann Deutschland vierzig Prozent der Preise in Chemie und Physik, während an die USA neun Prozent gingen. Seit 1932 haben sich diese Zahlen umgedreht: Deutschland gewann neun Prozent, während amerikanische Wissenschaftler fünfundvierzig Prozent erhielten. In Polen spielte sich durch die Politik des zwanzigsten Jahrhunderts Ähnliches ab. Es verlor zehn seiner fünfzehn Preisträger an die Emigration.

Entsprechend viele Nobelpreisträger haben Erfahrungen mit dem Exil gemacht, während andere ihr Heimatland verließen, um ihrer Berufung zu folgen. Dies verleiht den Beobachtungen zu ihren Geburtsländern und ihrem Leben in der Fremde eine gewisse Wehmut.

AMERIKA UND DIE AMERIKANER

638. Ich bin die glücklichste Kombination, die man sich vorstellen kann. Ich bin ein russischer Dichter, ein englischer Essayist und ein amerikanischer Staatsbürger.

Joseph Brodsky LITERATUR, 1987

639. Ich bin stolz darauf, Amerikaner geworden zu sein. Hier ist die letzte Zuflucht der Freiheit. Nur die Vereinigten Staaten können die Welt retten.

Albert Einstein PHYSIK, 1921

640. Amerika bedeutet für den Rest der Welt die Hoffnung der Menschen, überall mit erhobenen Köpfen gehen zu können.

Henry Kissinger FRIEDEN, 1973

641. Ich habe nie zuvor so viele gute Menschen getroffen, die stets bereit sind, ihrem Nachbarn zu helfen.

Czesław Miłosz LITERATUR, 1980
In Bezug auf die USA.

642. Die faszinierendsten und exotischsten Menschen der Welt? Die Durchschnittsbürger der Vereinigten Staaten mit ihrer Freundlichkeit gegenüber Fremden und ihren rauen Scherzen, ihrer Leidenschaft für materiellen Aufstieg und ihrem

schüchternen Idealismus, ihrem Interesse an der ganzen
Welt und ihrem prahlerischen Provinzialismus.

Sinclair Lewis LITERATUR, 1953

643. Die Amerikaner werden immer das Richtige tun, nachdem
sie alle anderen Alternativen ausprobiert haben.

Winston Churchill LITERATUR, 1953

644. Die Geschichte hat in den USA etwas Neues geschaffen,
nämlich Verschlagenheit gepaart mit Selbstrespekt oder
Doppelzüngigkeit mit Ehre.

Saul Bellow LITERATUR, 1976

645. Intellektuell ist mir schon bewusst, dass Amerika keines-
wegs besser als irgendein anderes Land ist. Gefühlsmäßig
aber weiß ich, es ist besser als jedes andere Land.

Sinclair Lewis LITERATUR, 1930

646. Wir brauchen eine Gesellschaft, die sich um die Gerechtigkeit sorgt. Es ist offensichtlich, dass die amerikanische Gesellschaft sich in den letzten zehn Jahren um ihre Gier
gekümmert hat, nicht um die Gerechtigkeit.

James Watson MEDIZIN, 1962

647. Die Armen Amerikas sind unorganisiert und größtenteils
stumm … Sie sind das revolutionsuntüchtigste Proletariat
der Welt.

Gunnar Myrdal WIRTSCHAFT, 1974

648. Wir sind entschlossen, dass, noch bevor die Sonne über diesem schrecklichen Kampf untergeht, die ganze Welt unsere Fahne einerseits als Symbol der Freiheit auf der einen Seite begreift und als überwältigende Macht auf der anderen.

George C. Marshall   FRIEDEN, 1953

649. Gegenwärtig sind wir die stärkste Macht in der Welt. Es ist sehr wichtig, dass wir nicht zur am meisten gehassten werden.

Ernest Hemingway   LITERATUR, 1954

650. Wenn Amerikas Seele total vergiftet sein sollte, ist Vietnam Teil der Autopsie-Ergebnisse.

Martin Luther King   FRIEDEN, 1964

651. Die Vereinigten Staaten führen die Welt wirtschaftlich und militärisch an, aber nicht länger moralisch ... Du musst deinen hohen moralischen Standard durch Taten beweisen, nicht durch Worte.

Lech Wałęsa   FRIEDEN, 1983

652. Ich behaupte, die Vereinigten Staaten ziehen die größte Show der Welt ab, ganz ohne Zweifel. Brutal, gleichgültig, verächtlich und skrupellos, aber auch ausgesprochen clever.

Harold Pinter   LITERATUR, 2005

653. Meine Gefühle gegenüber den Vereinigten Staaten lassen sich so beschreiben: Mit diesem großen Land auszukommen, gleicht einer Ehe. Manchmal ist das Leben zu zweit

schwierig. Aber zu jeder Zeit ist es unmöglich, ohne einander auszukommen.

Lester Pearson FRIEDEN, 1957
Als Premierminister Kanadas zu General Charles de Gaulle.

654. Die städtischen Behörden hier bestehen aus derart ausgefuchsten Dieben, dass die europäische Korruption dagegen bedeutungslos erscheint.

Henryk Sienkiwicz LITERATUR, 1905

655. Es ist leicht, in Amerika viel Geld zu verdienen, aber schwierig, es auf angenehme Weise auszugeben.

Wolfgang Pauli PHYSIK, 1945

656. Kartoffeln.

Paul Dirac PHYSIK, 1933
Antwort auf die Frage eines amerikanischen Reporters:
»Was mögen Sie an Amerika am meisten?«

657. Es gibt zu viele berühmte Leute in Amerika.

Eugene Wigner PHYSIK, 1963

658. Ich bin immer davon ausgegangen, dass ein Liberaler in Amerika ein Konservativer mit Herz wäre und ein Konservativer ein Liberaler, der keines besitzt.

Franco Modigliani WIRTSCHAFT, 1985

GROSSBRITANNIEN UND DIE BRITEN

659. Das unbezwingbare England, das sich dem Krieg nicht beugte, unterwarf den Krieg den eigenen Gewohnheiten und Traditionen. Passte ihn seinen Anstandsregeln an. Welche Ehrenschuld sammelten wir ihm gegenüber an, die allein dem Monster die Stirn bot.

François Jacob MEDIZIN, 1965

660. Keine Geldsumme vermag ausreichend und angemessen unsere Dankbarkeit gegenüber dem britischen Volk zum Ausdruck bringen. Was uns dieses Land, das uns aufnahm, bot, waren nicht nur ein neues Heim und Arbeit ... Wir, die wir einer Atmosphäre politischer Unterdrückung und Verfolgung entkamen, trafen auch auf einen neuen und besseren Weg zu leben ... Wir trafen auf einen Geist der Freundlichkeit, Menschlichkeit, Toleranz und Fairness. In diese Lebensart verliebten sich einige von uns, darunter auch ich. Uns wurde hier ein neues Heim geschenkt – nicht nur eine Zuflucht, sondern ein wahres Zuhause.

Hans Krebs MEDIZIN, 1953
Rede von 1965 im Namen ehemaliger deutscher Emigranten, die den Vorsitzenden der Royal Society und der British Academy aus Dankbarkeit für ihre warmherzige Aufnahme in Großbritannien einen Scheck überreichten.

661. Es war in Hopkins Labor, in dem ich zum ersten Mal aus nächster Nähe die charakteristischen Eigenheiten beobachten durfte, die gemeinhin als »the British way of life« bezeichnet werden. Das Labor in Cambridge umfasste Menschen vieler unterschiedlicher Temperamente, Überzeugungen und Fähigkeiten. Ich sah sie miteinander disku-

tieren, ohne sich zu streiten, Streit ohne Argwohn, Zweifel ohne Missbrauch, Kritik ohne Diffamierung und ohne jemanden der Lächerlichkeit preiszugeben und Lob ohne Speichelleckerei.

Hans Krebs   MEDIZIN, 1953

662. Ich verstehe und mag die Engländer erst, nachdem sie gestorben sind.

François Mauriac   LITERATUR, 1952

663. Es ist für einen Engländer unmöglich, seinen Mund zu öffnen, ohne dass ihn daraufhin ein anderer Engländer hasst oder verachtet.

George Bernard Shaw   LITERATUR, 1925

664. Sie hören niemals von einem englischen Liebhaber. Nur von einem englischen Patienten.

James Watson   MEDIZIN, 1962

DEUTSCHLAND UND DIE DEUTSCHEN

665. Trotz all des Grauens in der Vergangenheit glaube ich an Sie. Lassen Sie uns der Opfer gedenken, und danach schreiten wir zusammen in die Zukunft zu einem Neubeginn.

Nelly Sachs   LITERATUR, 1966
Anlässlich der Verleihung des Friedenspreises des
Deutschen Buchhandels im Oktober 1965.

666. Ein guter Deutscher ist unfähig, ein Nationalsozialist zu sein. Ein guter Deutscher weiß, er kann nichts anderes sein als ein guter Europäer.

Willy Brandt FRIEDEN, 1971

667. Anti-deutsch erscheint mir genauso schlecht wie antisemitisch zu sein.

Hans Krebs MEDIZIN, 1953

668. Ich ließ daraufhin verlauten, dass wir uns selbst Schaden zufügten, wenn wir Juden, deren Fähigkeiten wir benötigten, zur Emigration zwängen, und dass ihre Talente von da ab Fremden zugutekämen. Darauf wollte er [Hitler] sich in keiner Weise einlassen und ließ sich in großer Breite über recht gewöhnliche Themen aus. Er endete damit, dass er erklärte: »Es wird behauptet, dass ich zeitweilig unter schwachen Nerven leide. Das ist reine Verleumdung. Ich besitze Nerven aus Stahl.« Damit schlug er sich kraftvoll auf seine Knie, sprach immer schneller und begann vor unkontrollierbarer Wut zu zittern. Das Einzige, was ich tun konnte, war zu schweigen und mich zu verabschieden, sobald sich die Gelegenheit dazu bot.

Max Planck PHYSIK, 1918

RUSSLAND UND DIE RUSSEN

669. Über politisches Unrecht zu sprechen, ist für einen Mann, dessen Muttersprache Russisch ist, so natürlich wie seine Verdauung.

Joseph Brodsky LITERATUR, 1987

670. Angesichts dessen, was Sie der russischen Intelligenz an-
tun – sie zu demoralisieren, auszulöschen, zu verderben –,
schäme ich mich, Russe genannt zu werden!

Iwan Pawlow   MEDIZIN, 1904

671. Die Schuld Stalins und seiner unmittelbaren Schergen an
der massenhaften Unterdrückung und Gesetzlosigkeit, die
sie betrieben, ist gegenüber der Partei und den Menschen
unermesslich und unverzeihlich.

Michail Gorbatschow   FRIEDEN, 1990

672. Alles in allem sind die Ansprüche einer Hierarchie recht
gering. Es gibt nur eines, was sie wirklich will. Du musst
hassen, was du liebst, und lieben, was du verabscheust! Dies
ist von allem aber am schwierigsten.

Boris Pasternak   LITERATUR, 1958

673. 1945, im Übergangsgefängnis von Nowosibirsk, wurden
die ankommenden Gefangenen nach ihren Fällen aufgeru-
fen: »So und so! Artikel 51 und 58, 1A, fünfundzwanzig
Jahre.« Der Leiter des begleitenden Wachdienstes war neu-
gierig: »Was hast du getan, um dir das einzubrocken?« »Gar
nichts.« »Du lügst. Die Strafe für gar nichts ist zehn Jahre.«

Alexander Solschenizyn   LITERATUR, 1970

674. Ohne mich aufspielen zu wollen, vermag ich zu behaupten,
dass ich genauso Teil der russischen Strafgefangenen bin …
wie der russischen Literatur. Ich erhielt dort meine Ausbildung, und sie wird für immer präsent sein.

Alexander Solschenizyn   LITERATUR, 1970

FRANKREICH UND DIE FRANZOSEN

675. Man ist in Frankreich fremder als in jedem anderen Land.
Saul Bellow LITERATUR, 1976

676. Der Allmächtige in seiner umfassenden Weisheit sah keinen Anlass, den Franzosen nach dem Abbild des Engländers zu formen.
Winston Churchill LITERATUR, 1953

677. Für einen Franzosen ist es undenkbar, die Mitte seines Lebens ohne Syphilis und das Kreuz der Ehrenlegion zu erreichen.
André Gide LITERATUR, 1947

678. Paris erbringt den Beweis, dass die Stadt – lediglich ein Ort, an dem viele Menschen leben, arbeiten und sich vergnügen – eines der Wunder der menschlichen Schöpfung zu sein vermag.
Sheldon Glashow PHYSIK, 1979

679. Paris in diesem Herbst ist ein wunderbarer Ort. Sie war ein toller Ort, um jung zu sein, und ein notwendiger Teil in der Ausbildung eines Mannes. Wir liebten sie einstmals, und wenn wir behaupten, dem wäre nicht so, dann lügen wir. Aber sie ist wie eine Geliebte, die nicht altert, und sie hat jetzt neue Liebhaber.
Ernest Hemingway LITERATUR, 1954

680. Wenn du das Glück hattest, als junger Mann in Paris zu leben, so bleibt diese Stadt bis zum Ende deines Lebens ein Teil von dir, sie verlässt dich niemals, denn Paris ist ein Fest fürs Leben.

Ernest Hemingway   LITERATUR, 1954

681. Paris ... ist abgesehen von New York die einzige Stadt, in der man spürt, was eine Stadt wirklich ausmacht – etwas, das Generationen von Menschen schufen als stetige Bestätigung ihres gemeinsamen Stolzes.

Salvador Luria   MEDIZIN, 1969

ISRAEL

682. Wenn ich auf irgendetwas stolz bin, dann darauf, dass es mir gewährt wurde, in dem Land zu leben, das Gott, so wie es geschrieben steht, unseren Vorvätern versprach.

Schmuel Agnon   LITERATUR, 1966

683. Ich habe mich selbst immer als jemanden betrachtet, der in Jerusalem geboren wurde ... Nachdem alle meine Besitztümer in Flammen aufgingen, schenkte Gott mir die Weisheit, nach Jerusalem zurückzukehren. Ich kehrte nach Jerusalem zurück, und dank der Gnade Jerusalems habe ich alles niedergeschrieben, was Gott in mein Herz und meinen Schreibstift fließen ließ.

Schmuel Agnon   LITERATUR, 1966

684. Heute stehe ich nicht allein hinter diesem schmalen Rednerpult in Oslo. Ich bin der Botschafter von Generationen von Israelis, der Hirten Israels, geradeso wie König David ein Hirte war, der Hirten und Maulbeerzüchter wie der Prophet Amos, der Rebellen gegen das Althergebrachte wie der Prophet Jeremiah und der Männer, die zum Meer hinunter ziehen wie der Prophet Jonah. Ich bin der Botschafter der Dichter und derjenigen, die vom Ende des Krieges träumten wie der Prophet Jesaja … Ich stehe hier vor allem für die zukünftigen Generationen, so dass wir uns alle des Preises würdig erweisen, der mir heute verliehen wurde. Ich stehe hier als Botschafter unserer Nachbarn, die unsere Feinde waren. Ich stehe hier als Botschafter der wachsenden Hoffnung eines Volkes, welches das Schlimmste, was die Geschichte zu bieten hat, durchlitt und gleichwohl seine Spuren hinterließ. Nicht nur in den Chroniken der Juden, sondern in denen der gesamten Menschheit. Mit mir stehen hier fünf Millionen Bürger Israels: Juden und Araber, Drusen und Tscherkessen – fünf Millionen Herzen, die für den Frieden schlagen. Und fünf Millionen Augenpaare, die zu uns aufblicken in der großen Erwartung auf Frieden.

Jitzchak Rabin   FRIEDEN, 1994

DIE DRITTE WELT

685. Als die Missionare nach Afrika kamen, hatten sie die Bibel und wir besaßen das Land. Sie sagten zu uns: »Lasst uns beten.« Wir schlossen unsere Augen. Als wir sie wieder öffneten, hatten wir die Bibel und sie besaßen das Land.

Desmond Tutu   FRIEDEN, 1984

686. Asien wird sich nicht nach Art des Westens zivilisieren lassen. Es gibt zu viel Asien, und das ist viel zu alt.

Rudyard Kipling LITERATUR, 1907

687. Für eines Christen Gesundheit ist jetzt nicht die rechte Zeit, die arische Braue zu drangsalieren. Dem Christen bringt es Verdruss und das Lächeln dem Inder Genuss, denn der Christ wird ausgezehrt verlieren. Und am Ende der Schlacht hält ein weißer Grabstein Wacht', darauf der Name dessen, der kürzlich gestorben. Und die Inschrift grausig: »Hier liegt ein Narr, so lausig, der versuchte den Osten zu traktieren.«

Rudyard Kipling LITERATUR, 1907

688. Die Entwicklungsländer müssen ihre nationale Psychologie selber auf eine größere Verantwortung für das eigene Schicksal ausrichten. Es ist an der Zeit, ihr Unglück nicht länger dem Kolonialismus und dem Neokolonialismus vorzuhalten.

Andrej Sacharow FRIEDEN, 1975

689. Im Namen der Dritten Welt: Seid nicht nur Zuschauer unseres Leidens.

Nagib Machfus LITERATUR, 1988

HIMMEL UND HÖLLE

690. Auf Hawaii wurde ich einmal zu einem buddhistischen Tempel geführt. Im Tempel sagte ein Mann zu mir: »Ich werde dir etwas erzählen, das du niemals vergessen wirst.«

Und dann sagte er: »Jedem Menschen wird der Schlüssel zum Himmelstor gegeben. Derselbe Schlüssel öffnet auch die Pforten zur Hölle.«

Richard Feynman PHYSIK, 1965

691. Viele glauben, dass die neuen Entdeckungen entweder immensen Fortschritt zur Folge haben werden oder aber in eine genauso große Katastrophe münden, sie führen ins Paradies oder in die Hölle. Ich wiederum glaube, dass diese Erde bleibt, was sie immer war: eine Mischung aus Himmel und Hölle, ein Schlachtfeld der Engel und Teufel.

Max Born PHYSIK, 1954

692. Mit gutem Gewissen grausam vorzugehen, ist das Entzücken der Moralisten. Aus diesem Grund erschufen sie die Hölle.

Bertrand Russell LITERATUR, 1950

693. Die Hölle sind andere Menschen.

Jean-Paul Sartre LITERATUR, 1964

694. Hier wie im Jenseits ist die Alternative zur Hölle das Fegefeuer.

T. S. Eliot LITERATUR, 1948

695. Der Himmel in der allgemeinen Vorstellung ist ein Ort, der so tumb, so langweilig, so nutzlos, so erbärmlich ist, dass sich bisher niemand bereitgefunden hat, einen ganzen

Tag im Himmel zu beschreiben, während sehr viele Menschen einen Tag am Meer beschrieben haben.

George Bernard Shaw LITERATUR, 1925

HEIM UND HEIMATLAND

696. Jeder sollte ein Zuhause haben, dem er entkommen kann.

Sinclair Lewis LITERATUR, 1930

697. Ein Heim, aus dem du zu jeder Zeit vertrieben werden kannst, ist kein wahres Zuhause.

Schmuel Agnon LITERATUR, 1966

698. Unter welchen Umständen auch immer du es verlässt, ein Zuhause bleibt immer ein Zuhause. Es ist egal, wie du dort gelebt hast, ob gut oder armselig.

Joseph Brodsky LITERATUR, 1987
Als er 1972 die Sowjetunion verließ.

699. Wo immer ich auch hingehe, wo immer ich mich auch gerade befinde, ich werde immer wissen, wo ich wirklich bin. Ich kann niemals meinen Weg verlieren, denn ich weiß, ich habe meine lebendigen Wurzeln dort, tief eingegraben in der Erde meines Dorfes, in dem Land, aus dem ich entwuchs.

Anwar as-Sadat FRIEDEN, 1978

700. Sich im Ausland aufzuhalten, ist Selbstmord. Aber was bedeutet es, daheim zu sein? … Was bedeutet es, zu Hause zu sein? Eine unablässige Ablösung.

Samuel Beckett   LITERATUR, 1969

701. Wenn sich meine Relativitätstheorie als richtig erweisen sollte, wird Deutschland mich als Deutschen vereinnahmen und Frankreich erklären, ich sei Weltbürger. Stellt sich meine Theorie als falsch heraus, so wird Frankreich anmerken, ich sei Deutscher, und Deutschland wird verkünden, ich sei Jude.

Albert Einstein   PHYSIK, 1921

702. Süß ist das Land der Geburt. Es ist unbezahlbar. Jedes andere Land schmeckt bitter.

Miguel Ángel Asturias   LITERATUR, 1967

POLITIK UND WIRTSCHAFT

Die Verleihung des Nobelpreises ist eine in hohem Maße politische Angelegenheit. Das gilt vor allem für den Friedensnobelpreis. Ihn gewannen drei US-Präsidenten und zwei Vizepräsidenten, Präsidenten der ehemaligen Sowjetunion, Südafrikas, Costa Ricas, Südkoreas, Ägyptens, Palästinas und Polens. Darüber hinaus Premierminister aus Frankreich, Kanada, Schweden, Japan und Israel, zwei Generalsekretäre der Vereinten Nationen und eine große Anzahl von Botschaftern aus verschiedenen Ländern.

Da der Friedensnobelpreis – und bei entsprechender Gelegenheit auch der Literaturpreis – oftmals den Widerstand gegenüber Unterdrückung würdigte und unterstützte, verursachte er immer wieder politische Kontroversen. Während des Kalten Krieges wurde die Nobelpreisauswahl regelmäßig vom Osten als prokapitalistisch bezeichnet und vom Westen als prokommunistisch. Konservative Strömungen in den USA geißelten den Preis als antiamerikanistisch, als er einheimischen Kritikern wie Sinclair Lewis, Linus Pauling und Martin Luther King zuerkannt wurde oder auch kritischen Geistern aus dem Ausland wie Dario Fo, Elfriede Jelinek und Harold Pinter.

1958 führte die Verleihung des Literaturpreises an Boris Pasternak zu einem erheblichen politischen Erdbeben. Sein Hauptwerk, *Doktor Shiwago*, war in der Sowjetunion immer noch verboten. Pasternak verzichtete auf den Preis, nachdem ihm signalisiert worden war, er dürfe nach seiner Reise nach Schweden nicht mehr in die UdSSR zurückkehren. Ähnliche Erfahrungen machte auch Alexander Solschenizyn, als er 1970 den Literaturpreis erhielt. Seine Nobelpreisrede wurde 1972 von einem schwedischen Freund nach Stockholm eingeschmuggelt. Ihre Veröffentlichung durch die Nobelpreisstiftung sorgte für eine Sensation, da der Schriftsteller darin erstmals vom *Archipel Gulag* sprach.

Eine wesentlich heftigere Kampagne gegen den Preis fuhr Adolf Hitler. Der Diktator war außer sich vor Wut, als er hörte, dass der Friedensnobelpreis von 1935 an Carl von Ossietzky ging. Der Publizist befand sich zu dieser Zeit aufgrund seines Widerstandes immer noch im KZ. Hitler untersagte jedem Deutschen, diesen Preis in Zukunft anzunehmen. So mussten zahlreiche deutsche Wissenschaftler bis zum Ende des Zweiten Weltkrieges warten, bis sie ihre Preise in Empfang nehmen durften.

POLITIK UND POLITIKER

703. Politik ist der größte Feind der Liebe.
Octavio Paz LITERATUR, 1990

704. Neunzig Prozent der Politiker verleumden die übrigen zehn Prozent.
Henry Kissinger FRIEDEN, 1973

705. Politiker denken an die nächste Wahl, während Staatsmänner an die nächsten Generationen denken. Die Menschen wählen die besten Politiker und wundern sich danach, wenn sie armselige Staatsmänner bekommen.
Albert Szent-Györgyi MEDIZIN, 1937

706. Zu regieren bedeutet auszubilden. Ein Staatsmann ist ein Mensch, der anderen erklärt, was die Leute wissen müssen. Ein Politiker ist ein Mensch, der anderen erklärt, was sie hören möchten.

Oscar Arias Sánchez FRIEDEN, 1987

707. Kein Politiker macht sich große Gedanken über Geschehnisse, die nicht fotografiert werden können.

George Stigler WIRTSCHAFT, 1982

708. Ich denke ... dass es für jemanden, der viel Dickens gelesen hat, viel problematischer ist, einen anderen für eine Idee zu erschießen, als für jemanden, der Dickens nicht gelesen hat ... Lenin war belesen. Stalin war belesen, selbst Hitler. Und Mao Zedong schrieb sogar Gedichte. Was alle diese Männer verbindet, ist der Umstand, dass ihre Abschussliste länger war als ihre Bücherliste.

Joseph Brodsky LITERATUR, 1987

709. Auslandspolitik ist lediglich Innenpolitik mit Hut.

Lester Pearson FRIEDEN, 1957

710. Keine Auslandspolitik – wie aufrichtig sie auch sein mag – hat Aussicht auf Erfolg, wenn sie in wenigen Köpfen geboren und in keinem Herzen getragen wird.

Henry Kissinger FRIEDEN, 1973

REGIERUNGEN

711. Regierungen lernen niemals etwas dazu. Nur Menschen lernen dazu.

Milton Friedman   WIRTSCHAFT, 1976

712. Dem Himmel sei Dank, dass wir weniger Regierung bekommen, als wir bezahlen.

Milton Friedman   WIRTSCHAFT, 1976

713. Nichts ist so beständig wie ein befristetes Regierungsprogramm.

Milton Friedman   WIRTSCHAFT, 1976

714. Fast alle Regierungsprogramme werden mit guten Absichten verabschiedet. Betrachtet man allerdings, was sie tatsächlich bewirken, so zeigt sich eine Grundregel: So gut wie jedes Programm hat genau das Gegenteil von den Absichten jener wohlmeinenden Menschen zur Folge, die es einst ins Leben riefen.

Milton Friedman   WIRTSCHAFT, 1976

715. Wenn Sie der Regierung die Verwaltung der Sahara übertragen würden, gäbe es in fünf Jahren einen Mangel an Sand.

Milton Friedman   WIRTSCHAFT, 1976

716. Ich schätze, dass die Regierung mindestens hundertzwanzig Mal größer ist, als eine Organisation sein kann, um immer noch Kontrolle über ihre grundsätzlichen Handlungen zu besitzen.

George Stigler WIRTSCHAFT, 1982

717. Die ineffektivste Regierungsbehörde ist von Natur aus diejenige, die am meisten daran interessiert ist, ihre Tätigkeit vor der Öffentlichkeit zu verschleiern.

Jimmy Carter FRIEDEN, 2002

718. Regierungen benötigen Feinde, um ihre Bürger zu erschrecken, denn verängstigte Menschen lassen sich leichter führen.

Albert Szent-Györgyi MEDIZIN, 1937

719. Wenn Sie im Senat die Anwesenheitsliste aufrufen, wissen die Senatoren nicht, ob sie »hier« rufen sollen oder »nicht schuldig«.

Theodore Roosevelt FRIEDEN, 1906

720. Unsere Regierung ist Hitlers beste Waffe.

Frederick Banting MEDIZIN, 1923
Tagebucheintrag, nachdem er am 3. Juni 1940 das
kanadische Unterhaus besucht hatte.

721. Je mehr der Staat »plant«, desto schwieriger wird es für den Einzelnen, etwas zu planen.

Friedrich von Hayek WIRTSCHAFT, 1974

722. Konkurrenz so weit wie möglich, Planung so weit wie nötig.
Willy Brandt FRIEDEN, 1971

723. Es gibt nichts über eine Regierung zu sagen, die von der Plutokratie bestimmt wird.
Theodore Roosevelt FRIEDEN, 1906

724. Absolute Macht korrumpiert nicht nur absolut, sie verzögert auch ganz grandios.
George J. Stigler WIRTSCHAFT, 1982

725. Eine der größten Bedrohungen der heutigen Menschheit wäre eine Welt, die durch eine explosionsartig alles durchdringende, aber gut getarnte Bürokratie erstickt wird.
Norman Borlaug FRIEDEN, 1970

726. Sie müssen lernen, sich von Fluren fernzuhalten, denn Flure führen unweigerlich in Konferenzräume.
Thomas Morgan MEDIZIN, 1933

727. Vermeiden Sie Trivialität.
George C. Marshall FRIEDEN, 1953
Zu George Kennan, als er ihn 1947 zum Leiter des politischen Planungsstabes ernannte.

728. Es besteht eine Verbindung zwischen Narren und Macht, allerdings selten zwischen Schriftstellern und Macht.
Günter Grass LITERATUR, 1999

DEMOKRATIE

729. Viele Regierungsformen wurden schon ausprobiert und werden noch in dieser Welt der Sünde und des Jammers ausprobiert werden. Niemand behauptet, Demokratie sei perfekt oder der Weisheit letzter Schluss. Manche vertreten gar die Meinung, Demokratie sei die schlimmste Regierungsform, einmal abgesehen von all den anderen Formen, die bereits von Zeit zu Zeit ausprobiert wurden.

Winston Churchill LITERATUR, 1953

730. Die moderne Demokratie ist die Tochter des Rationalismus des 17. und 18. Jahrhunderts und daher in gewisser Weise auch die Zwillingsschwester der Wissenschaft. Sie ist durch ihre Herkunft dem Rationalismus verpflichtet, dem Optimismus hinsichtlich der Zukunft der Menschheit, dem Glauben an den Fortschritt, der auf dem Tatsachenwissen über die Welt basiert.

Salvador Luria MEDIZIN, 1969

731. Es gibt nichts Sichereres als eine demokratische, berechenbare und mitbestimmbare Regierungsform.

Wole Soyinka LITERATUR, 1986

732. Die Fehler, die während einer Generation in einer Demokratie begangen werden, lassen sich in keiner Weise mit den Fehlern vergleichen, die in einer Diktatur an einem Tag geschehen können.

Anwar as-Sadat FRIEDEN, 1978

733. Es ist besser, ein totaler Versager in einer Demokratie zu sein als ein Märtyrer oder die Crème de la Crème in einer Tyrannei.

Joseph Brodsky LITERATUR, 1987

734. Demokratie fördert keine Beständigkeit. Der Engländer verzichtet nur bei großen Anlässen auf den Luxus, Minister der Krone ungeachtet ihrer Person zu feuern und ihre Politik ins Gegenteil zu verkehren, wie immer diese auch vorher aussah.

Winston Churchill LITERATUR, 1953

735. Es gestaltet sich sehr schwierig, ein wahrhaft demokratisches politisches System in einer Gesellschaft mit einer hohen Analphabetenrate aufrechtzuerhalten; in der die meisten Menschen immer noch in ländlicher Armut leben; in der die meisten Menschen ungebildet sind und wenig Zugang zu modernen Medien haben. Andererseits ist es fast unmöglich, eine voll ausgebildete moderne Konsumgesellschaft ohne demokratische Institutionen zu erhalten.

F. W. de Klerk FRIEDEN, 1953

736. Demokratische Prinzipien fruchten nicht bei leeren Mägen.

George C. Marshall FRIEDEN, 1953

737. Niemals kam eine ernstzunehmende Hungersnot in irgendeinem unabhängigen und demokratischen Land mit entsprechender Pressefreiheit vor.

Amartya Sen WIRTSCHAFT, 1998

738. Demokratie als Einmischung von außen einzuführen, ist eine Form des Imperialismus.

Lech Wałęsa FRIEDEN, 1983

TYRANNEI UND DIKTATUR

739. Der Beginn einer Diktatur mag leicht erscheinen, aber am Ende wartet unausweichlich die Tragödie.

Giorgos Seferis LITERATUR, 1963

740. Der Totalitarismus im Europa des 20. Jahrhunderts schuf einen völlig neuen Typ von Menschen. Sie zwangen Personen zu einer Wahl, die wir vorher nicht kannten: entweder zum Opfer oder zum Täter zu werden. Selbst das Überleben verlangte Kollaboration, Kompromisse, die du eingehen musstest, wenn du deiner Familie ein größeres Stück Brot nach Hause bringen wolltest. Diese Wahl hat Millionen Europäer deformiert.

Imre Kertész LITERATUR, 2002

741. Glücklich ist der Mann, der an die Wahrheit glaubt, die Tyrannei zurückweist; glücklich ist jener, der den Glauben ablehnt, Tyrannei sei allmächtig.

Menachem Begin FRIEDEN, 1978

742. In einer Diktatur ist ein langes Gedächtnis eine gefährliche Sache.

Ernest Hemingway LITERATUR, 1954

743. Der Mensch stirbt in allen, die im Angesicht der Tyrannei stumm bleiben.

Wole Soyinka LITERATUR, 1986

REVOLUTION

744. Alle modernen Revolutionen endeten in einem Erstarken der staatlichen Macht.

Albert Camus LITERATUR, 1957

745. Was ist ein Rebell? Ein Mann, der nein sagt.

Albert Camus LITERATUR, 1957

746. Welchen Unterschied macht eine Revolution, wenn in deinem Labor deine Experimente warten?

Iwan Pawlow MEDIZIN, 1904

Ihm 1917 zugeschriebene Bemerkung gegenüber einem Kollegen, der sich während der russischen Revolution aufgrund der Schusswechsel in den Straßen um zehn Minuten verspätete.

747. Eine Liebesaffäre, eine Karriere, eine Revolution: Dies sind Unternehmungen, auf die man sich einlässt, ohne das Ergebnis voraussagen zu können.

Jean-Paul Sartre LITERATUR, 1964

748. Forschung in angewandter Wissenschaft führt zu Reformen, Forschung in reiner Wissenschaft führt zu Revolutionen, und Revolutionen, ob nun politischer oder industrieller

Natur, sind extrem profitabel, wenn man auf der Siegerseite steht.

J. J. Thomson   PHYSIK, 1906

749. Wie fundiert die Ideen auch sein mögen, die eine Partei inspirieren, wie durchdacht ihr Programm, wie stark die anfängliche Unterstützung der Bevölkerung – früher oder später kommt die unvermeidliche Degeneration einer revolutionären Partei zu einer konservativen.

Michail Gorbatschow   FRIEDEN, 1990

750. Ich lehne Revolutionen als Mittel zur Problemlösung ab.

Michail Gorbatschow   FRIEDEN, 1990

TERRORISMUS

751. Der Unterschied zwischen einem Revolutionär und einem Terroristen besteht in den Motiven, aus denen sie kämpfen.

Jassir Arafat   FRIEDEN, 1994

752. Furchtsamkeit ist ein Heilmittel, das den britischen Apotheken unbekannt ist.

Winston Churchill   LITERATUR, 1953

753. Wenn jene, die über Autorität und Macht verfügen, Ungerechtigkeit walten lassen, Folter und Mord als Mittel zum Zweck verwenden, ist es dann verwunderlich, wenn ihre Opfer mit denselben Methoden reagieren?

Seán McBride   FRIEDEN, 1974

754. Solange die mächtigeren Nationen die weniger mächtigen ausbeuten, werden sie Terrorismus ernten, Hass und Gewalt. Solange unsere Politiker selbstsüchtig oder zynisch oder kurzsichtig handeln, wird es unausweichlich einen Tag der Abrechnung geben.

Jimmy Carter   FRIEDEN, 2002

755. Um den Terrorismus zu entmachten, muss man als Erstes die Luft aus seiner scheinheiligen Selbstgerechtigkeit herauslassen.

Wole Soyinka   LITERATUR, 1986

FREIHEIT

756. Hört mich an, meine Kinder: Schnürt eure Wanderstiefel; werdet nicht müde, auch wenn der Weg vor euch dunkel und eintönig liegt; wir schreiten voran für den Frieden, Kinder.

Martin Luther King   FRIEDEN, 1964

757. Freiheit ist keine Philosophie, sie ist nicht einmal eine Idee. Sie ist die Bewegung eines Bewusstseins, das uns in bestimmten Augenblicken dazu anleitet, eine von zwei Silben zu sagen: Ja oder Nein.

Octavio Paz   LITERATUR, 1990

758. Niemand, der frei ist, vermag die furchtbar faszinierende Macht zu verstehen, die die Hoffnung auf Freiheit auf jene ausübt, die sie nicht besitzen.

Pearl S. Buck   LITERATUR, 1938

759. Frieden ist unauslöschlich mit dem Streben nach Freiheit verbunden – denn Frieden ohne Freiheit ist eine Farce.

Albert Luthuli FRIEDEN, 1960

760. Ich habe meine Wahl getroffen. Ich werde Südafrika nicht verlassen, und ich werde nicht aufgeben. Nur durch Entbehrungen, Opferbereitschaft und militantes Vorgehen lässt sich der Frieden gewinnen. Dieser Kampf ist mein Leben. Ich werde bis zu meinem Lebensende für die Freiheit kämpfen.

Nelson Mandela FRIEDEN, 1993

761. Nichts, weder die ausgefeilteste Waffe noch die brutalste Politik, nein, nichts wird die Menschen aufhalten, wenn sie sich entschlossen haben, für ihre Freiheit und ihr Recht auf Menschlichkeit zu kämpfen.

Desmond Tutu FRIEDEN, 1984

762. Menschen sind nicht frei, solange sie nicht darüber entscheiden dürfen, wo sie leben, wo sie arbeiten und welchen Unterricht sie ihren Kindern zukommen lassen, wo und auf welche Weise sie ihrem Glauben huldigen, welche Sprache sie sprechen, welchen Organisationen sie angehören oder welche Ansichten sie vertreten möchten. Weil die Apartheid genau diese grundsätzlichen Freiheiten verbot, war sie inakzeptabel und musste abgeschafft werden.

F. W. de Klerk FRIEDEN, 1993

763. Eine Gesellschaft, die Gleichheit ... der Freiheit vorzieht, endet ohne Gleichheit und ohne Freiheit.

Milton Friedman WIRTSCHAFT, 1976

764. Freiheit geht niemals von einer Regierung aus. Freiheit geht immer von ihren Staatsbürgern aus. Die Geschichte der Freiheit ist die Geschichte des Widerstandes.

Woodrow Wilson FRIEDEN, 1919

765. Wenn eine Nation erwacht, sind ihre hervorragendsten Söhne bereit, ihr Leben für ihre Freiheit zu opfern. Wenn Imperien dem Untergang entgegensehen, sind sie bereit, ihre Untergebenen zu opfern.

Menachem Begin FRIEDEN, 1978

FRIEDEN

766. Für mich ist Gerechtigkeit die erste Bedingung der Menschlichkeit.

Wole Soyinka LITERATUR, 1986

767. Von dem Augenblick an, da Freidenker anfingen, die Existenz Gottes zu hinterfragen, geriet das Problem der Gerechtigkeit zur Hauptfrage.

Albert Camus LITERATUR, 1957

768. Gott helfe uns, wenn unser Sinn für Fairness nicht länger unser stärkstes Gefühl ist.

Bjørnstjerne Bjørnson LITERATUR, 1903

769. Ungerechtigkeit an welchem Ort dieser Welt auch immer bedroht die Gerechtigkeit der ganzen Welt.

Martin Luther King FRIEDEN, 1964

770. Freiheit ohne soziale Gerechtigkeit ist nutzlos, und soziale Gerechtigkeit ist nutzlos, wenn persönliche Freiheit nicht gegeben ist.

Schirin Ebadi   FRIEDEN, 2003

771. Jeder Frieden, der nicht auf Gerechtigkeit und den Menschenrechten beruht, ist nur auf Sand gebaut und zerfällt beim ersten Schlag.

Anwar as-Sadat   FRIEDEN, 1978

772. Wenn ich zwischen Gerechtigkeit und Unordnung auf der einen Seite und Ungerechtigkeit und Ordnung auf der anderen wählen müsste, würde ich mich immer für Letzteres entscheiden.

Henry Kissinger   FRIEDEN, 1973

773. Macht allein ist kein Garant für Sicherheit ... Die einzige Garantie für Sicherheit ist Gerechtigkeit.

Nagib Machfuz   LITERATUR, 1988

774. Die gesamte Geschichte der Welt lässt sich dahingehend zusammenfassen, dass starke Nationen nicht immer gerecht sind, und wenn sie den Wunsch hegen, gerecht zu sein, sind sie nicht länger stark.

Winston Churchill   LITERATUR, 1953

775. Selbst diejenigen, die moralische Werte mehr als satt haben, sollten in der Lage sein, zu erkennen, dass es besser ist, gewisse Ungerechtigkeiten zu erdulden, anstatt sie selber zu begehen – selbst wenn es darum geht, Kriege zu gewinnen.

Albert Camus LITERATUR, 1957

RASSISMUS

776. Rassismus ist böse – menschliche Verdammnis im alttestamentarischen Sinn. Und kein Kompromiss, kein Opfer sollte zu groß sein, um ihn zu bekämpfen.

Nadine Gordimer LITERATUR, 1991

777. Niemand kommt auf die Welt und hasst eine andere Person wegen ihrer Hautfarbe, ihres Hintergrundes oder ihrer Religion. Menschen müssen lernen zu hassen. Und wenn sie lernen können zu hassen, können sie auch lernen zu lieben, denn die Liebe erscheint dem menschlichen Herzen viel natürlicher als ihr Gegenteil.

Nelson Mandela FRIEDEN, 1993

778. Wir wollen keine verbesserte Apartheid – wir wollen sie abschaffen, wir wollen sie demontieren. Man kann die Apartheid nicht reformieren.

Desmond Tutu FRIEDEN, 1984

779. In der heutigen Welt irgendwo zu leben und aufgrund von Rasse oder Hautfarbe gegen Gleichheit zu sein, ist so, als lebe man in Alaska und wäre gegen Schnee.

William Faulkner LITERATUR, 1949

780. »Ich weiß, was jede farbige Frau in diesem Land tut.«
»Was sollte das sein?« »Sterben.«
Toni Morrison LITERATUR, 1993

781. Wenn Hitler den Krieg gewonnen und sein Tausendjähriges
Reich errichtet hätte … dann wären die ersten zweihundert
Jahre dieses Reiches genauso verlaufen wie jene Zeitepoche
für die schwarze Bevölkerung dieses Landes.
Toni Morrison LITERATUR, 1993

782. In diesem Land bedeutet amerikanisch, weiß zu sein. Alle
anderen müssen sich anpassen.
Toni Morrison LITERATUR, 1993

783. Je weniger Intelligenz der weiße Mann besitzt, desto düm-
mer schätzt er den Schwarzen ein.
André Gide LITERATUR, 1947

MARXISMUS UND KOMMUNISMUS

784. Wenn die Menschen den Marxismus ablehnen, sollten sie
dem Britischen Museum die Schuld geben.
Michail Gorbatschow
Bei einem Besuch des Lesesaals im Britischen Museum,
in dem Karl Marx sein *Kapital* schrieb.

785. Welche Kultur auch immer er unter seine Vorherrschaft
brachte – ob Russland, China oder Kuba –, der Marxismus
hat sich als wirtschaftlich unbrauchbar erwiesen und den

ihm zugrundeliegenden, gerechten Kern pervertiert, indem
er sich uneingeschränkt korrupt zeigt.

Roald Hoffmann   CHEMIE, 1981

786. Jeder kann sehen, wie der Kommunismus die Seele einer
Nation verrotten, wie er sie im Frieden verelenden und
hungern lässt und sich im Krieg als gemein und abstoßend
erweist.

Winston Churchill   LITERATUR, 1953

787. Wir haben es hier nicht mit der Tyrannei eines Einzelnen zu
tun, sondern mit der Tyrannei einer Partei, die Tyrannen
einfach wie am industriellen Fließband produziert.

Joseph Brodsky   LITERATUR, 1987
Über das kommunistische Regime.

788. Von Stettin an der Ostsee bis Triest an der Adria hat sich ein
eiserner Vorhang über den Kontinent gesenkt.

Winston Churchill   LITERATUR, 1953

789. Was in Entwicklungsländern »Kommunismus« genannt
wird, ist Hunger, der sich Ausdruck verschafft.

John Boyd Orr   FRIEDEN, 1949

790. Im Frühjahr 1942 wurde ich an die Front nahe Witebsk geschickt und zwei Monate später von den Russen gefangen
genommen ... Ich wurde recht flüssig in Russisch und
freundete mich mit einigen Russen an, meistens Ärzten. Ich
erhielt die Gelegenheit, die erstaunlichen Parallelen der

psychologischen Auswirkungen von nationalsozialistischer und marxistischer Ausbildung zu beobachten. Zu diesem Zeitpunkt begann ich die Natur der Indoktrination als solche zu verstehen.

Konrad Lorenz   MEDIZIN, 1973

791. Humangenetiker sind besonders anfällig für die Diffamierungen doktrinärer Marxisten, da sie als Wissenschaftler Sklaven spießbürgerlichen Aberglaubens sind. So halten sie es für erstrebenswert, die Wahrheit zu sagen.

Peter Medawar   MEDIZIN, 1960

792. Das feierliche Versprechen, sich der Wahrheit zu enthalten, nannte man Sozialistischen Realismus.

Alexander Solschenizyn   LITERATUR, 1970

793. Für uns in Russland ist der Kommunismus ein toter Hund. Für viele Menschen im Westen ist er immer noch ein lebendiger Löwe.

Alexander Solschenizyn   LITERATUR, 1970

794. Marxismus mag in Osteuropa diskreditiert sein, aber in Harvard scheint er immer noch zu florieren.

Max Perutz   CHEMIE, 1962

795. Der Marxismus wurde in den Achtzigern zur reinen Pose, die es sehr dummen Menschen ermöglichte, vorzugeben, sie besäßen eine schlüssige Sicht der Welt.

V.S. Naipaul   LITERATUR, 2001

796. Ich musste oft über den kindischen Unsinn schmunzeln, den einige führende englische Physiker, die aus sentimentalen Anwandlungen von dieser Doktrin eingenommen waren, über den Kommunismus von sich gaben, über dessen Anwendung ich Kenntnisse aus erster Hand besaß.

Albert Szent-Györgyi MEDIZIN, 1937

PATRIOTISMUS

797. Patriotismus tötet.

Betty Williams FRIEDEN, 1976

798. Dichter besingen, Redner deklamieren und Patrioten verüben Anschläge.

Norman Angell FRIEDEN, 1933

799. Wir werden niemals eine ruhige Welt bekommen, solange wir den Patriotismus nicht aus der menschlichen Rasse herausbefördern.

George Bernard Shaw LITERATUR, 1925

800. Heldentum auf Kommando, sinnlose Gewalt und all dieser verabscheuungswürdige Unsinn, der mit dem Begriff Patriotismus einhergeht – wie inbrünstig ich das alles doch hasse.

Albert Einstein PHYSIK, 1921

801. Ich liebe mein Land zu sehr, um ein Nationalist zu sein.

Albert Camus LITERATUR, 1957

802. Ein Mann, der andere Länder genauso sehr liebt wie sein eigenes, steht auf einer Stufe mit einem Mann, der andere Frauen genauso sehr liebt wie seine Ehefrau.

Theodore Roosevelt FRIEDEN, 1906

803. Ein Wissenschaftler gehört in Kriegszeiten seinem Land und in Friedenszeiten der ganzen Menschheit.

Fritz Haber CHEMIE, 1918

804. Der Staat ist vornehmlich eine Organisation, um Fremde zu töten. Das ist seine Hauptaufgabe. Es gibt allerdings auch noch andere Dinge, die er tut. Er vermittelt ein gewisses Maß an Bildung, aber im Zuge dieser Ausbildung strengt man sich sehr an, den Jungen den Gedanken einzupflanzen, Fremde zu töten, sei eine großartige Sache.

Bertrand Russell LITERATUR, 1950

WIRTSCHAFT

805. Nichts ist umsonst.

Milton Friedman WIRTSCHAFT, 1976

806. Niemand verwendet das Geld anderer so sorgfältig wie sein eigenes. Niemand geht mit den Ressourcen anderer so sorgfältig um wie mit den eigenen. Wenn Sie also Effizienz und Effektivität wollen, wenn Sie möchten, dass Wissen angemessen verwendet wird, so gelingt dies nur über den Privatbesitz.

Milton Friedman WIRTSCHAFT, 1976

807. Wirtschaftswissenschaftler besitzen ihren vollen Anteil an der allen gemeinsamen Eigenschaft, Fehler einzuführen und zu begehen … ihr vielleicht häufigster ist es, anderen Wirtschaftswissenschaftlern zu glauben.

Joseph Stigler WIRTSCHAFT, 1982

808. Das größte Missverständnis, das sich in der Mentalität der populären Kultur eingenistet hat, besagt, dass des einen Gewinn des anderen Verlust sei.

James Heckman WIRTSCHAFT, 2000

809. Die einzig wertvollen Informationen auf dem Finanzmarkt sind Informationen, die andere noch nicht besitzen.

Herbert Simon WIRTSCHAFT, 1978

810. Moderne, hochtechnisierte Kriegsführung ist darauf ausgerichtet, physische Kontakte zu vermeiden: Bomben aus großer Höhe abzuwerfen garantiert, dass man nicht »fühlt«, was man da eigentlich tut. Das moderne Wirtschaftsmanagement verfährt ähnlich: Aus dem Luxushotel heraus ist es leicht, herzlose politische Entscheidungen zu fällen, über die man zweimal nachdenken würde, wenn einem die Menschen bekannt wären, deren Leben man da zerstört.

Joseph Stiglitz WIRTSCHAFT, 2001

WOHLSTAND UND ARMUT

811. Wenn du nicht selber arm bist, weißt du nicht, was Armut bedeutet. Es bedeutet, morgens aufzustehen und die Schaben in der Badewanne zu töten. Es bedeutet, abgelegte

Sachen zu tragen, derentwegen die anderen Kinder dich auslachen. Es bedeutet, Pfirsiche nicht vor Ende August essen zu können … Bis zum heutigen Tage fühle ich mich anders. Es schmerzt immer noch. Vielleicht ringe ich deshalb so hart um Anerkennung. Ich mag keine Polenwitze. Ich mag keine Menschen, die andere verhöhnen. Ich mag nichts, was andere Leute schlecht über sich selbst denken lässt.

Arno Penzias   PHYSIK, 1978

812. Die ungleiche Verteilung von Macht und Wohlstand, die großen Unterschiede unter den menschlichen Nationen in Bezug auf Gesundheit und Behaglichkeit, sind die Wurzeln der Zwietracht in dieser modernen Welt, ihre größte Herausforderung und, ungelöst, ihr moralischer Untergang.

Patrick Blackett   PHYSIK, 1948

813. »Eins weiß ich«, sagte sie. »Ich merk es immer und jeden Tag wieder. Wenn man in Schwierigkeiten ist oder in Not – dann soll man zu den armen Leuten gehn. Das sind die Einzigen, die einem helfen, die Einzigen.«

John Steinbeck   LITERATUR, 1962

814. Das Gesetz in seiner majestätischen Gerechtigkeit verbietet es sowohl den Reichen als auch den Armen, unter Brücken zu schlafen, in den Straßen zu betteln und Brot zu stehlen.

Anatole France   LITERATUR, 1921

815. Es mag sein, dass die armen Leute die Einzigen sind, die Verbrechen begehen, aber sie sind mit Sicherheit diejenigen, die ins Gefängnis gehen.

Jimmy Carter   FRIEDEN, 2002

816. Frieden ist unlösbar mit Armut verbunden. Armut ist eine Bedrohung für den Frieden. Vierundneunzig Prozent des weltweiten Einkommens kommt vierzig Prozent der Bevölkerung zugute, während sechzig Prozent lediglich sechs Prozent erhalten. Die Hälfte der Weltbevölkerung lebt von gerade mal zwei Dollar pro Tag. Mehr als eine Milliarde lebt von weniger als einem Dollar pro Tag. Das ist keine Grundlage für Frieden.

Mohammed Yunus   FRIEDEN, 2006

817. Menschen, die in Armut und Verzweiflung leben, werden nicht zögern, ihre Umwelt zu zerstören, wenn sie der Überzeugung sind, dadurch ihre Bedürfnisse zu stillen.

Wangari Maathai   FRIEDEN, 2004

818. Da Pharmaziehersteller für ihre Arbeit satte Profite erwarten, leiden die Menschen Afrikas an einer Krankheit namens Geldmangelseuche. Daher sehen die Firmen keinen Wert darin, Arzneimittel für Menschen zu produzieren, die diese nicht bezahlen können.

Sydney Brenner   MEDIZIN, 2002

819. Sie können den Armen nicht helfen, indem Sie die Reichen zerstören.

Milton Friedman   WIRTSCHAFT, 1976

820. Je mehr ich über die wohlhabenderen Klassen erfahre, desto mehr verstehe ich die Guillotine.

George Bernard Shaw LITERATUR, 1925

WISSENSCHAFT UND TECHNOLOGIE

1903 verkündete Albert Michelson, dass »die fundamentalen Gesetze und Fakten der physikalischen Wissenschaften alle entdeckt worden seien.« Fünfundzwanzig Jahre später erklärte Max Born, nachdem er von der Dirac-Gleichung erfahren hatte, dass »die Physik, wie wir sie kennen, in sechs Monaten Vergangenheit sein wird«. Beide Wissenschaftler werden Oktober für Oktober aufs Neue widerlegt, wenn die neuen Preisträger in Stockholm bekanntgegeben werden und die Welt über den Stellenwert ihrer Entdeckungen nachdenkt.

Wissenschaftler sind genauso wenig immun gegenüber den Versuchungen der Wahrsagekunst wie gewöhnliche Sterbliche, noch weniger, wenn sie sich außerhalb ihres eigenen Spezialgebietes bewegen. John Strutt, besser bekannt als Lord Rayleigh, betonte 1896 mit Nachdruck, dass er »nicht das kleinste Molekül von Vertrauen in eine andere Art der Luftfahrt als den Heißluftballon setzen würde«. Ernest Rutherford war einer von vielen Wissenschaftlern, die bezweifelten, dass das Atom jemals bedeutsame Energie liefern würde. John Cornforth erzählte Dorothy Hodgkin, »wenn das die Formel für Penicillin ist, gebe ich die Chemie auf und züchte Champignons.« Edward Purcell erklärte 1952: »All dieses Zeug über Reisen durch das Universum in Raumanzügen gehört dahin zurück, wo es herkam – auf die Cornflakes-Schachtel.«

In vielen Streitfragen sind Wissenschaftler gegenteiliger Meinung: beim Fluor im Trinkwasser, bei der Atomenergie, dem intelligenten Design, dem Urknall, der sozialen Marktwirtschaft, der Existenz Gottes. Viel wichtiger aber als ihre Differenzen ist ihre Einigkeit in zwei Punkten: der Bedeutung der Wissenschaft und der Freiheit, sie auszuüben.

WISSENSCHAFT UND WISSENSCHAFTLER

821. Das einzige Ziel der Wissenschaft ist der Ruhm des menschlichen Geistes.

Gerhard Herzog   CHEMIE, 1971

822. Wissenschaft ist Vorstellungskraft im Dienste beweisbarer Wahrheit.

Gerald Edelman   MEDIZIN, 1972

823. Lassen Sie uns eines klarstellen. Was die Wissenschaft vermag, das wird sie umsetzen, irgendwann, irgendwo, welche Hindernisse auch immer ihr in den Weg gelegt werden mögen.

Christian de Duve   MEDIZIN, 1974

824. Die wissenschaftlichen Gleichungen, nach denen wir streben, sind die Dichtung der Natur.

Chen Ning Yang   PHYSIK, 1957

825. Sollten Sie geglaubt haben, Wissenschaft wäre unumstößlich – so haben Sie sich geirrt.

Richard Feynman   PHYSIK, 1965

826. Wahre Wissenschaft, im Gegensatz zu ihrem unternehmerischen Abbild, unterliegt der Pflicht, niemals zu lügen. Wir brauchen diese Verpflichtung, weil Sie uns davor schützt, seltene und wertvolle Ressourcen zu vergeuden, so wie das eigene Leben oder falsche Indizien.

Robert Laughlin   PHYSIK, 1998

827. Ich betrachte meinen früheren Glauben an die Überlegenheit der Wissenschaft gegenüber anderen Formen des menschlichen Denkens und Verhaltens als Selbsttäuschung ... 1921 glaubte ich daran ... dass die Wissenschaft ein objektives Wissen über die Welt vermitteln würde, das feststehenden Gesetzen unterliege. Die wissenschaftliche Methode schien mir anderen, subjektiveren Arten, sich ein Bild von der Welt zu machen, überlegen – der Philosophie, Dichtung und Religion. Ich glaubte sogar daran, dass die eindeutige Sprache der Wissenschaft ein Schritt hin zu einem besseren Verständnis unter den Menschen wäre. 1951 glaubte ich an keines dieser Dinge mehr.

Max Born PHYSIK, 1954

828. Man könnte sagen, dass eine gewisse Bescheidenheit gegenüber dem Verständnis der Natur eine Vorbedingung für das Streben der Wissenschaft ist.

Subramanyan Chandrasekbar PHYSIK, 1983

829. Entdeckung besteht darin, zu sehen, was alle sehen, und zu denken, was niemand sonst gedacht hat.

Albert Szent-Györgyi MEDIZIN, 1937

830. Ich bin davon überzeugt, dass eine kontrollierte Respektlosigkeit gegenüber Autoritäten für einen Wissenschaftler unverzichtbar ist.

Luis Alvarez PHYSIK, 1968

831. Natürlich hat man Wissenschaftlern eingeschärft, sie seien sozial verantwortlich. Und natürlich denke ich, die Gesellschaft sollte sich ebenfalls wissenschaftlich verantwortlich verhalten.

Sydney Brenner MEDIZIN, 2002

832. Als Wissenschaftler müssen Sie nicht überragend intelligent sein, Sie müssen nur höllisch hartnäckig sein.

Dudley Herschbach CHEMIE, 1986

833. So wie ich mich als Kind verhielt, hätten Sie mich bestimmt seltsam gefunden. Als mein Hamster starb, habe ich ihn beerdigt. Allerdings grub ich ihn nach einer Weile wieder aus, um zu sehen, wie er sich verändert hatte.

Linda Buck MEDIZIN, 2004

834. Wissen Sie, die meisten amerikanischen Wissenschaftler sind Blindgänger. Sie haben kein einziges vernünftiges Buch gelesen.

Salvador Luria MEDIZIN, 1969

835. Man wird kein erfolgreicher Wissenschaftler, wenn man nicht erkennt, dass im Gegensatz zur landläufigen Meinung, die von Zeitungen und den Müttern der Wissenschaftler unterstützt wird, eine nicht unbeträchtliche Anzahl von Wissenschaftlern nicht nur engstirnig und langweilig ist, sondern auch einfach nur dumm.

James Watson MEIDIZIN, 1962

836. Dr. Crick bedankt sich für Ihren Brief, muss aber mit Bedauern feststellen, dass er Ihre freundliche Bitte um ein Autogramm/um Hilfe bei Ihrem Projekt/um Zusendung eines Fotos/Ihr Manuskript zu lesen/Ihre Krankheit zu heilen/eine Lehrstunde abzuhalten/ein Interview zu geben/um Teilnahme an einer Konferenz/um eine Gesprächsrunde im Radio/den Vorsitz einzunehmen/im Fernsehen aufzutreten/ Herausgeber zu werden/eine Rede auf einer Abendgesellschaft zu halten/ein Buch zu schreiben/als Zeuge aufzutreten/einen Ehrentitel anzunehmen, leider ablehnen muss.

Francis Crick   MEDIZIN, 1962

PHYSIK

837. Die gesamte Wissenschaft ist entweder Physik oder Briefmarkensammeln.

Ernest Rutherford   CHEMIE, 1908

838. Physik ist wie Sex. Natürlich ergeben sich daraus ein paar praktische Aspekte, aber das ist nicht der Grund, warum wir es tun.

Richard Feynman   PHYSIK, 1965

839. Die Physik ist so unglaublich komplex geworden, dass es immer länger dauert, einen Physiker auszubilden. Es dauert mittlerweile derartig lange, einen Physiker auf das Niveau zu führen, auf dem er die Natur physikalischer Probleme begreift, dass er bereits zu alt ist, um sie noch zu lösen.

Eugene Wigner   PHYSIK, 1963

840. Die Wellentheorie wenden wir Montag, Mittwoch und Freitag an, die Teilchentheorie hingegen Dienstag, Donnerstag und Samstag.

William Henry Bragg   PHYSIK, 1915

841. Je präziser sich die Position bestimmen lässt, desto ungenauer sind die Kenntnisse über den Impuls und umgekehrt.

Werner Heisenberg   PHYSIK, 1932
Die »Heisenbergsche Unschärferelation«, die sich mit subatomaren Teilchen beschäftigt.

842. Meine Ambition ist es, zu erleben, wie die gesamte Physik auf eine Gleichung reduziert wird, die so elegant und kurz ist, dass sie mit Leichtigkeit auf die Vorderseite eines T-Shirts passt.

Leon Lederman   PHYSIK, 1988

843. Die Energie, die bei der Atomspaltung entsteht, ist geradezu armselig. Jeder, der durch die Verwandlung dieser Atome auf eine Energiequelle hofft, verbreitet baren Unsinn.

Ernest Rutherford   CHEMIE, 1908

844. In Los Alamos lernte ich, dass Physiker insgesamt außergewöhnliche Menschen sind. Die gesamte intellektuelle Integrität, die für das Forschen in der Physik notwendig ist, wird in die persönlichen Beziehungen der Physiker übertragen.

Val Fitch   PHYSIK, 1980

845. Als junger Mann dachte ich, Physik wäre leicht und die Beziehungen zu Frauen schwierig. Heute ist es genau anders herum.

Wolfgang Pauli   PHYSIK, 1945

846. Ich hatte das große Glück, Gott bei seiner Arbeit über die Schulter sehen zu dürfen.

Werner Heisenberg   PHYSIK, 1932

DAS UNIVERSUM

847. Ich möchte niemand dabei erwischen, wie er sich in meiner Abteilung über das Universum auslässt.

Ernest Rutherford   CHEMIE, 1908

848. Wir haben nach festem Grund gesucht und keinen gefunden. Je tiefer wir bohren, desto rastloser wird das Universum, verschwommener und von Wolken verdeckt.

Max Born   PHYSIK, 1954

849. Was wir gefunden haben, sind Beweise für die Geburt des Universums und seine Evolution … Wenn Sie religiös sind, blicken Sie in das Angesicht Gottes. Ordnung und Symmetrie sind von solcher Schönheit, dass Sie an eine dahinterstehende Schöpfung glauben.

George F. Smoot   PHYSIK, 2006

850. Was mich wirklich interessiert, ist die Frage, ob Gott bei der Schöpfung der Welt eine Wahl hatte.

Albert Einstein   PHYSIK, 1921

851. Für jede Milliarde Antimaterieteilchen gab es eine Milliarde und ein Materieteilchen. Und als die gegenseitige Auslöschung abgeschlossen war, blieb ein Millionstel übrig, und das bildet unser gegenwärtiges Universum.

Albert Einstein   PHYSIK, 1921

852. Die essentielle Materie des Universums ist flüchtig. Wir können uns glücklich schätzen, in dieser Epoche zu leben, da Materie existiert.

Sheldon Glashow   PHYSIK, 1979

853. Es gibt keinen rationalen Grund, an der zeitlich unbegrenzten, unendlichen Existenz des Universums zu zweifeln. Es ist nur ein Mythos, der versucht zu erklären, wie das Universum entstand, sei es viertausend oder zwanzig Milliarden Jahre her.

Hannes Alfvén   PHYSIK, 1970

854. Pflücke eine Blume auf der Erde und du bewegst den entferntesten Stern.

Paul Dirac   PHYSIK, 1933

855. Das Bemühen darum, das Universum zu verstehen, ist eines der wenigen Dinge, welches das menschliche Leben über das Niveau einer Farce hebt und ihm ein wenig die Anmut der Tragödie verleiht.

Steven Weinberg   PHYSIK, 1979

EVOLUTION

856. Ein eigentümlicher Aspekt der Evolutionstheorie liegt darin, dass jeder meint, sie zu verstehen.

Jacques Monod   MEDIZIN, 1965

857. Sinn und Zweck der Evolution, glauben Sie es oder nicht, ist Schönheit.

Joseph Brodsky   LITERATUR, 1987

858. Die Zeitspanne, mit der wir uns hier befassen müssen, beläuft sich auf etwa zwei Millionen Jahre. Was wir aufgrund der menschlichen Erfahrung für unmöglich halten, ist hier bedeutungslos. Angesichts einer solchen Zeitspanne wird das »Unmögliche« möglich, das Mögliche wahrscheinlich und das Wahrscheinliche so gut wie sicher. Man muss nur abwarten: Die Zeit selbst schafft Wunder.

George Wald   MEDIZIN, 1967

859. Eine der grundlegenden Regeln der Natur besagt, dass in Abwesenheit einer Gesetzmäßigkeit, die ein Ereignis oder Phänomen verbietet, dieses mit einem gewissen Maß an Wahrscheinlichkeit eintreten wird. Um es kurz und knapp zu sagen: Alles was geschehen *könnte, wird* geschehen.

Paul Dirac   PHYSIK, 1933

860. Jede lebende Zelle trägt in sich die Erfahrungen einer Milliarde Jahren an Experimenten durch ihre Vorfahren.

Max Delbrück   MEDIZIN, 1969

861. Die Evolution besteht größtenteils aus molekularer Flickarbeit – sie schafft neue Objekte aus alten Resten.

François Jacob   MEDIZIN, 1965

862. Wir sind eher das Produkt des Lektorats als der Autorenschaft.

George Wald   MEDIZIN, 1969

863. Zufall allein ist die Quelle jeder Neuerung, der gesamten Schöpfung in der Biosphäre. Reiner Zufall, absolut frei, aber blind, ist die Wurzel dieses erstaunlichen Evolutionsgebäudes.

Jacques Monod   MEDIZIN, 1965

864. Der Mensch scheint das fehlende Glied zwischen den Menschenaffen und dem menschlichen Wesen zu sein.

Konrad Lorenz   MEDIZIN, 1973

865. Ich glaube nicht, dass die Evolution ein gut fundiertes Konzept ist, sondern im Gegenteil, aus meiner Sicht, größtenteils spekulativ.

Ernst Chain   MEDIZIN, 1945

866. Für mich beginnt Glauben mit dem Begreifen, dass eine allwaltende Intelligenz das Universum und den Menschen schuf. Dieser Glaube fällt mir nicht schwer, denn ein geordnetes, intelligentes Universum bezeugt die größte aller Aussagen: »Am Anfang war Gott.«

Arthur Compton   PHYSIK, 1927

867. Die besten Daten, die wir haben, entsprechen genau dem, was ich auf der Grundlage der Bücher Moses, der Psalmen und der Bibel an sich vorausgesagt hätte: Das Universum scheint Ordnung und Zweck zu besitzen.

Arno Penzias   PHYSIK, 1978

868. Diese Welt ist höchst beständig in ihrer zielbewussten Schöpfung.

Arno Penzias   PHYSIK, 1978

GENETIK

869. Wir haben das Geheimnis des Lebens entdeckt.

Francis Crick   MEDIZIN, 1962
Ankündigung durch Crick, als er am 28. Februar 1953
das Egle Pub in Cambridge betrat.

870. DNA, wissen Sie, ist das Gold des Midas. Jeder, der sie berührt, wird verrückt.

Maurice Wilkins MEDIZIN, 1962

871. Es ist an der Zeit, dass wir unsere eigene Evolution selbst in die Hand nehmen.

James Watson MEDIZIN, 1962

872. Wenn Sie wirklich und wahrhaftig dumm sind, so nenne ich das eine Krankheit ... Die Leute sagen, es wäre schrecklich, wenn wir alle Mädchen hübsch aussehen ließen. Ich denke, das wäre großartig.

James Watson MEDIZIN, 1962

873. Eines Tages wird ein Kind aufgrund seiner Geburt gegen seine Eltern vor Gericht ziehen. Es wird aussagen, dass sein Leben mit all diesen fürchterlichen genetischen Defekten nur schrecklich sei und dass sie herzlos handelten, weil sie diese nicht zuvor überprüfen ließen.

James Watson MEDIZIN, 1962

874. Die kontrollierte Injektion des Wachstumsgens in ein befruchtetes menschliches Ei könnte in zwanzig Jahren sehr leicht ein Minnesota-Footballteam zur Folge haben, das ausschließlich aus 2,80 m großen Spielern besteht.

Christian Anfinsen CHEMIE, 1972

875. Es ist nur eine Frage der Zeit, bis wir uns in der Lage sehen, Menschen zu klonen. Dann, im Laufe der Zeit, wird es nicht länger möglich sein, dieses zu verbieten.

Eric Wieschaus MEDIZIN, 1995

876. In Wahrheit klonen wir bereits jede Menge Menschen. Wir führen das in Institutionen durch, die sich Armee, Schulen nennen. Wir versuchen, alle nach einem Standardschema zu formen.

Sydney Brenner MEDIZIN, 2002

877. Auf einer Lehrveranstaltung wurde ich von jemandem im Publikum gefragt, warum er sich nicht selbst klonen und die Kopien als Ersatzteillager halten könne? Und meine Antwort lautete: »Seien Sie vorsichtig, eine der Kopien könnte Sie als Ersatzteillager betrachten.«

Sydney Brenner MEDIZIN, 2002

DIE UMWELT

878. Das Los von Mensch und Natur könnte sich verbessern, wenn es weniger Menschen und mehr wilde Tiere gäbe.

Murray Gell-Mann PHYSIK, 1969

879. Die Welt käme sehr gut ohne Literatur aus. Ohne Menschen käme sie sogar noch besser zurecht.

Jean-Paul Sartre LITERATUR, 1964

880. Astronomen geben an, wir hätten weitere zwei Milliarden Jahre, bevor die Erde zu heiß wird, um auf ihr zu leben. Wenn wir uns mit dieser Frage auseinandersetzen würden, fänden wir vielleicht zu einem geeigneteren Umgang mit unserem Planeten, und dieser könnte durchaus von den heutigen Plänen abweichen.

John C. Mather   PHYSIK, 2006

881. Es bestehen keine Zweifel über die Erkenntnisse der wissenschaftlichen Gemeinschaft: Die Gefahr der globalen Erwärmung ist durchaus real, und entsprechendes Handeln ist sofort unumgänglich. Es ist ein schwerwiegender Fehler, zu glauben, dass wir noch länger zögern dürften. Die Wissenschaftler gehen nicht davon aus, und andere sollten es auch nicht.

Henry Kendall   PHYSIK, 1990

882. Was immer auch geschieht, es ist klar, dass die ungeheure, dumme und selbstmörderische Verschwendung der natürlichen Ressourcen sofort gestoppt werden muss, wenn die menschliche Spezies auf diesem Planeten überleben will.

Octavio Paz   LITERATUR, 1990

883. Es gibt viel Ungerechtigkeit auf dieser Welt. Von einer aber spricht niemand, und das ist das Klima.

Albert Camus   LITERATUR, 1957

884. Der Stadtmensch ist ein entwurzelter Baum. Er kann Blätter treiben und Blüten und Früchte, aber sein Sehnen nach Mutter Erde wird immer sein Blatt, seine Blüte und seine Früchte verzehren!

Juan Ramón Jiménez   LITERATUR, 1956

885. Das Wachstum eines unpersönlichen Betondschungels hat unmittelbar das psychotische, neurotische, manische und unberechenbare Verhalten zu Folge, das sich so auffällig in den Großstädten der sogenannten entwickelten Welt zeigt.

Wangari Maathai   FRIEDEN, 2004

MATHEMATIK

886. Gott wandte die Schönheit der Mathematik an, als er die Welt schuf.

Paul Dirac   PHYSIK, 1933

887. Die Mathematik ist nur ein Werkzeug, um unsere Intuition zu wecken.

Arno Penzias   PHYSIK, 1978

888. Die Gesetze der Mathematik, die sich auf die Realität beziehen, sind nicht gesichert. Diejenigen, die gesichert sind, beziehen sich nicht auf die Realität.

Albert Einstein   PHYSIK, 1921

889. Die Physiker beziehen sich auf die Mathematiker, und die Mathematiker beziehen sich auf Gott (obwohl es Ihnen schwerfallen könnte, einen so bescheidenen Mathematiker zu treffen).

Leon Lederman PHYSIK, 1988

890. In meinem Hauptseminar in Harvard befinden sich viele Studenten, die sich so sehr vor allem fürchten, was mit Mathematik zu tun hat oder auch nur mit Zahlen, dass es wie eine Allergie zu sein scheint. Sie dachten, Legasthenie sei ein Problem? Die unsichtbare Krankheit, sich nicht mit Zahlen auseinandersetzen zu können, ist wesentlich verbreiteter und sehr viel ernster.

Sheldon Glashow PHYSIK, 1979

891. Der offiziell bestellte Photograph teilte mir mit, dass ich der 137. Nobelpreisträger sei, von dem er ein Porträtfoto machen würde. Natürlich ist Ihnen allen bekannt, dass die 137 in der Physik eine magische, quasi mythische Zahl darstellt. Sie ist gleich der Lichtgeschwindigkeit multipliziert mit dem reduzierten Planck'schen Wirkungsquantum geteilt durch das Quadrat der Elementarladung. Diese Zahl bestimmt die Größe aller Objekte im Universum. Einige Leute gehen davon aus, dass bereits kleinste Abweichungen von diesem Wert Leben unmöglich machen würden.

Georges Charpak PHYSIK, 1992

TECHNOLOGIE

892. All unser gefeierter technologischer Fortschritt – unsere Zivilisation an sich – ist wie eine Axt in der Hand eines pathologischen Kriminellen.

Albert Einstein   PHYSIK, 1921

893. Unsere Gesellschaft ist nicht von der Wissenschaft durchdrungen, sondern von einer ausbeuterischen Deformation einer auf wissenschaftlichen Erkenntnissen basierenden Technologie, so irrational wie die irrationalen Aspekte der Religion.

Salvador Luria   MEDIZIN, 1969

894. Für eine erfolgreiche Technologie muss die Realität Vorrang gegenüber der Öffentlichkeitsarbeit haben, denn die Natur lässt sich nichts vormachen.

Richard Feynman   PHYSIK, 1965

895. All die Informationen, die der Mensch so sorgfältig in allen Büchern dieser Welt angehäuft hat, lassen sich auf einen Würfel schreiben, der nur den zweihundertsten Teil einer Seitenlänge von 2,5 cm besitzt – das entspricht dem kleinsten Staubkorn, das der Mensch mit bloßem Auge wahrnehmen kann.

Richard Feynman   PHYSIK, 1965

896. Heutzutage arbeiten wir bereits mit winzigen Mikrocomputern, die eine völlig neue Art von Chip enthalten … Mit ihrer Hilfe sind wir unter Umständen in der Lage, Geräte

zu erschaffen, die sogar noch schneller arbeiten als die heutigen Computer, die aber dennoch so klein sind, dass wir sie direkt in unseren Körper oder unser Gehirn einsetzen können.

Gerd Binnig PHYSIK, 1986

897. Es ist an der Zeit, dem amerikanischen Volk offen mitzuteilen, dass das gegenwärtige Weltraumprogramm technisch beeindruckend, wissenschaftlich trivial, kulturell fehlgeleitet und sozial gesehen absurd ist.

Salvador Luria MEDIZIN, 1969

898. Das Automobil ist eine seltsam fruchtbare Spezies, die sich ungehemmt vermehrt und anscheinend keine natürlichen Feinde besitzt, die imstande wären, sein Wachstum in Grenzen zu halten.

Glenn Seaborg CHEMIE, 1951

899. Das Computerzeitalter macht sich überall bemerkbar – nur nicht in den Produktivitätsstatistiken.

Robert Solow WIRTSCHAFT, 1987

MEDIZIN UND GESUNDHEIT

Die Geschichte des Nobelpreises für Medizin spiegelt den medizinischen Fortschritt seit 1900 wider. Vor Frederick Bantings Forschungen über Insulin waren Diabetiker zum Tode verurteilt. Bevor Antibiotika verfügbar waren, vermochten Ärzte die meisten Krankheiten nur symptomatisch zu behandeln. Die Arbeit von Edward Thomas im Bereich Knochenmarktransplantation erhöhte die Überlebensrate bei Leukämie von null auf fünfzig Prozent. Was Peter Medawar, Baruj Benacerraf, Jean Dausset und Joseph Murray im Bereich der Organtransplantation leisteten, gab unzähligen Nieren- und Herzpatienten neue Hoffnung.

Zwei Beispiele seien hier angeführt, um die Hingabe zu verdeutlichen, die Alfred Nobel mit seiner Stiftung zu honorieren gedachte. 1929 führte Werner Forßmann, ein damals fünfundzwanzigjähriger Assistenzarzt der Chirurgie, eine Kanüle in eine Ader seines Armes ein, verlängerte den Katheter um fünfundsechzig Zentimeter, bis er spürte, dass dieser die rechte Herzkammer erreicht hatte, ging hinüber in den Röntgenraum und ließ dort eine Aufnahme machen. Dies war die erste Herzkatheterisierung. Als sein Oberarzt davon erfuhr, warf er Forßmann hinaus. Er musste bis zum Ende des Zweiten Weltkrieges warten, in dem er grauenhafte Jahre als Feldchirurg bei der Wehrmacht erlebte, bevor seine Entdeckung mit dem Nobelpreis geehrt wurde.

Noch nicht so lange her ist das Beispiel von Barry Marshall, der 2005 den Preis für Medizin erhielt. Überzeugt davon, dass Magengeschwüre durch das Bakterium *Helicobacter pylori* hervorgerufen würden, trank er 1984 zum Entsetzen seiner Laborassistenten ein Reagenzglas voller Bakterien aus. Die unvermeidlichen Folgen wie Unwohlsein, Krankheit, Endoskopie,

Antibiotika-Therapie und Gesundung untermauerten seine Hypothese.

MEDIZIN

900. Fortschritte in der Medizin und die Aussicht auf menschliches Glück, das die Verminderung des Leidens schenken könnte, sorgen für große Verlegenheit unter denjenigen, die Wissenschaft und Technik rundheraus verteufeln.

Peter Medawar   MEDIZIN, 1960

901. Der Durchschnittspatient schätzt den Durchschnittsarzt ungefähr so wie ein Zivilist die Truppen, die an seiner statt kämpfen. Je mehr gut ausgebildete Männer sich zwischen seinen Körper und den Feind stellen, desto besser.

Rudyard Kipling   LITERATUR, 1907

902. Ein ordentlicher Schluck heißer Whisky vor dem Schlafengehen. Das ist nicht sehr wissenschaftlich, aber es hilft.

Alexander Fleming   MEDIZIN, 1945
Zur Behandlung gewöhnlicher Erkältungen.

903. Es gibt Menschen auf dieser Welt, – ich denke mal, sie sind wahrscheinlich in der Minderheit, aber durchaus eine wesentliche Minderheit – die grundsätzlich davon ausgehen, dass Gesundheit etwas ist, das man kauft. Wenn du Geld hast, kannst du dir Gesundheit leisten. Hast du noch mehr Geld, kannst du dir noch bessere Gesundheit leisten. Ich hingegen gehöre zu den Menschen, die der Meinung sind, dass Gesundheit, zumindest auf einem grundlegenden

Niveau, jedem als universelles Recht zustehen sollte. Ich glaube, dass diese wichtig für die Weiterentwicklung der Menschheit und auch für viele andere Dinge ist. Der Frieden in der Welt und noch mehr werden gestützt von der gesundheitlichen Versorgung. Nun, sobald Sie diese Sichtweise übernehmen, so können Sie gar nicht anders, als sich mir anzuschließen, dass alles, was die bezahlbarste Vor-Ort-Gesundheitsversorgung blockiert, falsch ist und dass wir Wege finden müssen, dies zu verhindern.

John Sulston   MEDIZIN, 2002

904. Mein Rat an jeden, der Arzt werden möchte, lautet, die Menschen zu lieben und sie gerne zu umsorgen.

Joseph Murray   MEDIZIN, 1990

905. Wir verlieren Zeit, weil wir nicht genügend Geld in die Forschung investieren. Als Konsequenz dieser Untätigkeit verurteilen wir Menschen zum Tode, während wir ihnen längst mit neuen Medikamenten helfen könnten.

Craig C. Mello   MEDIZIN, 2006

906. Manchmal ist der beste Weg, die Diagnose des Arztes vorauszusagen, nachzuschlagen, was gerade im *Journal of the American Medical Association*[6] veröffentlicht wurde.

Herbert Simon   WIRTSCHAFT, 1978

---

6 Journal des amerikanischen Medizinerverbandes. Anm. d. Üb.

907. Die Mikrobe, die gestern ein Kind auf einem entfernten Kontinent dahinraffte, kann heute schon Ihres erreicht haben und morgen eine Pandemie auslösen.

Joshua Lederberg MEDIZIN, 1958

NAHRUNG UND HUNGER

908. Hunger macht aus jedem Menschen einen Dieb.

Pearl S. Buck LITERATUR, 1938

909. Der erste unverzichtbare Bestandteil gesellschaftlicher Gerechtigkeit ist, ausreichend zu essen.

Norman Borlaug FRIEDEN, 1970

910. Sie können Frieden nicht auf leeren Mägen aufbauen.

John Boyd Orr FRIEDEN, 1949

911. Die Ernährungslehre ist ein Saustall.

Arthur Kornberg MEDIZIN, 1959

912. Eines kann ich Ihnen garantieren: Sie bekommen Schwierigkeiten, wenn Sie nichts anderes als Pommes frites essen.

Richard Roberts MEDIZIN, 1993

913. Manche Menschen essen zu viel, manche Menschen essen zu wenig. Bei der Ernährung geht es um nichts anderes.

Kary Mullis CHEMIE, 1993

914. Ja, ich bin Vegetarier. Ich finde den Gedanken, mir Leichenteile in den Mund zu stecken, ziemlich abstoßend, und bin immer wieder erstaunt, wie viele Menschen es tagtäglich tun.

J. M. Coetzee   LITERATUR, 2003

915. Ich wurde nicht meiner Gesundheit zuliebe Vegetarier, ich wurde es der Gesundheit der Hühner zuliebe.

Isaac Bashevis Singer   LITERATUR, 1978

916. Fast alle Nahrungsfanatiker, die ich gekannt habe, Nüsseverzehrer und Ähnliche, sind jung gestorben nach einem langen Zeitraum senilen Verfalls.

Winston Churchill   LITERATUR, 1953

ALKOHOL UND DROGEN

917. Ein Mann sollte sich nicht vor fünfzig auf Alkohol einlassen, danach ist er ein verdammter Narr, wenn er es nicht tut.

William Faulkner   LITERATUR, 1949

918. Nun ja, vor die Wahl zwischen Scotch und nichts gestellt, würde ich wahrscheinlich den Scotch nehmen. Er kommt einem guten Schwarzgebrannten noch am nächsten.

William Faulkner   LITERATUR, 1949

919. In meiner Zeit als junger Kriegsberichterstatter im Buren-krieg war das Wasser nicht trinkbar. Um es genießbar zu machen, mussten wir ihm Whisky beimengen. Aufgrund meiner eifrigen Bemühungen lernte ich, ihn zu mögen.

Winston Churchill   LITERATUR, 1953

920. Als junger Mann machte ich es mir zur Regel, niemals einen Drink vor dem Mittagessen zu mir zu nehmen. Heut-zutage besagt diese Regel, es nicht vor dem Frühstück zu tun.

Winston Churchill   LITERATUR, 1953

921. Ein Mann nimmt einen Drink, der Drink führt zum nächs-ten, und das Trinken nimmt sich den Mann.

Sinclair Lewis   LITERATUR, 1930

922. Das Argument, Drogen zu verbieten, ist genauso stark und so schwach wie das Argument, Menschen übermäßiges Essen zu verbieten. Wir alle wissen, dass übermäßiges Essen mehr Leben fordert als Drogenkonsum.

Milton Friedman   WIRTSCHAFT, 1976

923. Aus einem rein wirtschaftlichen Blickwinkel betrachtet wäre es Aufgabe der Regierung, die Drogenkartelle zu schützen.

Milton Friedman   WIRTSCHAFT, 1976

924. Nach meiner statistischen Einschätzung verursacht das Drogenverbot im Durchschnitt zehntausend Morde im Jahr. Es ist ein moralisches Problem, dass die Regierung daherkommt und zehntausend Menschen tötet.

Milton Friedman WIRTSCHAFT, 1976

925. Wenn Sie ein jämmerliches Leben führen wollen, dann müssen Sie nur mit dem Rauchen anfangen.

Linus Pauling CHEMIE, 1954; FRIEDEN, 1962

KRIEG UND FRIEDEN

Die beiden Weltkriege des zwanzigsten Jahrhunderts prägten eine große Anzahl jener Männer und Frauen, die den Nobelpreis gewannen.

Viele Nobelpreisträger dienten in den Armeen der beteiligten Nationen im Ersten Weltkrieg und manchmal auch im Zweiten Weltkrieg. Über ihre Erfahrungen kursieren unzählige Geschichten. James Franck, der im Ersten Weltkrieg zweimal das Eiserne Kreuz erhielt, erlangte Berühmtheit aufgrund seines Befehls an die Truppe: »Achtung – bitte!« James Chadwick befand sich mitten im Hauptstudium in Berlin, als 1914 der Krieg ausbrach, und wurde die folgenden vier Jahre in einem Pferdestall interniert. Louis-Victor de Broglie, ein französischer Prinz, verbrachte den Krieg als Funker auf dem Eiffelturm. Heinrich Böll diente an der Ostfront und wurde viermal verwundet. In waghalsigen Undercover-Missionen überquerte Willy Brandt im Zweiten Weltkrieg mehrfach die Grenze zwischen Norwegen und Deutschland. Val Fitchs Grundstudium wurde durch den Militärdienst im Zweiten Weltkrieg unterbrochen. Man beorderte ihn nach Los Alamos, wo seine Bewunderung für die dort arbeitenden Physiker ihn auf die Laufbahn der Physik und 1980 zum Nobelpreis führte. Alexander Solschenizyns Dienst als sowjetischer Artillerie-Offizier fand sein kurzfristiges Ende, als er in einem Brief an einen Freund eine abfällige Bemerkung über Stalin machte, die ihm acht Jahre im Gulag einbrachte.

Die moralische Ambivalenz, die ein Krieg hervorruft, zeigt sich vor allem in der großen Anzahl von Nobelpreisträgern, die in beiden Kriegen an der Entwicklung neuer und der Verbesserung bestehender Waffen arbeiteten. Die Entstehungsgeschichte der

Atombombe in Los Alamos liest sich wie ein Who is Who von Nobelpreisträgern, darunter Niels Bohr, James Franck, Arthur Compton, Enrico Fermi, Ernest Lawrence, Richard Feynman und Hans Bethe. Werner Heisenberg stand dem deutschen Atombombenprojekt vor, und Andrej Sacharow führte das Unternehmen Wasserstoffbombe in der UdSSR an. Zu anderen Nobelpreisträgern, die durch die Atombombe beeinflusst wurden, gehören Luis Alvarez, der als offizieller Beobachter den Abwurf der Hiroshima-Bombe von einem US-Flugzeug aus mit ansah; Józef Rotblat, der das Projekt nach der Niederlage Deutschlands verließ und 1957 zum Mitbegründer der Pugwash-Konferenz wurde[7] sowie alle japanischen Preisträger, die durch Hiroshima und Nagasaki schwer traumatisiert wurden. Andere Preisträger unterstützten die Entwicklung des Radars. Fritz Haber war ein Pionier auf dem Gebiet der Giftgase. Die rationale Begründung für diese Waffenentwicklungen war immer dieselbe: um ein rasches Ende des Krieges herbeizuführen.

Während einige Nobelpreisträger Kriegswaffen entwickelten, wurden andere zu ihren Opfern. Wer vermag zu ermessen, wie viele zukünftige Nobelpreisträger in den Konzentrationslagern umkamen? Einige wenige überlebten. Aufgrund ihrer Arbeit in der Résistance gerieten Georges Charpak und Léon Jouhaux in Haft. Als Kind wurde Roald Hoffmann von seinem Vater, der später bei einem Ausbruchsversuch starb, aus einem Arbeitslager der Nationalsozialisten herausgeschmuggelt. Elie Wiesel war bei seiner Ankunft in Auschwitz sechzehn, verlor dort seine Eltern und wurde zehn Monate später in Buchenwald befreit.

---

7 1955 verfassten Bertrand Russell und Albert Einstein das *Russell-Einstein-Manifest,* das sich der Abrüstung und friedlichen Koexistenz verschreibt. Es wurde von folgenden Nobelpreisträgern mit unterzeichnet: Max Born, Percy Williams Bridgman, Frédéric Joliot-Curie, Herman Joseph Muller, Linus Paulig, Cecil Powell, Hideki Yukawa und dem Kollegen Einsteins, dem Physiker Leopold Infeld. Das Manifest wurde zur Grundlage der *Pugwash Conferences on Science and World Affairs.* Anm. d. Üb.

Auch der ungarische Literaturpreisträger Imre Kertész überlebte zwei Lager.

Krieg, das größte menschliche Übel, verleiht seinen Hauptdarstellern traurige Berühmtheit, aber jene, denen es gelingt, Kriege zu verhindern, bleiben immer wieder namenlos. Die Geschichte ist blind gegenüber Katastrophen, die ausbleiben, und ignoriert daher viele, die dem Frieden den Weg bereiten. Aber jeden Dezember macht die Verleihung des Friedensnobelpreises die Stadt Oslo zum Schauplatz der Hoffnung vieler Menschen auf eine friedliche Welt.

Nur wenige Menschen hätten Kenntnis von den Konflikten in Burma ohne die Preisverleihung von 1991 an Aung San Suu Kyi oder von den Auseinandersetzungen in Osttimor ohne den Friedenspreis von 1996 für Carlos Belo und José Ramos-Horta. Obwohl der Friedenspreis mit George C. Marshall und Jitzchak Rabin an zwei Generäle ging wie auch an Theodore Roosevelt, den angriffslustigsten aller amerikanischen Präsidenten, geht die Tendenz doch eher dahin, Kandidaten, die Gewalt befürworten, zu disqualifizieren. Mahatma Gandhi, bereits zuvor mehrfach nominiert, war der Hauptkandidat für den Preis im Jahr 1947. Dann wurde dem Komitee mitten im indischen Hindu-Muslim-Konflikt zugetragen, er hätte seine bisherige Meinung über den Krieg geändert. Zwar stellte sich diese Nachricht später als falsch heraus, doch da war es schon zu spät, und der Preis ging an die Quäker (Religiöse Gemeinschaft der Freunde). Im darauffolgenden Jahr wurde Gandhi bei einem Anschlag getötet.

Fünf Nobelpreisträger starben als Märtyrer: Carl von Ossietzky kam durch die brutale Behandlung in einem Konzentrationslager um. Dag Hammarskjöld verunglückte bei einem Flugzeugabsturz während einer Friedensmission im Kongo. Martin Luther King, Anwar as-Sadat und Jitzchak Rabin fielen Attentätern zum Opfer.

KRIEG UND KONFLIKT

926. Könnten die Toten sprechen, gäbe es keine Kriege mehr.
Heinrich Böll   LITERATUR, 1972

927. Krieg mag manchmal ein notwendiges Übel sein. Aber wie notwendig auch immer, er bleibt ein Übel, er ist nicht gut. Wir werden niemals lernen, friedlich zusammenzuleben, solange wir gegenseitig unsere Kinder töten.
Jimmy Carter   FRIEDEN, 2002

928. Ein Krieg führt fast unausweichlich zu sofortiger erhöhter Beliebtheit des Präsidenten.
Jimmy Carter   FRIEDEN, 2002

929. Krieg entsteht nicht durch böse Motive mächtiger Menschen, sondern durch das Desinteresse guter Menschen ... Eine Welt, die sich dem Krieg zuwendet, ist eine Welt, die sich im Allgemeinen aufrichtig nach Frieden sehnt. Krieg ist nicht das Ergebnis hauptsächlich böser Absichten, sondern viel eher guter Absichten, die scheitern oder enttäuscht werden. Er wird normalerweise nicht durch schlechte Männer begonnen, die um ihr unrechtes Handeln wissen, sondern ist das Ergebnis einer Politik, die von guten Männern vertreten wurde, die zutiefst davon überzeugt waren, im Recht zu sein.
Norman Angell   FRIEDEN, 1933

930. Der Welt liegen umfangreiche Beweise dafür vor, dass durch einen Krieg lediglich Bedingungen geschaffen werden, die zu einem weiteren Krieg führen.

Ralph Bunche   FRIEDEN, 1950

931. Nie und nimmer sollten Sie glauben, ein Krieg verliefe glatt und reibungslos oder dass irgendjemand, der sich auf diese befremdliche Reise begibt, alle Fluten und Stürme, die ihm begegnen, zu ermessen vermag. Ist das Signal einmal gegeben, muss ein Staatsmann, der dem Krieg zustimmt, sich immer darüber im Klaren sein, dass er nicht länger Herr der Politik ist, sondern ein Sklave unvorhersehbarer und unkontrollierbarer Geschehnisse.

Winston Churchill   LITERATUR, 1953

932. Ich weiß, was Krieg bedeutet, und nicht, indem ich über ihn gelesen habe … Verfechter des Friedens haben eine Pflicht und eine Aufgabe. Sie müssen immer und immer wieder aufzeigen, dass dem Krieg nichts Heldenhaftes anhaftet, dass er nichts als Terror und Leid über die Menschheit bringt.

Carl von Ossietzky   FRIEDEN, 1935

933. Über das Unvermögen nationaler Anführer, das menschliche Leben zu ehren, legen Militärfriedhöfe in jeder Ecke der Welt ein stummes Zeugnis ab.

Jitzchak Rabin   FRIEDEN, 1994

934. Ich finde Krieg widerwärtig, aber noch widerwärtiger sind jene, die dem Krieg huldigen, ohne an ihm teilzunehmen.

Romain Rolland   LITERATUR, 1915

935. Wenn die Reichen Krieg führen, sind es die Armen, die sterben.

Jean-Paul Sartre   LITERATUR, 1964

936. Glaubt niemals, ein Krieg, wie notwendig er auch sein mag oder wie gerechtfertigt, sei deshalb kein Verbrechen. Fragt die Infanterie und die Toten.

Ernest Hemingway   LITERATUR, 1954

937. Es ist unmöglich, uns selbst zu verteidigen, solange wir nicht bereit sind, auch andere zu verteidigen.

Norman Angell   FRIEDEN, 1933

938. Um ein Schwert zu besiegen, braucht man ein Schwert.

Albert Camus   LITERATUR, 1957

939. Aggression, der man nicht entgegenwirkt, wird zur ansteckenden Krankheit.

Jimmy Carter   FRIEDEN, 2002

940. Die Moral der Arbeit. Im Krieg: Entschlusskraft. In der Niederlage: Widerstand. Im Falle des Sieges: Großmut. Im Frieden: Wohlwollen.

Winston Churchill   LITERATUR, 1953

941. Ich habe den Kampf im Krieg und anderen Auseinandersetzungen immer mit aller Macht bis zum alles überwältigenden Sieg vorangetrieben. Danach bot ich den Besiegten
die Hand in Freundschaft. Daher war ich während des Dis-
putes immer gegen die Pazifisten und gegen die Kriegstrei-
ber, wenn er endete.

Winston Churchill   LITERATUR, 1953

942. Wir müssen eine Feuerprobe der schmerzlichsten Art überstehen. Vor uns liegen viele, sehr viele und lange Monate der
Mühsal und des Leidens. Sie fragen: »Wie sieht unsere Strategie aus?« Ich kann nur antworten: »Wir müssen Krieg
führen, zur See, an Land und in der Luft, mit all unserer
Macht und all der Kraft, die Gott uns leiht. Um Krieg zu
führen gegen eine monströse Tyrannei, niemals zuvor über-
boten im dunklen, beklagenswerten Verzeichnis menschlicher Verbrechen. Das ist unsere Strategie.« Sie fragen:
»Was ist unser Ziel?« Ich sage dazu nur Folgendes: »Es ist
der Sieg, der Sieg um jeden Preis, der Sieg entgegen allem
Schrecken, Sieg, wie lang und schrecklich der Weg auch
sein mag – denn ohne Sieg gibt es kein Überleben.«

Winston Churchill   LITERATUR, 1953

943. In dieser Zeit waren das Leben und der Tod gleichsam gut.

Winston Churchill   LITERATUR, 1953

944. Wir werden weder erlahmen noch versagen. Wir werden es
zu Ende bringen. Wir werden in Frankreich kämpfen, wir
werden auf den Meeren und Ozeanen kämpfen, wir werden
mit wachsender Zuversicht und wachsender Stärke in der
Luft kämpfen, wir werden unser Inselreich verteidigen, wie

hoch auch die Kosten sein mögen. Wir werden an den Stränden kämpfen, wir werden an den Landungsplätzen kämpfen, wir werden auf den Feldern und in den Straßen kämpfen, wir werden in den Hügeln kämpfen. Wir werden niemals aufgeben.

Winston Churchill LITERATUR, 1953

945. Es mag sein, Ihr zieht in den Kampf ohne Hoffnung auf einen Sieg, doch es ist besser unterzugehen denn als Sklave zu leben.

Winston Churchill LITERATUR, 1953

946. Ich werde niemals den Nachmittag dieses Heiligabends vergessen. Anfangs waren es nur einige wenige von uns und die Engländer, die die Köpfe über die Grabenkanten reckten, die etwa fünfzig Meter voneinander entfernt lagen. Dann wurden es immer mehr und mehr, und schon nach kurzer Zeit stiegen alle Soldaten aus den Gräben. Wir fraternisierten. Die Engländer boten uns ihre guten Zigaretten an, und diejenigen unter uns, die kandierte Früchte hatten, gaben sie ihnen im Tausch. Wir sangen Lieder zusammen, und in der Nacht vom 24. auf den 25. Dezember gab es keinen Krieg.

Otto Hahn CHEMIE, 1944
Über den Weihnachtswaffenstillstand von 1914.

947. Schlage niemals einen Mann, wenn es irgend geht. Schlage keinen Mann, wenn es sich vermeiden lässt. Aber wenn du ihn schlägst, so lege ihn schlafend auf die Bretter.

Theodore Roosevelt FRIEDEN, 1906

948. Unter allen Erfindungen gibt es keine, für deren Perfektion die Menschheit mehr Aufwand betrieben hat als bei den Massenvernichtungsmitteln, die sie gegen ihre Mitmenschen richtet.

Henri Dunant FRIEDEN, 1901

949. Der Unterschied zwischen offensiven und defensiven Waffen war ein sehr schlichter. Wenn du dich vor ihnen befunden hast, waren sie offensiv. Wenn du hinter ihnen standest, waren sie defensiv.

Lester Pearson FRIEDEN, 1957

950. Wenn Sonnenstrahlen sich als Kriegswaffen einsetzen ließen, hätten wir die Solarenergie schon seit Jahrhunderten.

George Porter CHEMIE, 1967

951. Frieden auf dieser Welt ist der Waffenindustrie nicht willkommen.

Seán MacBride FRIEDEN, 1974

952. Keine Zivilisation hat jemals freiwillig ihre mächtigsten Waffen aufgegeben.

Mohamed ElBaradei FRIEDEN, 2005

953. Die konventionelle Armee verliert, wenn sie nicht gewinnt. Die Guerilla gewinnt, wenn sie nicht verliert.

Henry Kissinger FRIEDEN, 1973

954. Die seelische Verfassung eines Soldaten ist viel wichtiger als seine greifbare Ausrüstung.

George C. Marshall   FRIEDEN, 1953

NUKLEARWAFFEN

955. Die jüngste Arbeit von E. Fermi und L. Szilard, die mir als Manuskript zugesendet wurde, weckt in mir die Erwartung, dass sich das Element Uran in der nahen Zukunft vielleicht in eine neue und wichtige Energiequelle verwandeln lässt. Gewisse Aspekte der aufkommenden Situation scheinen Wachsamkeit und, wenn notwendig, rasches Handeln von Seiten der Behörden zu erfordern … Dieses neue Phänomen ließe sich auch beim Bau von Bomben anwenden.

Albert Einstein   PHYSIK, 1921
Ausschnitt aus einem Brief vom 2. August 1939 an
Präsident Franklin D. Roosevelt. Den Brief, den Einstein
unterschrieb, entwarf Leo Szilard.

956. Ich habe einen Fehler in meinem Leben begangen: Als ich den Brief an Präsident Roosevelt unterzeichnete, in dem der Bau von Atombomben befürwortet wurde. Aber vielleicht kann mir dies vergeben werden, denn wir alle konnten uns des Gefühls nicht erwehren, dass sich mit hoher Wahrscheinlichkeit auch die Deutschen mit diesem Problem befassten, Erfolg haben könnten und die Atombombe nutzen würden, um die absolute Herrenrasse zu werden.

Albert Einstein   PHYSIK, 1921

957. Was war Schießpulver? Trivial. Was war Elektrizität? Bedeutungslos. Diese Atombombe ist die Zweite Wiederkunft des Zorns.

Winston Churchill LITERATUR, 1953

958. Unserer Generation ist es gelungen, den Göttern das Feuer zu stehlen, und ist jetzt verdammt, mit dem Grauen dieses Erfolgs zu leben.

Henry Kissinger FRIEDEN, 1973

959. Ich danke Gott auf meinen Knien dafür, dass wir die Uranbombe nicht bauten.

Otto Hahn CHEMIE, 1944
Reaktion auf den Atombombenabwurf auf Hiroshima am
6. August 1944, während er sich mit anderen deutschen
Physikern im Gewahrsam der Briten befand.

960. Es scheint mir, als wären die Wissenschaftler, die den Weg zur Atombombe anführten, außergewöhnlich geschickte und einfallsreiche, aber nicht sehr weise Männer gewesen. Sie legten die Früchte ihrer Entdeckungen bedingungslos in die Hände von Politikern und Militärs. Dadurch verloren sie ihre moralische Unschuld und ihre intellektuelle Freiheit.

Max Born PHYSIK, 1954

961. Ich erinnere mich bis zum heutigen Tag an den Frühling von 1941. Mir wurde damals klar, dass eine Atombombe nicht nur möglich, sondern unausweichlich war ... Mir wurde klar, wie schwerwiegend und bedenklich dies wäre.

Danach begann ich Schlaftabletten zu nehmen.. Es war die einzige Abhilfe. Ich habe nie wieder damit aufgehört.

James Chadwick PHYSIK, 1935

962. Wir könnten schlussfolgern, dass der Abwurf der Atombombe weniger der letzte Militärschlag des Zweiten Weltkrieges war als vielmehr der erste große Schachzug des Kalten Krieges, in dem wir uns jetzt mit Russland befinden.

Patrick Blackett PHYSIK, 1948

963. Von dem Augenblick an, da ich zum Generalsekretär der Kommunistischen Partei der Sowjetunion und damit zum Oberhaupt der Sowjetnation gewählt wurde, war für mich die vordringlichste Frage: Was kann getan werden, um das nukleare Wettrüsten zu beenden?

Michail Gorbatschow FRIEDEN, 1990

DER HOLOCAUST

964. Niemals werde ich diese Nacht vergessen, die erste Nacht im Lager, die mein Leben in einzige lange Nacht verwandelte, sieben Mal verflucht und sieben Mal besiegelt. Niemals werde ich den Rauch vergessen. Niemals werde ich die kleinen Gesichter der Kinder vergessen, deren Körper sich vor meinen Augen in Rauchfahnen verwandelten, die zum blauen Himmel aufstiegen. Niemals werde ich jene Flammen vergessen, die meinen Glauben für immer verzehrten. Niemals werde ich die nächtliche Stille vergessen, die mich für alle Ewigkeit meines Lebenswillens beraubte. Niemals werde ich jene Augenblicke vergessen, die meinen Gott und meine Seele ermordeten und meine Träume zu

Staub werden ließen. Niemals werde ich diese Dinge vergessen, selbst wenn ich dazu verdammt sein sollte, so lange wie Gott selbst zu leben. Niemals.

Elie Wiesel FRIEDEN, 1986

965. Ich erinnere mich: Es geschah gestern oder vor einer Ewigkeit. Ein junger Jude entdeckt das Königreich der Nacht. Ich erinnere mich an seine Bestürzung, ich erinnere mich an seine Qual. Es geschah alles so schnell. Das Ghetto. Die Deportation. Der verschlossene Viehwagen. Der feurige Altar, auf dem die Geschichte unseres Volkes und die Zukunft der Menschheit geopfert werden sollten.

Elie Wiesel FRIEDEN, 1986

966. Es schien genauso unmöglich, Auschwitz mit Gott zu begreifen, wie Auschwitz ohne Gott zu begreifen.

Elie Wiesel FRIEDEN, 1986

967. Wissenschaftliche Abstraktion, soziale und wirtschaftliche Widrigkeiten, Nationalismus, Fremdenfeindlichkeit, religiöser Fanatismus, Rassismus, Massenhysterie. Alle fanden ihren letztendlichen Ausdruck in Auschwitz.

Elie Wiesel FRIEDEN, 1986

968. Auschwitz muss schon sehr, sehr lange in der Luft gehangen haben, seit Jahrhunderten, ähnlich einer dunklen Frucht, die langsam heranreift unter den glänzenden Strahlen unzähliger schändlicher Taten und darauf wartet, uns endlich auf den Kopf zu fallen.

Imre Kertész LITERATUR, 2002

969. Welcher heutige Schriftsteller schreibt nicht über den Holocaust?

Imre Kertész LITERATUR, 2002

970. Der Holocaust ist wertvoll, denn er hat zu unermesslichem Wissen durch unermessliches Leid geführt und damit eine unermessliche moralische Quelle geschaffen.

Imre Kertész LITERATUR, 2002

971. Was ich in Auschwitz entdeckte, war die Natur des Menschen, der Schlusspunkt eines großen Abenteuers, den der Europäer nach seiner zweitausend Jahre alten moralischen und kulturellen Geschichte erreichte.

Imre Kertész LITERATUR, 2002

972. Meine höchsten Glücksmomente erfuhr ich im Konzentrationslager. Sie können sich nicht vorstellen, wie es sich anfühlt, im Lagerlazarett liegen zu dürfen oder zehn Minuten Pause von unbeschreiblicher Arbeit zu haben. Dem Tode nahe zu sein, ist auch eine Art des Glücks. Das reine Überleben wird zur größten Freiheit von allen.

Imre Kertész LITERATUR, 2002

973. Ich war bestrebt – und vielleicht ist es keine reine Selbsttäuschung – die existentielle Arbeit, die mir als Auschwitzüberlebender als eine Art Pflicht auferlegt wurde, auch zu leisten. Mir ist klar, was für ein Privileg mir verliehen wurde. Ich habe die wahre Fratze dieses entsetzlichen Jahrhunderts gesehen, ich blickte in das Auge der Gorgo und lebte weiter. Und dennoch war mir klar, dass ich diesen

Anblick niemals abschütteln würde. Mir war bewusst, dass diese Fratze mich auf ewig gefangen halten würde. Und wenn Sie mich jetzt fragen, was mich dann immer noch hier auf dieser Erde hält, was mich am Leben hält, antworte ich Ihnen ohne Zögern: Liebe.

Imre Kertész LITERATUR, 2002

974. Ohne zu schreiben, hätte ich nicht überlebt. Der Tod war mein Lehrer.

Nelly Sachs LITERATUR, 1966

975. Juden mussten den Davidsstern tragen und unterlagen ab sechs Uhr abends einer Ausgangssperre. Ich hatte mit einem christlichen Freund gespielt und war zu lange dort geblieben. Ich drehte meinen braunen Pullover von außen nach innen, um die wenigen Straßenzüge nach Hause zu laufen. Als ich die leere Straße hinunterging, sah ich einen deutschen Soldaten auf mich zukommen. Er trug die schwarze Uniform, vor der man mich gewarnt hatte, sie mehr als alle anderen zu fürchten – jene, die die extra rekrutierten SS-Soldaten trugen. Ich ging so schnell wie möglich, und als ich näher kam, bemerkte ich, dass er mich intensiv musterte. Dann winkte er mich zu sich, hob mich hoch und drückte mich. Ich hatte fürchterliche Angst, dass er den Stern auf der Innenseite des Pullovers bemerken könnte. Er redete sehr gerührt auf mich ein, auf Deutsch. Danach stellte er mich wieder auf den Boden, öffnete seine Brieftasche, zeigte mir das Bild eines Jungen und gab mir etwas Geld. Ich ging nach Hause, mehr denn je davon überzeugt, dass meine Mutter recht hatte: Menschen waren ohne Ende kompliziert und interessant.

Daniel Kahnemann WIRTSCHAFT, 2002

FRIEDEN UND FRIEDEN STIFTEN

976. Kein Krieg mehr. Kein Blutvergießen mehr. Keine Tränen mehr. Frieden sei mit Euch. Schalom, Salam, für immer.

Menachem Begin   FRIEDEN, 1978
Bei der Unterzeichnung des Friedenvertrages mit Ägypten
im Jahr 1979.

977. Heute kam ich hierher mit einem Olivenzweig und der Waffe eines Friedenskämpfers. Lasst den Olivenzweig nicht aus meiner Hand fallen. Ich wiederhole: Lasst den Olivenzweig nicht aus meiner Hand fallen.

Jassir Arafat   FRIEDEN, 1994
Schlusswort seiner Rede vor der UN am
13. November 1974.

978. Die Zeit zum Heilen der Wunden ist gekommen. Der Augenblick, die Abgründe, die uns trennen, zu überbrücken, ist gekommen. Es ist an der Zeit aufzubauen.

Nelson Mandela   FRIEDEN, 1993
Antrittsrede als südafrikanischer Präsident am
10. Mai 1994.

979. Wir, die Soldaten, die blutverschmiert von den Schlachten zurückkehrten; wir, die wir mit ansehen mussten, wie unsere Verwandten und Freunde vor unseren Augen getötet wurden; wir, die wir an ihren Gräbern standen und ihren Eltern nicht in die Augen zu blicken vermochten; wir, die wir aus einem Land kommen, in dem die Eltern ihre Kinder begraben; wir, die wir gegen euch, die Palästinenser

gekämpft haben – wir sagen euch heute mit einer lauten und klaren Stimme: Genug Blut und Tränen. Genug.

Jitzchak Rabin   FRIEDEN, 1994

Rede am 13. September 1993 im Weißen Haus nach Unterzeichnung des Friedensabkommens.

980. Wir müssen lernen, als Brüder zusammenzuleben, oder wir werden alle zusammen als Narren sterben.

Martin Luther King   FRIEDEN, 1964

981. Wir bereiten uns auf Kriege vor wie altkluge Riesen und auf den Frieden wie geistig zurückgebliebene Zwerge.

Lester Pearson   FRIEDEN, 1957

982. Was wir brauchen ist Star Peace und nicht Star Wars.

Michail Gorbatschow   FRIEDEN, 1990

983. Wenn Sie sich Frieden wünschen, dann pflegen Sie die Gerechtigkeit, gleichzeitig aber pflegen Sie die Felder, um mehr Brot zu backen. Ohne dieses gibt es keinen Frieden.

Norman Borlaug   FRIEDEN, 1970

984. Der Kampf für den Frieden und der Kampf um die Menschenrechte sind untrennbar verbunden.

Willy Brandt   FRIEDEN, 1971

985. Du schließt keinen Frieden mit deinen Freunden. Du schließt ihn mit überaus widerwärtigen Feinden.

Jitzchak Rabin FRIEDEN, 1994

986. Wenn der Mensch die Lösung für den Weltfrieden findet, so wird dies die revolutionärste Umkehr seiner Laufbahn sein, die wir jemals erlebt haben.

George C. Marshall FRIEDEN, 1953

987. Diejenigen, die einen Krieg gut gewinnen, vermögen zumeist nicht, einen guten Frieden auszuhandeln. Und diejenigen, die einen guten Frieden auszuhandeln wissen, hätten niemals den Krieg gewonnen.

Winston Churchill LITERATUR, 1953

988. Die Sehnsucht nach Frieden ist das Kennzeichen aller zivilisierten Männer und Frauen.

Henry Kissinger FRIEDEN, 1973

989. Wenn uns die Geschichte etwas lehrt, dann, dass Frieden ohne Ausgewogenheit und Gerechtigkeit ohne Zurückhaltung unmöglich sind.

Henry Kissinger FRIEDEN, 1973

990. Wann immer Frieden – als Vermeidung eines Krieges verstanden – das höchste Ziel einer Macht oder einer Gruppe Mächtiger darstellte, war das internationale System der Gnade des skrupellosesten Mitgliedes ausgeliefert.

Henry Kissinger FRIEDEN, 1973

991. Alle Werke der Liebe sind Werke des Friedens.

Mutter Teresa FRIEDEN, 1979

992. Menschen, die Rache bieten, sind nicht mehr als Feinde. Aber wenn du Frieden und Liebe anbietest, versetzt das die Menschen in Wut. Und du wirst dafür umgebracht. Darum wurde Christus getötet, darum wurde King erschossen und darum wurde Gandhi ermordet.

Derek Walcott LITERATUR, 1992

993. Mein Land ist ein Land der Lehrer. Es ist daher auch ein Land des Friedens. Wir sprechen über unsere Erfolge und Misserfolge in absoluter Freiheit. Weil unser Land ein Land der Lehrer ist, schlossen wir die Militärlager, und unsere Kinder tragen Bücher unter dem Arm und keine Gewehre auf ihren Schultern. Wir glauben an den Dialog, an Einigung, an Kompromisse. Wir verabscheuen Gewalt. Weil mein Land ein Land der Lehrer ist, vertrauen wir darauf, unsere Gegner zu überzeugen, nicht sie zu schlagen. Wir ziehen es vor, die Gefallenen aufzuheben, nicht sie zu zertreten, denn wir glauben daran, dass niemand die absolute Wahrheit besitzt. Weil mein Land ein Land der Lehrer ist, streben wir nach einer Wirtschaft, in der Menschen im Geiste der Solidarität zusammenarbeiten, nicht nach einer Wirtschaft, in der sie bis zum eigenen Untergang miteinander konkurrieren.

Oscar Arias Sánchez FRIEDEN, 1987

Letzte Worte

»Lasst uns loben die berühmten Männer«, schrieb Jesus Ben Sira vor zweitausend Jahren in der Septuaginta im Buch Jesus Sirach und verwendete Worte, die sich auch auf die Männer und Frauen anwenden lassen, die den Nobelpreis gewannen: »Jene waren begnadete Leute, deren Gerechtigkeit nicht vergessen wird ... ihr Lob wird nicht untergehen ... aber ihr Name bleibt ewig.«

Die Schlussworte einiger weniger sollen hier für viele Preisträger stehen, die das Leben mit derselben Würde verließen, mit der sie es gelebt hatten, und die durch ihr Leben und Wirken die Welt als besseren Ort hinterließen.

LETZTE WORTE

994. Niemals zuvor in meinem Leben gab es eine Zeit, in der sich mein Leben so lohnte – oder mein Tod.

Frederick Banting MEDIZIN, 1923

995. Es war eine gute Reise – und es wert, sie zu tätigen.

Winston Churchill LITERATUR, 1953

Im Januar 1965. Möglicherweise seine letzten Worte.

996. Ich möchte gehen, wenn ich dazu bereit bin. Es ist geschmacklos, das Leben künstlich zu verlängern. Ich habe meinen Teil geleistet; es ist an der Zeit zu gehen. Ich werde auf elegante Weise abtreten.

Albert Einstein   PHYSIK, 1921
Kurz vor seinem Tod.

997. Ich weiß nicht, was als Nächstes geschehen wird. Uns stehen einige schwierige Tage bevor. Aber das macht mir nichts aus, denn ich war auf dem Gipfel des Berges. Es bekümmert mich nicht. Wie jeder andere auch, wünsche ich mir ein langes Leben; Langlebigkeit hat ihren Platz. Aber das bewegt mich zur Zeit nicht. Ich möchte nur Gottes Willen erfüllen. Und er gestattete mir, den Berg zu besteigen. Und ich habe hinausgeblickt. Und ich habe es gesehen – das Gelobte Land.

Martin Luther King   FRIEDEN, 1964
Rede in Memphis am 3. April 1968,
am Abend vor seinem Tod.

998. Ich möchte verstehen.

Jacques Monod   MEDIZIN, 1965
Letzte Worte (*Je cherche à comprendre*).

999. Mein Gott, lass mich alt werden und in meinem Heimatland sterben!

Giorgos Seferis   LITERATUR, 1963
Letzter Eintrag in *Tagebuch eines Dichters*.

1000. Es scheint, als hätte ich gefunden, was ich suchte. Wenn ein Satz reichen müsste, so würde ich sagen: »Der Mensch kann die Wahrheit verkörpern, aber er vermag sie nicht zu kennen.«

William Butler Yeats LITERATUR, 1923

BIBLIOGRAPHIE

Im Folgenden wird die Bezeichnung »zugeschrieben« verwendet, sofern das Zitat dem Preisträger anhand mehrerer Quellen zugeordnet wird, durch eine entsprechende direkte bibliographische Angabe aber nicht absolut zu belegen ist. Die Jahreszahlen in den Klammern beziehen sich auf die Erstveröffentlichung des Originalwerkes.

VORWORT

1. zugeschrieben
2. Morley Callaghan, *That Summer in Paris*, 1963
3. Albert Parry, Hg., *Peter Kapitsa on Life and Science*, 1968
4. Max Jammer, *Einstein und Religion*, Uvk 1995, vergriffen, Üb. Biene van de Laar

DIE ZITATE

1. *Listener*, 14. Dezember 1939. Übersetzt nach dem norwegischen Original: »Det vanskelige kan man gjøre med en gang, det umulige tar bare litt lengre tid.«
2. Samuel Beckett, *Aufs Schlimmste zu*. Üb. Erika Tophoven-Schöningh, Suhrkamp, 1989, S. 7
3. Interview in der *Paris Review*, Ausgabe 12, Frühling 1956
4. Ernest Hemingway, *Der alte Mann und das Meer*. Üb. Annemarie Horschitz-Horst, Rowohlt 1981, S. 101 (1952)
5. Boris Pasternak, *Doktor Shiwago*, Üb. Thomas Reschke, Aufbau-Verlag 2003, Kapitel 13 (1957)
6. zugeschrieben
7. Lewis Wolpert and Alison Richards, *Passionate Minds: The Inner World of Scientists*, 1979

8. Albert Einstein, *Einstein sagt: Zitate, Einfälle, Gedanken*, Hg. Alice Calaprice, Üb. Anita Ehlers, Piper 2007 (*New York Times*, 12. März 1944)

9. Interview, Lasker Foundation, 1999

10. *Oxford Today*, Band 14, Nummer 1, 1991

11. Olga S. Opfell, *The Lady Laureates*. Scarecrow Press 1986. Teilübersetzung in: *Frauen mit Idealen. Zehn Leben für den Frieden*, Angelika U. Reutter/Anne Rüffer, Rüffer & Rub 2001, S. 173, vollst. Üb. Biene van de Laar

12. Lloyd Stevenson, *Sir Frederick Banting*, 1946

13. Rede an der Harrow School, 29. Oktober 1941, in: Winston Churchill, *Reden Band 2, Reden 1940–1941*, Üb. Charles Eade, Europa-Verlag 1947

14. Tagebucheintrag am 18. Juni 1938, in: John Steinbeck, *Working Days*, 1989

15. Brief an seinen Sohn Hans Albert, 4. Januar 1937, in: Albert Einstein, *Einstein sagt: Zitate, Einfälle, Gedanken*. Hg. Alice Calaprice, Üb. Anita Ehlers, Piper 2007

16. Anwar as-Sadat, *In Search of Identity*, 1977

17. W. Sterling Edwards, Peter D. Edwards, *Alexis Carrel: Visionary Surgeon*, 1974

18. Winston Churchill, *Pinsel und Palette als Zeitvertreib*. Üb. Hendrik Guelder, Bern, Hallwag-Verlag 1950, vergriffen. (Im Original *Painting as a Pastime* auf S. 9)

19. www.science.utah.edu/cronin.html

20. Nobelpreisrede am 10. Dezember 1969, in: Peter Fischer, *Licht und Leben. Ein Bericht über Max Delbrück, den Wegbereiter der Mikrobiologie*, Universitätsverlag Konstanz 1985, S. 189

21. Rede am Labour Day am 7. September 1902 in Syracuse, New York

22. Interview mit Nobelpreisträgern in Lindau, Deutschland, 2000, Üb. Biene van de Laar

23. Riccardo Giacconi im *John Hopkins Magazine*, Februar 2003

24. Wahlspruch in Alan MacDiarmids Büro, zitiert in seiner Autobiographie, 2000

25. Glenn Seaborg, *Adventures in the Atomic Age: From Watts to Washington*, 2001

26. Bertrand Russell, *Lob des Müßiggangs*, Üb. Elisabeth Fischer-Wernecke, Dtv 2002, S. 12 (1932)

27. Nobelpreisrede am 7. Dezember 1996, in: *Die Geschichte eint – das Gedächtnis trennt: Erinnerung und Identität im deutsch-polnischen Diskurs*, veröffentlicht von Bischöfliche Studienförderung Cusanuswerk, 2007, Original von University of Michigan, digitalisiert am 23. Juni 2008

28. Franco Modigliani, *Adventures of an Economist*, 2001

29. *Paris Review*, Interview, Nr. 83, 1983

30. William Butler Yeats, *Die Wahl* in: *Die Gedichte*, Üb. Gerhard Falkner u. Nora Matocza, Luchterhand 2005, S. 278 (1933)

31. zitiert in: Glenn Seaborg, *A Scientist Speaks Out: A Personal Perspective of Science, Society and Change*, 1996

32. Andrew Szanton, *The Recollections of Eugene P. Wigner: As told to Andrew Szanton*, Kluwer Academic/Plenum Publishing, 1992

33. *Newsweek*, 16. Oktober, 1978

34. Kary Mullis, *Dancing Naked in the Mind Field*, 1998

35. *Dome*, Johns Hopkins University, November 2003

36. Brief an Sandra Chester, 1965, in: Michelle Feynman, Hg., *Absolut vernünftige Abweichungen vom ausgetretenen Pfad. Briefe eines Lebens*. Üb. Inge Leipold u. Helmut Reuter, Piper 2008

37. Teenink.com, Juni 2003

38. *Boston Globe*, 25. April 1993

39. *Baltimore Sun*, 10. Dezember 2003

40. Nobelpreisrede John Polanyi, 10. Dezember 1986

41. *Princeton Weekly Bulletin*, 3. März 1997

42. Irwin Abrams, *Reflections on the First Century of the Nobel Peace Prize*, 2000

43. Vortrag am Hoover Institut, 29. Januar 1977

44. István Hargittai, *Candid Science II: Conversations with Famous Biomedical Scientists*, 2003

45. *Scientist*, 21. April 2003

46. *Harvard Guide*, http://www.news.harvard.edu/guide/faculty/fac8.html

47. Richard Lingeman, *Sinclair Lewis: Rebel from Main Street*, 2003

243

48. zugeschrieben

49. *Napa Register*, 25. März, 2001

50. Christopher Hykes, Hg., *No Ordinary Genius: The illustrated Richard Feynman*, 1994

51. Interview, Nofestibel.com

52. Antwort auf ein Glückwunschtelegramm der Caltech-Studenten im Oktober 1958

53. zitiert in: Gary Taubes, *Nobel Dreams: Power, Deceit, and the Ultimate Experiment*, 1986

54. Nobelpreisrede Robert Lucas, 10. Dezember 1950

55. François Jakob, *Die Maus, die Fliege und der Mensch*, Berlin Verlag, 1998 (1997)

56. *Boston Globe*, 21. Oktober 1995

57. *Life*, 20. Januar 1962

58. Max Born, *Die Verantwortung des Naturwissenschaftlers*, 1965, S. 183

59. Luis Alvarez, *Adventures of a Physicist*, 1987

60. William Golding, *Das Feuer der Finsternis*, Goldmann 1989, vergriffen, Üb. Biene van de Laar

61. Francis Crick, *Das Leben selbst. Sein Ursprung, seine Natur*, Piper 1986, vergriffen, Üb. Biene van de Laar

62. George Gramow, *Thirty Years That Shook Physics*, 1966

63. Pearl S. Buck, *Daran glaube ich*, in: *Mein Leben, meine Welten*, Lübbe 1976 (1939), vergriffen, Üb. Biene van de Laar

64. Elie Wiesel u. D. Milhaud, *Ani Ma'amin (Kantate)*, 1973

65. François Jakob, *Die innere Statue*, Ammann 1980, vergriffen, Üb. Biene van de Laar

66. Albert Camus, *Verteidigung der Freiheit: Politische Essays*, Üb. Guido G. Meister, Rowohlt 1997 (1961)

67. Hermann Hesse, *Gesammelte Briefe*, Band 4, 1949–1962, Suhrkamp 1986, vergriffen

68. Denis Brian, *The Voice of Genius: Conversations with Nobel Scientists and Other Laureates*, 2001

69. Sinnspruch in Einsteins Büro in der Princeton University

70. *New York Times Magazine*, 29. Januar 1995

71. Jacques Monod, *Zufall und Notwendigkeit. Philosophische Fragen*

der modernen Biologie. Üb. Friedrich Griese, Piper 1971, S. 219, vergriffen

72. Alexander Solschenizyn, *Im ersten Kreis. Vollständige Ausgabe der wiederhergestellen Urfassung des Romans »Der erste Kreis der Hölle«*, Üb. Svetlana Geier, Fischer 1985 (1968)

73. Nadine Gordimer, *Schreiben und Sein*, Berlin Verlag, 1999, vergriffen

74. Horace Engdahl, Hg., *Witness Literature: Proceedings of the Nobel Centennial Symposium*, 2002

75. André Gide, *Gesammelte Werke*, Band 1–4: *Autobiographisches (1889–1939)*, Üb. Peter Schnyder, Deutsche Verlags-Anstalt 1990

76. Romain Rolland, *Über den Schlachten*, in: *Der Freie Geist*, Büchergilde Gutenberg 1960 (1915, 1949), vergriffen, Üb. Biene van de Laar

77. István Hargittai, *Candid Science III: More Conversations with Famous Chemists*, 2003

78. Anatole France, *Die Götter dürsten*, Aufbau-Verlag 1989 (1912), vergriffen, Üb. Biene van de Laar

79. Max Born, *Mein Leben: Die Erinnerungen des Nobelpreisträgers*, Nymphenburger Verlag 1982 (1975), vergriffen, Üb. Biene van de Laar

80. Antony Jay, Hg., *The Oxford Dictionary of Political Quotations*, 2001

81. Werner Heisenberg, *Der Teil und das Ganze: Gespräche im Umfeld der Atomphysik*, Piper 2006

82. Juan Ramón Jiménez, *Antología poética*, Santillana 1981

83. Saul Bellow, *Herzog*, Üb. Walter Hasenclever, Kiepenheuer & Witsch 2009

84. T. S. Eliot, *Vier Quartette*, in: *Gesammelte Gedichte*, Hg. Eva Hesse, Üb. Nora Wydenbruck, Suhrkamp 1988 (1935)

85. Nobelpreisrede vom 7. Dezember 1991, in: Nadine Gordimer, *Schreiben und Sein*, Berlin Verlag 1999, vergriffen, Üb. Biene van de Laar

86. Nobelpreisrede Czesław Miłosz, am 8. Dezember 1980

87. Robert Laughlin, *Abschied von der Weltformel: Die Neuerfindung der Physik*, Üb. Helmut Reuter, Piper, 3. Auflage, 2007

88. Brief an die orthodoxen Bischöfe, 1974

89. Albert Camus, *Der Fremde*, Üb. Uli Aumüller, Rowohlt Tb, 2005 (1942)

90. Vidiadjar Surajprasad Naipaul, *In einem freien Land*, Üb. Kerstin Gleba, Dtv, ungekürzte Ausg., 1999 (1971), vergriffen, Üb. Biene van de Laar

91. *Department of State Bulletin*, Ausg. 5, Nr. 129, 13. Dezember 1941

92. Czesław Miłosz, *Verführtes Denken*, Suhrkamp 1975 (1951), vergriffen, Üb. Biene van de Laar

93. C. P. Snow, *Variety of Men*, 1967

94. zitiert im *Alumni Magazine*, Universität von Toronto, Winter 1986

95. zugeschrieben

96. Bertrand Russell, *Denker des Abendlandes: Eine Geschichte der Philosophie*, Dtv 2004 (1946), vergriffen, Üb. Biene van de Laar

97. Denis Brian, *The Voice of Genius: Conversations with Nobel Scientists and Other Laureates*, 2001

98. John Steinbeck, *Die Reise mit Charley: Auf der Suche nach Amerika*, Üb. Burkhart Kroeber, Dtv, 2007 (1962)

99. Robert Jungk, *Heller als tausend Sonnen. Das Schicksal der Atomforscher*, Heyne 1990, vergriffen, Üb. Biene van de Laar

100. *Scientist*, 8. August 1988

101. Nobelpreisrede Paul Lauterbur, 8. Dezember 2003

102. zugeschrieben

103. In einer Rede zitiert von Präsident George H.W. Bush in Baltimore, Maryland, 13. Mai 1992

104. zugeschrieben

105. Nobelpreisrede Bertrand Russell, 11. Dezember 1950

106. Nobelpreisrede Emily Balch, 7. April 1948

107. Nobelpreisrede Fridtjof Nansen, 19. Dezember 1922

108. Albert Einstein, *Mein Weltbild*, Hg. Carl Seelig, Ullstein, 2005, S. 10

109. J. Stiglitz, *Die Schatten der Globalisierung*, Üb. Thorsten Schmidt, Goldmann 2007

110. Alexander Solschenizyn, *Der Archipel GULAG*, Ausgabe in einem Band, Fischer 2008

111. Jeyifo Biodum, Hg., *Conversations with Wole Soyinka*, 2001

112. Horace Engdahl, Hg., *Witness Literature: Proceedings of the Nobel Centennial Symposium*, 2002

113. Octavio Paz, *Die andere Stimme. Dichtung an der Jahrhundertwende*, Suhrkamp 1994, vergriffen, Üb. Biene van de Laar

114. Interview in der *taz*, 1. Januar 2003

115. *New York Times*, 18. Juni 1950

116. *Paris Review*, zitiert von Claude Simon, Nr. 122, Frühling 1992

117. Rede in New York City am 29. Januar 1911

118. Max Perutz, *Ich hätte Sie schon früher ärgern sollen. Aufsätze über die Wissenschaft, Wissenschaftler und die Menschheit*, Üb. Ursula Derx, Hollinek 1999, vergriffen, Üb. Biene van de Laar

119. T. S. Eliot, *Dichter und Dichtung. Essays*, 1958 (1932), vergriffen

120. Eugene O'Neill, *Der große Gott Braun*, Fischer 1992 (1926), vergriffen, Üb. Biene van de Laar

121. Henry Margenau und Roy Varghese, Hg., *Cosmos, Bios, Theos*, Open Court Pub. Co., 1992

122. Rede auf der Abschlussfeier des Middlebury College im Mai 2000

123. John Eccles, *Die Evolution des Gehirns, die Erschaffung des Selbst*, Üb. Friedrich Griese, Piper 2002, S. 389

124. T. S. Eliot, *Ausgewählte Essays*, Suhrkamp 1950 (1928)

125. Albert Einstein, *Science, Philosophy and Religion: A Symposium*, veröffentlicht von der Conference on Science, Philosophy and Religion in the Relation to the Democratic Way of Life, Inc. New York, 1941

126. Interview in *Macroeconomic Dynamics*, Band 9, Nr. 5, 2005

127. Otto Hahn, *Mein Leben*, Bruckmann 1968, vergriffen, Üb. Biene van de Laar

128. Interview der Woche, Daystar.org

129. Ronald W. Clark, *The Life of Ernst Chain: Penicillin and Beyond*, 1985

130. Albert Einstein, *My Credo*, zitiert in: *Einstein, Philosopher Scientist*, P. A. Schilpp, Hg., 1931

131. *A Fireside Chat with Walter Kohn*, Video der University of California, Santa Barbara, 2003

132. *Washington Times*, 22. Oktober 2001

133. Elias Canetti, *Das Geheimherz der Uhr. Aufzeichnungen 1973– 1985*, Fischer Tb, 1999

134. *New York Review of Books*, 21. Oktober 1999

135. PBS On-Line News Hour, 11. Oktober 2000

136. Isaac Bashevis Singer, *Der Fatalist*, Reclamjun. 1984, vergriffen, Üb. Biene van de Laar

137. zitiert in: Martin du Gard, *Recollections of André Gide*, 1953

138. zugeschrieben

139. zitiert im *Boston Sunday Herald Advertiser*, 11. April 1976

140. Ottar G. Draugsvold, Hg., *Nobel Writers on Writing*, 2000

141. Isaac Bashevis Singer, *Der Fatalist*, Reclamjun. 1984, vergriffen, Üb. Biene van de Laar

142. Menachem Begin, *White Nights. The Story of a Prisoner in Russia*, 1957

143. Nobelpreisrede Kim Dae-jung, 10. Dezember 2000

144. Bertrand Russell, *Portraits from Memory*, 1956, in: Bertrand Russell, *Autobiographie I-III*, Suhrkamp 1972, 1973 u. 1990, vergriffen, Üb. Biene van de Laar

145. Paul Samuelson, *Volkswirtschaftslehre*, Üb. Regina Bergen, Brigitte Hilgner u. Annemarie Pumpernig, mi-Fachverlag, 2007 (1973)

146. Anwar as-Sadat, *In Search of Identity*, 1977

147. Patrick White, *Die Verbrannten*, Fischer 1992 (1983), vergriffen, Üb. Biene van de Laar

148. *Daily Telegraph*, 14. Dezember 1988

149. José Saramago, *Das Zentrum*, Üb. aus d. Portugiesischen Marianne Gareis, Rowohlt Tb., 3. Aufl. 2003

150. T. S. Eliot, *The Idea of a Christian Society*, 1939

151. Interview, 1946

152. Albert Camus, *Licht und Schatten. Literarische Essays*, Rowohlt 1959, vergriffen, Üb. Biene van de Laar

153. Predigt in der Ebenezer Baptist Church in Atlanta, Georgia, am 4. Februar 1968

154. Interview in der *Paris Review*, Nr. 119, Sommer 1991

155. Ansprache in der Harvard University, 8. Juni 1978

156. National Review, 6. Juni 2003

157. John Horgan, *An den Grenzen des menschlichen Wissens*, Fischer Tb 2000, vergriffen, Üb. Biene van de Laar

158. Albert Einstein, *Einstein sagt: Zitate, Einfälle, Gedanken*, Hg. Alice Calaprice, Üb. Anita Ehlers, Piper 2007

159. zugeschrieben

160. Nobelpreisrede Robert Laughlin, 10. Dezember 1998

161. *New York Times*, 1. Oktober 1972

162. Eugene O'Neill, *Marcos Millionen*, Fischer Tb 1977 (1928), vergriffen, Üb. Biene van de Laar

163. Albert Camus, *Tagebücher 1935–1951*, Üb. Guido G. Meister, Rowohlt, Neuausg. 1997

164. Nobelpreisrede Gabriel García Márquez, 8. Dezember 1982

165. Albert Schweitzer, *Die Ehrfurcht vor dem Leben. Grundsatztexte aus fünf Jahrzehnten*, Beck, 8. Aufl. 2003 (1936)

166. Alexander Solschenizyn, *Der erste Kreis der Hölle*, Üb. Elisabeth Mahler und Nonna Nielsen-Stokkeby, Fischer Verlag 1968, S. 357.

167. Werner Heisenberg, *Der Teil und das Ganze: Gespräche im Umfeld der Atomphysik*, Piper 2006 (1971)

168. Rede in Chicago am 10. April 1899

169. T. S. Eliot, *Little Gidding*, Nr. 4 der *Vier Quartette*, in: *Gesammelte Gedichte*, Hg. Eva Hesse, Üb. Nora Wydenbruck, Suhrkamp Tb., 1988 (1942), S. 335

170. Leo Esaki, »Innovation and Evolution: Reflections on a Life in Research«, Rede an der University of Texas in Dallas, 23. Februar 2002

171. *Nobel Minds*, BBC World TV-Colloquium, Stockholm, Dezember 2004

172. Anatole France, *Aufruhr der Engel*, Aufbau-Verlag 1979 (1914)

173. Samuel Beckett, *Drei Romane*, Suhrkamp 2005 (1982)

174. Rede auf der UNESCO-Konferenz am 6. November 1968

175. Nobelpreisrede Arno Penzias, 10. Dezember 1978

176. zugeschrieben

177. William Golding, *Oliver*, Goldmann 1972, vergriffen, Üb. Biene van de Laar

178. Winston Churchill, *Meine frühen Jahre*. Üb. Dagobert von Mikusch, List 1965 (1930), vergriffen

179. Leo Esaki, »Innovation and Evolution: Reflections on a Life in Research«, Rede an der University of Texas in Dallas, 23. Februar 2002

180. *Boston Globe*, 10. Dezember 1980

181. Albert Camus, *Der Mensch in der Revolte*, Üb. Justus Streller, Rowohlt, Neuausg. 2003 (1951)

182. George Bernard Shaw, *Mensch und Übermensch*. Dtv 1981 (1903), vergriffen, Üb. Biene van de Laar

183. *Time Magazin*, 23. Oktober 1950

184. Jimmy Carter, *The Virtues of Ageing*, 1998

185. Barbara Shiels, *Winners: Women and Nobel Prize*, 1985

186. Pearl S. Buck, *Land der Hoffnung, Land der Trauer*, Fischer Tb 1993 (1972), vergriffen, Üb. Biene van de Laar

187. André Gide, *Mehr Vorwände*, in: *Gesammelte Werke*, Band 1–4: *Autobiographisches (1889–1939)*, Üb. Peter Schnyder, Deutsche Verlags-Anstalt 1990 (1911)

188. Samuel Beckett, *Endspiel*, Üb. Elmar Tophoven, Suhrkamp 2006 (1957)

189. *New York Times*, 21. September 1958

190. Ansprache an die Royal Literary Society im Juli 1926, zitiert in: Rudyard Kipling, *A Book of Words*, 1928

191. zugeschrieben

192. Gabriel García Márquez, *Hundert Jahre Einsamkeit*, Fischer Tb 2007 (1970)

193. zugeschrieben

194. Todayinliterature.com

195. Richard Feynman, *Es ist so einfach: Vom Vergnügen, Dinge zu entdecken*, Üb. Inge Leipold, Piper 2008

196. Roy Jenkins, *Churchill: A Biography*, 2001

197. Elias Canetti, *Das Geheimherz der Uhr. Aufzeichnungen 1973–1985*, Fischer Tb 1999 (1989)

198. William Butler Yeats, »Ödipus auf Kolonus« in: *Die Gedichte*,

Hg. und Üb. Norbert Hummel, Luchterhand Literaturverlag
2005 (1928), S. 256

199. *Guardian*, 30. September 1974

200. Bertrand Russell, *Die Eroberung des Glücks. Neue Wege zu einer besseren Lebensgestaltung*, Suhrkamp 2008 (1940)

201. Max Born, *Mein Leben. Die Erinnerungen des Nobelpreisträgers.* Nymphenburger Verlag 1982, vergriffen

202. Sheldon Glashow, *Interactions: A Journey Through the Mind of a Particle Physicist and the Matter of This World*, 1988

203. John Galsworthy, *In Fesseln, Die Forsyte-Saga*, Bd. 3 gänzlich neu bearbeitet von Erika Kaiser u. Ilse Winger, Dt. Bücherbund 1973 (1920)

204. Nobelpreisrede José Saramago, 7. Dezember 1998

205. zitiert von Frau King in ABCs *Turning Point*, 19. Juni 1997

206. Maurice Maeterlinck, *Die frühen Stücke*, Edition text + kritik 1983 (1913)

207. Tyler Wasson, *Nobel Prize Winners*, 1987

208. Charles Robert Richet, *Der Mensch ist dumm!*, Verlag Neues Vaterland, E. Berger & Co., 1922, 1. Auflage (1919), vergriffen, Üb. Biene van de Laar

209. Aussage vor dem amerikanischen Bewilligungsausschuss des Ministeriums für Arbeit und Gesundheit, 20. Mai 1998

210. Rudyard Kipling, »Epitaphs of the War«, in: *The Years Between*, 1919

211. Rudyard Kipling, »Epitaphs of the War«, in: *The Years Between*, 1919

212. Rudyard Kipling, Inschrift für kanadische Kriegsdenkmäler

213. Rede vor dem Unterhaus, 20. August 1940

214. Rede vor dem Unterhaus, 28. September 1944

215. Guy Hartcup und T.E. Allibone, *Cockcroft and the Atom*, 1984

216. Nobelpreisrede Jitzchak Rabin, 1994

217. *Observer*, 15. Dezember 1991

218. Nachruf im *Guardian*, 17. Januar 2002

219. zugeschrieben

220. zitiert vom Dichter Wilfred Owen in einem Brief an seine Mut-

ter im August 1918, zitiert in: Jon Stallworthy, *Wilfred Owen*, 1974

221. Boris Pasternak, *Doktor Shiwago*, Üb. Thomas Reschke, Aufbau-Verlag 2003 (1957)

222. William Faulkner, *Requiem für eine Nonne*, Diogenes Tb., 1991 (1951)

223. Deklaration anlässlich des fünfundzwanzigsten Jahrestages der Beendigung des Zweiten Weltkrieges, 8. Mai 1970

224. Nobelpreisrede Seamus Heaney, 7. Dezember 1995

225. Interview, CBS, 1989

226. zugeschrieben

227. zugeschrieben

228. Nobelpreisrede Schimon Peres, Dezember 1994

229. John Galsworthy, »Luftschlösser« in: *Meisternovellen*, Hg. u. Üb. Leon Schacht, Zsolnay 1931, vergriffen, Üb. Biene van de Laar

230. *News-Gazette*, 9. Dezember 2003

231. Richard Feynman, *Was soll das alles. Gedanken eines Physikers*, Üb. Inge Leipold, Piper 2006

232. zitiert in Joseph Goldstein, »Medical Ramifications«, in: *What Price Designer Genes: The Genetic Revolution*, Proceedings of the Philosophical Society of Texas, 1996

233. *Washington Post*, 10. Oktober 2001

234. *Combat*, Nr. 27, Herbst 1947, in: Albert Camus, *Weder Opfer noch Henker*, Oppo Verlag, 1991

235. *Paris Herald Tribune*, 23. Februar 1970

236. zugeschrieben

237. Max Delbrück, *Wahrheit und Wirklichkeit. Über die Evolution des Erkennens*, Rasch u. Röhrig 1986

238. René Cassin, »The Fight for Human Rights«, in: *World*, Januar 1969

239. Ansprache an der American University, 18. März 2004

240. Nobelpreisrede Saul Bellow, 12. Dezember 1976

241. Alexander Solschenizyn, *Der Archipel GULAG*, Ausgabe in einem Band, Fischer 2008 (1974)

242. Joseph Brodsky, *Flucht aus Byzanz. Essays*, Carl Hanser Verlag 1988

243. Ernest Hemingway, *Paris – Ein Fest fürs Leben*, Rowohlt Tb, Neuausgabe 2004 (1964)

244. Albert Camus, *Verteidigung der Freiheit: Politische Essays*, Üb. Guido G. Meister, Rowohlt 1997 (1961)

245. zugeschrieben

246. James C. Humes, *The Wit and Wisdom of Winston Churchill*, 1994

247. Juan Ramón Jiménez, *Antología poética*, Santillana 1981

248. *Life*-Magazin, 2. Mai 1955

249. Samuel Beckett, *Malone stirbt*, in: *Drei Romane*, Üb. Erich Franzen, Suhrkamp 2005 (1951)

250. Jean-Paul Sartre, *Ist der Existentialismus ein Humanismus und andere philosophische Essays 1943–1948*, Üb. Werner Bökenkamp, Hans-Georg Brenner u. Margot Fleischer, Rowohlt 3. Auflage, 2005

251. Octavio Paz, *Die doppelte Flamme. Liebe und Erotik*, Suhrkamp 1997

252. Anwar as-Sadat, *Unterwegs zur Gerechtigkeit*, Goldmann 1985

253. Ernest Hemingway, *Der alte Mann und das Meer*, Üb. Annemarie Horschitz-Horst, Rowohlt 1981 (1952)

254. Walter Isaacson, *Kissinger: A Biography*, 1992

255. *Spectator*, 1. April 1995

256. Rede auf der Abschlussfeier der University of Michigan, 1988, abgedruckt in: Joseph Brodsky, *Von Schmerz und Vernunft. Über Hardy, Rilke, Frost und andere*, Carl Hanser Verlag 1996

257. Albert Luthuli, *Mein Land, mein Leben*. Ch. Kaiser 1963, vergriffen, Üb. Biene van de Laar

258. Winston Churchill, *Große Zeitgenossen*, Fischer Bücherei 1959, vergriffen, Üb. Biene van de Laar

259. *SAST Report*, 22. Januar 2002

260. John Harrington, *The Irish Beckett*, Syracuse University Press 1991

261. *New Yorker*, 30. November 1929

262. Ernest Hemingway, *In einem anderen Land*, Aufbau Verlag 1972 (1929), vergriffen, Üb. Biene van de Laar

263. Romain Rolland, *Johann Christof*, 3 Bde., DtV Tb 1987 (1904), vergriffen, Üb. Biene van de Laar

264. Irwin Abrams, Hg., *Worte für die eine Welt*, 2. Aufl., Herder 1992, vergriffen, Üb. Biene van de Laar

265. Martin Luther King, *Ich habe einen Traum. Texte und Reden*, 1. Aufl., Patmos 2003 (1963)

266. Jean-Paul Sartre, *Ist der Existentialismus ein Humanismus und andere philosophische Essays 1943–1948*, Üb. Werner Bökenkamp, Hans-Georg Brenner u. Margot Fleischer, Rowohlt 3. Auflage, 2005

267. Albert Schweitzer, *Aus meinem Leben und Denken*, Meiner Verlag 1931, vergriffen, Üb. Biene van de Laar

268. Interview mit Studs Terkel, *Perspectives on Ideas and the Arts*, Mai 1963

269. Eleanor Wachtel, *Writers and Company*, 1993

270. *Sechaba*, drittes Quartal, 1978

271. Nobelpreisrede Salvatore Quasimodo, 11. Dezember 1959

272. Berufungsansprache an der Sir George Williams University, 27. Mai 1961, abgedruckt in Lester Pearson, Words and Occasions, 1970

273. Erste Rede als Premierminister im Unterhaus, 13. Mai 1940

274. Rede im Unterhaus, 18. Juni 1940

275. *Time*, 3. Juli 2006

276. SUNY bei Fredonia Leader Online, 12. November 2001

277. Tyler Wasson, Hg., *Nobel Prize Winners*, H.W. Wilson & Co., 1987

278. Presseerklärung, University of Colorado, 12. April 2005

279. Interview, 1985, in: Danille Taylor-Guthrie, Hg., *Conversations with Toni Morrison*, University Press of Mississippi, 1994

280. *New York Times*, 20. Juni 1932

281. Nadine Gordimer, *Burgers Tochter*, BVT Berliner Tb Verlag, 1. Aufl. 2008 (1979)

282. zitiert in M. I. D Sharma und N. C Grasset, »History of Achievement of Smallpox ›target zero‹ in India«, Journal of Communicable Diseases, Ausg. 7, August 1973

283. Bertrand Russell, *Die Eroberung des Glücks*, *Neue Wege zu einer besseren Lebensgestaltung*, Suhrkamp 2008 (1930)

284. George Bernard Shaw, *Cäsar und Cleopatra, eine Historie in fünf*

Akten, Üb. Annemarie und Heinrich Böll, Suhrkamp 1992 (1901)

285. Der Dalai Lama und Howard C. Cutler, *Die Regeln des Glücks*, Üb. Jürgen Manshardt, Kathrin Ronnefeldt, Lübbe, Neuaufl. 2000

286. Richard Feynman, *Kümmert Sie, was andere Leute denken? Abenteuer eines neugierigen Physikers*, Üb. Siglinde Summerer, Gerda Kunz, Piper 2008 (1988)

287. Symposium *100 Jahre Nobelpreis*, Oslo, 7. Dezember 2001

288. Bertrand Russell, *Autobiographie I-III*, Suhrkamp 1972, 1973 u. 1990, vergriffen, Üb. Biene van de Laar

289. zugeschrieben

290. Nobelpreisrede Jassir Arafat, 1994

291. Alexander Solschenizyn, *Ein Tag im Leben des Iwan Denissowitch*, Üb. Max Hayward, Ronald Hingley, Droemer 1999 (1962)

292. Ansprache anlässlich der Verleihung der Ehrendoktorwürde der Rechtswissenschaft an der Universität von Toronto, Februar 2000

293. Helena Cobban, Hg., *The Moral Architecture of World Peace: Nobel Laureates Discuss Our Global Future*, 2000

294. Nelson Mandela, »Statement of the National Executive Committee of the ANC on the Occasion of the 84th Anniversary of the African National Congress«, 8. Januar 1996

295. *Observer*, 25. August 1996

296. Alan Wood, *The Passionate Sceptic*, 1957

297. *New York Times*, 13. März 1940

298. Friedrich von Hayek, *Die Verfassung der Freiheit*, Mohr Siebeck, 4. Aufl. 2005 (1960)

299. Robert Conquest, *The Pasternak Affair: Courage of Genius*, 1962

300. George Bernard Shaw, *Cäsar und Cleopatra, eine Historie in fünf Akten*, Üb. Annemarie und Heinrich Böll, Suhrkamp 1992 (1901)

301. Bertrand Russell, *Autobiographie I-III*, Suhrkamp 1972, 1973 u. 1990 (1967), vergriffen, Üb. Biene van de Laar

302. A. P. French, *Einstein: A Centenary Volume*, 1979

303. zugeschrieben

304. Friedrich S. Perls, *Was ist Gestalttherapie?*, Hrsg. und mit einer Einf. von Anke und Erhard Doubrawa, Gik Gestalt-Institut Köln, Bildungswerkstatt, aus dem Amerikan. von Ludger Firneburg, Hammer, Wuppertal 1998 (1981)

305. Martin Luther King, *Die Kraft zum Lieben*, Üb. Hans-Georg Noack, Bahn, Konstanz 1964, vergriffen

306. Paul Theroux, *Sir Vidia's Shadow*, 1998

307. Antony Jay, Hg., *The Oxford Dictionary of Political Quotations*, 1996

308. Brief an Maxwell Garnett vom 28. November 1931, zitiert in: Louis Bisceglia, *Norman Angell and Liberal Internationalism in Britain, 1931–1935*, 1981

309. *Time*-Magazin, 21. Mai 1979

310. Bertrand Russell, *Autobiographie I-III*, Suhrkamp 1972, 1973 u. 1990 (1967), vergriffen, Üb. Biene van de Laar

311. James Watson, »Succeeding in Science: Some Rules of the Thumb«, in: *Science*, Ausgabe 261, September 1993

312. Katherine Tupper Marshall, *Together. Annals of an Army Wife*, 1947

313. Samuel Beckett, *Endspiel* und *Alle die da fallen*. Übers. Elmar Tophoven u. Erika Schöningh, Suhrkamp 1959, vergriffen

314. André Gide, *Früchte der Erde*, in: *Gesammelte Werke*, Band 11, *Lyrische und Szenische Dichtungen*, Üb. Rolf von Höne, H. Hinterhäuser, Gisela Schlientz u. a., DVA Deutsche Verlags-Anstalt 1990 (1897)

315. Herman Hesse, *Mein Glaube*, Suhrkamp 2003 (1974)

316. Konrad Lorenz, *Die acht Todsünden der zivilisierten Menschheit*, Piper 2005 (1972)

317. Boris Pasternak, *Doktor Shiwago*. Üb. Thomas Reschke, Aufbau-Verlag 2003 (1957)

318. Maurice Maeterlinck, *Weisheit und Schicksal*, Eugen Diederichs 1899, vergriffen

319. Bertrand Russell, *Die Eroberung des Glücks. Neue Wege zu einer besseren Lebensgestaltung*, Suhrkamp 2008 (1930)

320. Sheldon Glashow, *Interactions: A Journey Through the Mind of a Particle Physicist and the Matter of This World*, 1988

321. Ernest Hemingway, *Der Garten Eden*, Üb. Werner Schmitz, Rowohlt 2003, Neuausgabe

322. Marc Abrahams, Hg., *Der Einfluss von Erdnussbutter auf die Erdrotation. Forschungen, die die Welt nicht braucht*, Birkhäuser Verlag 2002

323. Abraham Pais, *The Genius of Science: A Portrait Gallery of Twentieth-Century Physicists*, 2000

324. Dag Hammarskjöld, *Zeichen am Weg. Das spirituelle Tagebuch des UN-Generalsekretärs*, Droemer/Knaur 1965

325. Dag Hammarskjöld, *Zeichen am Weg. Das spirituelle Tagebuch des UN-Generalsekretärs*, Droemer/Knaur 1965

326. Juan Ramón Jiménez, *Antología poética*, Santillana 1981

327. »The Perils of Indifference«, Vorlesung zum Jahrtausendwechsel im Weißen Haus am 12. April 1999

328. Albert Camus, *Die Pest*, Üb. Uli Aumüller, Rowohlt Tb 1998, Seite 250

329. Juan Ramón Jiménez, *Antología poética*, Santillana 1981

330. Hermann Hesse, *Jedem Anfang wohnt ein Zauber inne. Lebensstufen*, Suhrkamp 2007 (1974)

331. Albert Camus, *Tagebücher 1935–1951*, Üb. Guido G. Meister, Rowohlt, Neuausg. 1997

332. Paul Dirac, »The Evolution of the Physicist's Picture of Nature«, in: *Scientific American*, Ausgabe 208, 1963

333. William Faulkner, *Wilde Palmen* und *Der Strom. Doppelroman.* Diogenes Verlag 2002 (1966), vergriffen

334. Rede in Washington D.C., am 28. August 1963

335. Elaine Steinbeck und Robert Wallsten, Hg., *John Steinbeck, A Life in Letters*, 1975

336. *Boston Globe*, 8. März 1980

337. Kary Mullis, *Dancing Naked in the Mind Field*, 1998

338. Pearl S. Buck, *Alle unter einem Himmel*, Langen-Müller Verlag 1987 (1966), vergriffen

339. Anatole France, *Die Schuld des Professor Bonnard*, Goldmann 1965 (1881), vergriffen, Üb. Biene van de Laar

340. zitiert in: U.S. Catholic, 3. Juli 2003

341. »The Perils of Indifference«, Vorlesung zum Jahrtausendwechsel im Weißen Haus am 12. April 1999

342. *U.S. News and World Report*, 27. Oktober 1986

343. Nobelpreisrede Elie Wiesel am 10. Dezember 1986

344. *Combat*, 30. November 1946, in: Albert Camus, *Weder Opfer noch Henker*, Oppo Verlag 1991

345. François Jacob, *Die Logik des Lebenden*, Fischer 2002 (1982)

346. Boris Pasternak, *Doktor Shiwago*, Üb. Thomas Reschke, Aufbau-Verlag 2003 (1957)

347. Roy Jenkins, *Churchill: A Biography*, 2001

348. Albert Camus, *Jonas oder Der Künstler bei der Arbeit: Gesammelte Erzählungen*, Üb. Guido G. Meister, Rowohlt 1998 (1954)

349. Klas Arnoldson, *Pax Mundi*, 1890

350. Ernest Hemingway, *Über den Fluß und in die Wälder*, Üb. A. Horschitz-Horst, Rowohlt 2003 (1950)

351. Peter Medawar, *The Hope of Progress*, 1973

352. Nobelpreisrede Philip Noel-Baker, 11. Dezember 1959

353. Nobelpreisrede Elie Wiesel, 11. Dezember 1986

354. Imre Kertész, *Hungarian Quarterly*, Herbst 2004

355. zugeschrieben

356. Nelson Mandela, *Der lange Weg zur Freiheit*, S. Fischer 1997

357. Aung San Suu Kyi, *Der Weg zur Freiheit*, Üb. Alan Clement, Lübbe 1999, vergriffen, Üb. Biene van de Laar

358. Denis Brian, *The Voice of Genius: Conversations with Nobel Scientists and Other Laureates*, 2001

359. Theodore Roosevelt, *An Autobiography*, 1913

360. Bertrand Russell, *Ehe und Moral*, Üb. Ulrich C. A. Krebs, Kohlhammer 1951 (1929), vergriffen

361. *Combat*, Herbst 1946, in: Albert Camus, *Weder Opfer noch Henker*, Oppo Verlag 1991

362. Selma Lagerlöf, *Liebesgeschichten*, Üb. Marie Franzos, DtV 2008 (1899)

363. zugeschrieben

364. Octavio Paz, *Die doppelte Flamme. Liebe und Erotik*, Suhrkamp 1997

365. Octavio Paz, *Die doppelte Flamme. Liebe und Erotik*, Suhrkamp 1997

366. Romain Rolland, *Verzauberte Seele*, Üb. Kurt Wolff Verlag 1980 (1922–33)

367. Bertrand Russell, *Die Eroberung des Glücks. Neue Wege zu einer besseren Lebensgestaltung*, Suhrkamp 2008 (1930)

368. zugeschrieben

369. Jane Addams, *Twenty Years at Hull House*, 1910

370. Anwar as-Sadat, *Unterwegs zur Gerechtigkeit*, Goldmann 1985

371. Albert Einstein, *Mein Weltbild*, Hg. Carl Seelig, Ullstein 2005

372. Martin Luther King, *Ich habe einen Traum. Texte und Reden*, 1. Aufl., Patmos 2003 (1963)

373. Nobelpreisrede Heinrich Böll, 2. Mai 1973; Nobelpreis.org

374. Albert Camus, *Die Pest*, Üb. Uli Aumüller, Rowohlt Tb 1998 (1947)

375. Samuel Beckett, *Mercier und Camier*, Suhrkamp 1995

376. Peter Ackroyd, *T.S. Eliot. Eine Biographie*, Suhrkamp 1988

377. Ernest Hemingway, *Tod am Nachmittag*, Üb. Annemarie Horschitz-Horst, Rowohlt 2003 (1932)

378. John Galsworthy, *Forsyte-Saga, Band 1: Der reiche Mann*, Ullstein Tb 1981 (1906)

379. William Faulkner, *Mississippi*, Üb. Roland Reuß u. Peter Staengle, Stroemfeld 2000 (1954)

380. Albert Camus, *Tagebücher 1935–1951*, Üb. Guido G. Meister, Rowohlt, Neuausg. 1997

381. George Bernard Shaw, *Der Liebhaber*, Üb. Siegfried Trebitsch, Fischer 1908 (1893)

382. François Mauriac, *Die düsteren Jahre*, Koehler 1968, vergriffen, Üb. Biene van de Laar

383. Bertrand Russell, *Ehe und Moral*, Üb. Ulrich C. A. Krebs, Kohlhammer 1951(1956), vergriffen

384. Richard Lingeman, *Sinclair Lewis: Rebel from Main Street*, 2002

385. Marc Abrahams, Hg., *Der Einfluss von Erdnussbutter auf die Erdrotation. Forschungen, die die Welt nicht braucht*, Birkhäuser Verlag 2002

386. *Columns* Magazin, University of Washington, März 1998

387. Lillian Hoddeson und Vicki Daitch, *True Genius: The Life and Science of John Bardeen*, 2002

388. A. E. Hotchner, *Papa Hemingway. Ein persönliches Porträt*, Econ 2002 (1966)

389. Sinclair Lewis, *Ann Vickers*, Üb. Franz Fein, Fischer 1933, vergriffen

390. Brief an Bo Beskow im November 1948, in: Elaine Steinbeck und Robert Wallsten, Hg., *John Steinbeck, A Life in Letters*, 1975

391. John Galsworthy, *Forsyte-Saga, Band 1: Der reiche Mann*, Ullstein Tb 1981 (1906)

392. William H. Cropper, Great Physicists, 2001

393. zugeschrieben

394. François Jacob, *Die Logik des Lebenden*, Fischer 2002 (1982)

395. François Jacob, *Die Logik des Lebenden*, Fischer 2002 (1982)

396. Interview, PBS, 27. Januar 1982

397. Interview 1997, zitiert im Nachruf auf theage.com, 6. April 2005

398. Anatole France, *Die rote Lilie*, Üb. Caroline Vollmann, Manesse 2003 (1894)

399. zugeschrieben

400. Videobandrede auf dem NGO Forum für Frauen, China, September 1995

401. Pearl S. Buck, *Of Men and Women*, 1941

402. Pearl S. Buck, *Of Men and Women*, 1941

403. Pearl S. Buck, *Of Men and Women*, 1941

404. Pearl S. Buck, *Of Men and Women*, 1941

405. Sharon B. McGrayne, *Nobel Prize Women in Science: Their Lives, Struggles, and Moments of Discoveries*, 2001

406. Interview, *Weekly Standard*, 3. November 2003

407. Interview, *Weekly Standard*, 3. November 2003

408. »The Many Faces of Gender Inequality«, Eröffnungsrede im Radcliffe Institute, April 2001

409. Nachricht an den Internationalen Fond für landwirtschaftliche Entwicklung, 21. Februar 2001

410. Rabindranath Tagore, *Gesammelte Werke: Lyrik, Prosa, Dramen*, Martin Kämpchen Hg., Artemis und Winkler 2005 (1916)

411. Konrad Lorenz, *Die acht Todsünden der zivilisierten Menschheit*, Piper 2005 (1973)

412. Ernest Hemingway, *Die Wahrheit im Morgenlicht. Eine Afrika-Safari*, Üb. Werner Schmitz, Rowohlt Tb 2001

413. Richard Deutsch, *Mairead Corrigan, Betty Williams*, 1977

414. Bemerkung von 1962, zitiert in Allen L. Hammond, Hg., *A Passion to Know: 20 Profiles in Science*, 1984

415. Robert Ferguson, *Knut Hamsun. Leben gegen den Strom*, List 1990

416. Nelson Mandela, *Der lange Weg zur Freiheit*, S. Fischer 1997

417. Pearl S. Buck, *Daran glaube ich*, in: *Mein Leben, meine Welten*, Lübbe 1976 (1954), vergriffen, Üb. Biene van de Laar

418. Interview, Academy of Achievement, 27. Juni 1992

419. Interview von 1981, in: Danille Taylor-Guthrie, Hg., *Conversations with Toni Morrison*, 1994

420. *Time Magazin*, 22. Mai 1989

421. *New York Times*, 9. Juni 1963

422. Rede zur Ernennung zum anglikanischen Erzbischof von Kapstadt, 7. September 1986

423. André Gide, *Neue Früchte der Erde*, in: *Gesammelte Werke*, Band 11, *Lyrische und Szenische Dichtungen*, Üb. Rolf von Höne, H. Hinterhäuser, Gisela Schlientz u. a., DVA Deutsche Verlags-Anstalt 1990 (1935)

424. Brief von 1932 an ihre Schwester Bronia, zitiert in: Susan Quinn, *Marie Curie*, Üb. Isabelle König, Insel Verlag 1999

425. Hermann Hesse, *Jedem Anfang wohnt ein Zauber inne. Lebensstufen*, Suhrkamp 2007 (1974)

426. William Butler Yeats, »Erneuter Besuch der Stadtgallerie«, in: *Werke*, 6 Bände, W. Vordtiede, Hg., Luchterhand 1970 (1939)

427. Rudyard Kipling, *The Thousandth Man*, in: *Rewards and Fairies*, 1910

428. Octavio Paz, *Die doppelte Flamme. Liebe und Erotik*, Suhrkamp 1997

429. Matti Golan, *Shimon Peres: A Biography*, 1982

430. zugeschrieben

431. Albert Camus, *Tagebücher 1935–1951*, Üb. Guido G. Meister, Rowohlt, Neuausg. 1997

432. Bemerkung anlässlich der Verleihung der Ehrendoktorwürde durch die University of the Philippines im Juli 1999

433. Albert Einstein, *Aus meinen späten Jahren*, Wunderkammer 2005 (1950), vergriffen

434. Theodore F. Harris, *Pearl S. Buck: A Biography*, 1969

435. Maurice Maeterlinck, *The Double Garden*, 1904

436. Eugene O'Neill, *Und Lazarus lachte. Ein Schauspiel für imaginäres Theater*, V. C. Unger 1958 (1927)

437. E. H. Craigie und W. C. Gibson, Hg., *The World of Ramón Y. Cajal*, 1968

438. *Commonweal*, 19. Dezember 1997

439. Dag Hammarskjöld, *Diaries*, 1951

440. Bertrand Russell, *Autobiographie I-III*, Suhrkamp 1972, 1973 u. 1990 (1967), vergriffen, Üb. Biene van de Laar

441. Abraham Pais, *Ich vertraue auf Intuition. Der andere Abraham Pais*, Spektrum 1998, vergriffen

442. zugeschrieben

443. Max Perutz, *Ich hätte Sie schon früher ärgern sollen. Aufsätze über die Wissenschaft, Wissenschaftler und die Menschheit*, Üb. Ursula Derx, Hollinek 1999, vergriffen, Üb. Biene van de Laar

444. Henri Bergson, *Materie und Gedächtnis und andere Schriften*, Fischer 1964 (1957), vergriffen

445. zitiert in: Antony Flew, *Thinking about Thinking*, 1975

446. Nobelautobiographie, 1997

447. Abraham Pais, *The Genius of Science: A Portrait Gallery of Twentieth-century Physicists*, 2000

448. Bertrand Russell, *Unpopuläre Betrachtungen*, Philos. Verlagsgesellschaft, 2005 (1950), vergriffen

449. CBC TV, 19. August 1974

450. E. T. Bell, *Mathematics, Queen and Servant of the Sciences*, 1952

451. István Hargittai, *Candid Science II: Conversations with Famous Biomedical Scientists*, 2003

452. Albert von Szent-Györgyi Nagyrapolt, *Science, Ethics, and Politics*, 1963

453. Peter Medawar, *Pluto's Republic*, 1982

454. Albert Camus, *Der Mensch in der Revolte*, Üb. Justus Streller, Rowohlt Tb, Neubearb. 2003 (1951)

455. Nobelansprache vor Universitätsstudenten in Stockholm, 10. Dezember 1954

456. Richard Feynman, *Vom Wesen physikalischer Gesetze*, Piper 2007 (1967)

457. Samuel Beckett, *Warten auf Godot*, dreisprachige Ausgabe, Üb. Elmar Tophoven, Suhrkamp 2008 (1952)

458. zugeschrieben

459. Eugene O'Neill, *Der Eismann kommt*. Schauspiel in vier Akten, Fischer 1989 (1946)

460. Bertrand Russell, *Die Eroberung des Glücks. Neue Wege zu einer besseren Lebensgestaltung*, Suhrkamp 2008 (1930)

461. Kary Mullis, *Dancing Naked in the Mine Field*, 1998

462. John Horgan, *An den Grenzen des Wissens*, Fischer 2000, vergriffen

463. Bertrand Russell, *Unpopuläre Betrachtungen*, Philo. Verlagsgesellschaft, 2005 (1950), vergriffen

464. Theodor Mommsen, *Römische Geschichte*. 8 Bände, Dtv 1976 (1908)

465. J. Michael Bishop, *How to Win the Nobel Prize*, 2003

466. Pearl S. Buck, *Alle unter einem Himmel*, Langen-Müller Verlag, 1987 (1966), vergriffen

467. Saul Bellow, *Herzog*, Üb. Walter Hasenclever, Kiepenheuer & Witsch 2009 (1964)

468. zugeschrieben

469. zitiert in: Baruch S. Blumberg, *Hepatitis B, The Hunt for a Killer Virus*, 2002

470. James Gleick, *Richard Feynman. Leben und Werk des genialen Physikers*, Droemer-Knaur 1993, vergriffen

471. Interview in der *Saturday Evening Post*, 26. Oktober 1929

472. »Ein Leben für die Wirtschaft«, in: Arnold Heertje, Hg., *Grundlagen der Volkswirtschaftslehre*, Üb. Heinz-Dieter Wenzel, Springer Berlin 2008

473. Saul Bellow, *Mr. Sammlers Planet*, Lübbe 2000 (1970), vergriffen

474. Heinrich Böll, *Die Fähigkeit zu trauern: Schriften und Reden 1983–1985*, Dtv 1988, vergriffen

475. Willy Brandt, *Mein Weg nach Berlin*, Kindler 1960, vergriffen

476. Günter Grass, *Denkzettel. Politische Reden und Aufsätze 1965–1976*, in: *Werke, Göttinger Ausgabe 1–12*, Steidl 2007

477. Juan Ramón Jiménez, *Antología poética*, Santillana 1981

478. Robert Ferguson, *Knut Hamsun. Leben gegen den Strom*, List 1990

479. Maurice Maeterlinck, *Weisheit und Schicksal*, Eugen Diederichs 1899, vergriffen

480. François Mauriac, *Noch ist es Zeit*, Üb. Walter Fabian, Goldmann 1962, vergriffen

481. Pablo Neruda, »Das traurigste Gedicht«, in: *Liebesgedichte, spanisch-deutsch*, Üb. Fritz Vogelsang, Luchterhand Literaturverlag 2002

482. Romain Rolland, *Johann Christof*, 3 Bde., Dtv Tb 1987 (1904) vergriffen, Üb. Biene van de Laar

483. Nobelpreisrede Elie Wiesel, 10. Dezember 1986

484. Nobelpreisvorlesung, Elie Wiesel, 11. Dezember 1986

485. Andrew Szanton, *The Recollections of Eugene P. Wigner: As told to Andrew Szanton*, Kluwer Academic/Plenum Publ. 1992

486. zugeschrieben

487. Luigi Pirandello, *Das Rollenspiel*, in: Michael Rössner, Üb. u. Hg., *So ist es*, Propyläen-Ausgabe, Band 10, Gesammelte Werke, 16 Bände, 1998 (1918)

488. Elias Canetti, *Die Provinz des Menschen: Aufzeichnungen 1942–1972*, Fischer Tb 2003

489. William Golding, *Der Felsen des zweiten Todes*, Fischer Tb 1990 (1956), vergriffen

490. Bericht der Associated Press, Dezember 2002

491. George Bernard Shaw, *Zurück zu Methusalem*, in: *Gesammelte dramatische Werke*, Band 7, Üb. Siegfried Trebitsch, Artemis Verlag 1947 (1921), vergriffen

492. Pearl S. Buck, *The Patriot*, Read Book, 2006 (1939)

493. Nobelpreisvorlesung Schimon Peres, Dezember 1994

494. Rede in Washington D.C. am 28. August 1963

495. Octavio Paz, *Die doppelte Flamme. Liebe und Erotik*, Suhrkamp 1997

496. Christopher Sykes, Hg., *No Ordinary Genius: The Illustrated Richard Feynman*, 1994

497. Bertrand Russell u. Holger Leerhoff, *Bertrand Russells Philosophie der Mathematik als Ursprung des logischen Atomismus*, Tectum Verlag 2004 (1959)

498. Bertrand Russell, *Bertrand Russell sagt seine Meinung. Eine Stimme moderner Aufklärung*, Darmstädter Blätter 1976 (1960)

499. Abraham Pais, *Niels Bohr's Times*, 1991

500. Boris Pasternak, *Doktor Shiwago*, Üb. Thomas Reschke, Aufbau-Verlag 2003 (1957)

501. Albert Camus, *Der Mythos von Sisyphos: Ein Versuch über das Absurde*, Üb. Vincent v. Wroblewsky, Rowohlt 1999 (1942)

502. Albert Camus, *Tagebücher 1935–1951*, Üb. Guido G. Meister, Rowohlt, Neuausg. 1997

503. Brief von 1950, in: Helen Dukas u. Benesh Hoffmann, Hg., *Briefe*, Üb. Manfred Papst, Diogenes 2005

504. Franco Modigliani, *Adventures of an Economist*, 2001

505. T. S. Eliot, *Mord im Dom*, Üb. Rudolf Alexander Schröder, Suhrkamp Verlag 1946 (1935), vergriffen

506. *Inter Se*, Singapur, November bis Dezember 2003

507. Bemerkung im Unterhaus am 27. November 1914

508. *Kansas City Star*, 7. Mai 1918

509. Nobelpreisvorlesung Sinclair Lewis, 12. Dezember 1930

510. John Kenneth Galbraith, Einführung zu *Gesellschaft im Überfluss*, Droemer-Knaur 1982, vergriffen

511. André Gide, *Früchte der Erde*, in: *Gesammelte Werke*, Band 11, Lyrische und Szenische Dichtungen, Üb. Rolf von Höne, H. Hinterhäuser, Gisela Schlientz u. a., DVA Deutsche Verlags-Anstalt, 1990 (1897)

512. T. S. Eliot, *The Rock*, 1934

513. *Times*, London, 8. Juni 1989

514. zugeschrieben

515. Theodore Roosevelt, *National Strength and International Duty*, 1917

516. Brief an Dorothy Wellesley vom 21. Dezember 1935

517. Robert Franciosi, Hg., *Elie Wiesel: Conversations*, 2002

518. Isaac Bashevis Singer, *Ich bin ein Leser. Gespräche mit Richard Burgin*, Dtv 1988 (1978), vergriffen

519. Interview mit Schahram Mostarsched, 12. Oktober 2003

520. Friedrich von Hayek, *Der Weg zur Knechtschaft*, Olzog 2007 (1944)

521. Wole Soyinka, *Klima der Angst. Politische Essays*, Üb. Gerd Meuer, Amman 2005, vergriffen

522. Nobelpreisvorlesung David Trimble, 10. Dezember 1998

523. *New York Times*, 5. Juli 1954

524. zugeschrieben

525. George Bernard Shaw, »Abhandlung über Eltern und ihre Kinder«, Vorrede zu *Falsch verbunden. Komödie in drei Akten*, Üb. Alissa und Martin Walser, Suhrkamp 1990 (1909), vergriffen

526. Paul Schilpp, *Albert Einstein als Philosoph und Naturforscher. Eine Auswahl*, Vieweg Friedrich und Sohn Verlag 1990 (1951), vergriffen

527. Paul Webster, »Madame Curie and Her Lively Classroom«, *Guardian Weekly*, 4. September 2003

528. Rabindranath Tagore, *Gespräche in China*, in: *Gesammelte Werke. Lyrik, Prosa, Dramen*, Martin Kämpchen, Hg., Artemis & Winkler 2005 (1925)

529. Winston Churchill, *Meine frühen Jahre*, Üb. Dagobert von Mikusch, List 1965 (1930), vergriffen

530. J. Michael Bishop, *How to Win the Nobel Prize*, 2003

531. Laurie M. Brown und John S. Rigden, Hg., *Most of the Good Stuff: Memories of Richard Feynman*, 1993

532. Herbert Simon, *Models of My Life*, 1991

533. Interview, Academy of Achievement, 5. April 2001

534. Leon Lederman, *Das schöpferische Teilchen. Der Grundbaustein des Universums*, Üb. Dick Teresi, Goldmann 1995

535. George Stigler, *Sechs Aufsätze*, Bank Hofmann Privatdruck 1988, vergriffen

536. George Stigler, *Sechs Aufsätze*, Bank Hofmann Privatdruck 1988, vergriffen

537. Interview des *Saturday Telegraph* vom 23. September 1979

538. Brief an Konrad Aiken, Dezember 1914

539. Ronald Clark, *Sir Edward Appleton*, 1971

540. Trevor I. Williams, *Howard Florey: Penicillin and After*, 1984

541. Max Perutz, *Ich hätte Sie schon früher ärgern sollen. Aufsätze über die Wissenschaft, Wissenschaftler und die Menschheit*, Üb. Ursula Derx, Hollinek 1999, vergriffen

542. J. J. Thomson, *Recollections and Reflections,* 1936

543. Toni Morrison, *Solomons Lied*, Rowohlt Tb. 1993 (1977)

544. *San Francisco Chronicle*, 13. August 2001

545. Interview durch die Academy of Achievement am 31. Januar 1991

546. Walter Isaacson, *Henry Kissinger: A Biography*, 1992

547. Robert Marc Friedman, »Balancing Act: The Historian as Playwright«, Vortrag auf einem Symposium in Kopenhagen im September 1999

548. Hermann Hesse, *Jedem Anfang wohnt ein Zauber inne. Lebensstufen*, Suhrkamp 2007 (1974)

549. Essay von 1914, zitiert in: Bernhard Zeller, Hermann Hesse, Rowohlt Verlag, Neuauflage 2005

550. Nobelpreisrede Heinrich Böll, 2. Mai 1973

551. Nobelpreisrede Joseph Brodsky, 8. Dezember 1987

552. Albert Camus, *Tagebücher 1935–1951*, Üb. Guido G. Meister, Rowohlt Neuausg. 1997

553. Albert Camus, *Der Gast*, in: *Kleine Prosa*, Üb. Guido M. Meister, Rowohlt Tb 2005

554. Rede vor dem Plenum des Schriftstellerverbandes, zitiert in: Robert Conquest, *The Pasternak Affair: Courage of a Genius*, 1962

555. Jacinto Benavente, *Kleine Ursachen …*, Üb. Ulrich Friedrich Müller, Langewiesche-Brandt 1961 (1901), vergriffen

556. André Gide, *Rückkehr aus der UdSSR*, in: *Gesammelte Werke*, Band 5, *Reisen und Politik*, Üb. Hans Hinterhäuser, Peter Schnyder, Raimund Theis, DVA Deutsche Verlags-Anstalt 1991 (1937)

557. Romain Rolland, *Johann Christof*, 3 Bde., DtV Tb 1987 (1904), vergriffen, Üb. Biene van de Laar

558. zugeschrieben

559. Nobelpreisrede Joseph Brodsky, 8. Dezember 1987

560. Ottar G. Draugsvold, Hg., *Nobel Writers on Writing*, 2000

561. Nobelpeisrede Camilo José Lela, 10. Dezember 1989

562. Nobelpreisvortrag Günter Grass, 7. Dezember 1999, Nobel-preis.org

563. Jean Paul Sartre, *Der Ekel*, Üb. Renate Bieber, Athenäum Verlag, 1964 (1938)

564. Elias Canetti, *Die Provinz des Menschen: Aufzeichnungen 1942–1972*, Fischer Tb 2003

565. *New York Times*, 15. September 1974

566. James C. Humes, *The Wit and Wisdom of Winston Churchill*, 1994

567. Interview mit Richard Burgin, *New York Times Magazine*, 26. November 1978

568. Antworten auf einem Fragebogen von 1965, in: *Das dichterische Werk*, 2 Bände, Carl Hanser 2002, vergriffen

569. Nobelpreisrede William Faulkner, 10. Dezember 1950

570. Ernest Hemingway u. Jean-Bernard Naudin, *Hemingways Kuba*, Gerstenberg 1999, vergriffen

571. Nobelpreisrede Miguel Ángel Asturias, 12. Dezember 1967

572. William Golding, *Bewegliche Ziele*, o.V., o.O., o.J.

573. Charles Juliet, *Begegnung mit Beckett*, Üb. Martin Raether, Heliopolis 1988

574. John Steinbeck, »Critics – from a Writer's Viewpoint«, in: *America and Americans and Selected Nonfiction*, 2002

575. Ernest Hemingway, *Paris – Ein Fest fürs Leben*, Rowohlt Tb, Neuausgabe 2004 (1964)

576. Presseerklärung der Schwedischen Akademie, 13. Oktober 1988

577. Deirdre Bair, *Samuel Beckett. Eine Biographie*, Rowohlt 1994 (1987)

578. Interview in der *Paris Review*, Nr. 12, Frühling 1956

579. Interview in der *Paris Review*, Nr. 18, Frühling 1958

580. Nobelpreisrede Ernest Hemingway, 10. Dezember 1954

581. *Newsweek*, 24. Dezember 1962

582. Interview mit Richard Burgin, *New York Times Magazine*, 26. November 1978

583. Albert Camus, *Tagebücher 1935–1951*, Üb. Guido G. Meister, Rowohlt, Neuausg. 1997

584. Nobelpreisvortrag Orhan Pamuk, 8. Dezember 2006

585. Interview in der *Paris Review*, Nr. 12, Frühling 1956

586. zugeschrieben

587. Konrad Lorenz, *Die acht Todsünden der zivilisierten Menschheit*, Piper 2005 (1972)

588. *New York Times*, 30. Juni 1985

589. Interview von 1982, in: William Baer, Hg., *Conversations with Derek Walcott*, 1996

590. James Knowlson, *Samuel Beckett. Eine Biographie*, Üb. Wolfgang Held, Suhrkamp Tb 2003

591. zugeschrieben

592. zugeschrieben

593. Cissie Dore Hill, »Remembering Joseph Brodsky«, Archive des Hoover Institute, o. J.

594. Nobelpreisrede Derek Walcott, 7. Dezember 1992

595. Joseph Brodsky, *Von Schmerz und Vernunft: Hardy, Rilke, Frost und andere*, Fischer Tb 2. Auflage, 2002

596. Albert Parry, Hg., *Peter Kapitsa on Life and Science*, 1968

597. Nagib Mahfus, *Echo meines Lebens*, Unionsverlag 1997, vergriffen

598. *Newsweek*, 15. Mai 1986

599. William Butler Yeats, *Per Amica Silentia Lunae*, 1917, in: *Speichen Jahrbuch für Dichtung*, Üb. Susanne Schaupp, Henssel 1971, S. 62–95, vergriffen

600. Joseph Brodsky, *Von Schmerz und Vernunft: Hardy, Rilke, Frost und andere*, Fischer Tb 2. Auflage, 2002

601. T. S. Eliot, *Was ist ein Klassiker? Dante. Goethe der Weise*, Suhrkamp 1963, vergriffen

602. Octavio Paz, *Die doppelte Flamme. Liebe und Erotik*, Suhrkamp 1997

603. Juan Rámon Jiménez, *Herz, stirb oder singe*, Diogenes Verlag, 1987 (1957)

604. T. S. Eliot, *Was ist ein Klassiker? Dante. Goethe der Weise*, Suhrkamp 1963, vergriffen

605. Pablo Neruda, *Caballo Verde para la Poesía*, Nr. 1, Oktober 1935

606. Pablo Neruda, *Ich bekenne, ich habe gelebt. Memoiren*, Üb. Curt Meyer-Clason, Luchterhand Literaturverlag, Tb 2007

607. Peter Ackroyd, *T. S. Eliot. Eine Biographie*, Suhrkamp 1988

608. T. S. Eliot, *The Use of Poetry and the Use of Criticism* (1922), in: Elisabeth Baun, *T. S. Eliot als Kritiker. Eine Untersuchung anhand der ungesammelten kritischen Schriften*, Poetic Drama and Poetic Theory, Nr. 58, Salzburg Studies in English Literature, Universität Salzburg 1980, vergriffen

609. *New Statesman*, 3. März 1917

610. Interview mit Christopher Bigsby, BBC-Radio, 2. Oktober 1990

611. Salvador Luria, *A Slot Machine, A Broken Test Tube: An Autobiographie*, 1984

612. Tyler Wasson, Hg., *Nobel Prize Winners*, 1987

613. Interview in der *Paris Review*, Nr. 139, Sommer 1996

614. Anders Hallengren, »Grazia Deledda, Voice of Sardinia«, Nobel Museum (nobelprize.org)

615. T. S. Eliot, *The Use of Poetry and the Use of Criticism* (1922), in: Elisabeth Baun, *T. S. Eliot als Kritiker. Eine Untersuchung anhand der ungesammelten kritischen Schriften*, Poetic Drama and Poetic Theory, Nr. 8, Salzburg Studies in English Literature, Universität Salzburg 1980, vergriffen. Als er 1959 in einem Interview mit Donald Hall gefragt wurde, ob er sich mit siebzig immer noch gleich fühlen würde, erwiderte er: »Es mag ehrliche Dichter geben, die dem zustimmen. Ich kann es nicht.« (*Paris Review*, Nr. 21, Frühling-Sommer 1959)

616. T. S. Eliot, *Alternating Current*, 1967

617. Interview in der *Paris Review*, Nr. 119, Sommer 1991

618. Interview in der *Paris Review*, Nr. 50, Herbst 1970

619. Nobelpreisrede Wislawa Szymborska, 7. Dezember 1996

620. Alan Hodgkin, *Chance and Design: Reminiscences of Science in Peace and War*, 1992

621. zugeschrieben

622. zugeschrieben

623. Wislawa Szymborska, *Nonrequired Reading*, 2002

624. Pressekonferenz in Washington D.C. anlässlich der Verleihung der U.S. Dichterwürde, zitiert in: *Independent on Sunday*, London, 19. Mai 1991

625. Anatole France, *The Literary Life*, 1888

626. Anatole France, *Die Schuld des Professor Bonnard*, Goldmann 1965 (1881), vergriffen, Üb. Biene van de Laar

627. Paul Theroux, *Sir Vidia's Shadow*, 1998

628. Octavio Paz, *Die andere Stimme. Dichtung an der Jahrhundertwende*, Suhrkamp 1994, vergriffen, Üb. Biene van de Laar

629. Octavio Paz, *Die andere Stimme. Dichtung an der Jahrhundertwende*, Suhrkamp 1994, vergriffen, Üb. Biene van de Laar

630. Bemerkung im Juni 1959, zitiert in: *http://www.psych.uni-goetingen.de*

631. Interview mit Dawn Engle und Iwan Suwanjeff in Houston, Texas am 4. Juli 1995

632. Elias Canetti, *Das Geheimherz der Uhr. Aufzeichnungen 1973–1985*, Fischer Tb 1999

633. zugeschrieben

634. Nobelpreisrede Paul Lauterbur, 8. Dezember 2003

635. Interview, Homeschool.com

636. Vorträge in Oxford am 10. Mai 1990, in: Saul Bellow, *Wie es war, wie es ist*, Kiepenheuer & Witsch 1995, vergriffen

637. *Financial Times*, 31. Januar 1995

638. zitiert in der Presseerklärung des Hoover Institute, 27. September 2000

639. zitiert in: Arthur Compton, *Die Atombombe und ich*, Üb. Erwin Schumacher, Nest Verlag 1958 (1956), vergriffen

640. Äußerung beim Abschiedsessen als Minister im Dezember 1976, zitiert in: Walter Isaacson, *Kissinger: A Biography*, 1992

641. Czesław Miłosz: *West- und östliches Gelände*, Üb. Maryla Reifenberg, Kiepenheuer & Witsch 1961

642. Nobelbiographie, 1930

643. Rede, 1947

644. Saul Bellow, *Humboldts Vermächtnis*, Üb. Eike Schönfeld, Kiepenheuer & Witsch 2009

645. Interview in Berlin am 29. Dezember 1930

646. Interview in der Academy of Achievement, 22. Oktober 1991

647. Gunnar Myrdal, *Politisches Manifest über die Armut in der Welt*, Suhrkamp 1972

648. Abschlussrede in West Point am 31. Mai 1942, zitiert in: Katherine Tupper Marshall, *Together. Annals of an Army Wife*, 1947

649. Ernest Hemingway, Vorwort für Ben Raeburn, Hg., *Treasury for the Free World*, 1946

650. »Beyond Vietnam«, Vortrag, 1968

651. Interview in der *Red Cross International Review*, Januar 2005

652. Nobelpreisrede Harold Pinter, 7. Dezember 2005

653. Lawrence Martin, *The Presidents and the Prime Ministers*, 1981

654. Henryk Sienkiewicz, *Briefe aus Amerika*, Rütten und Loening 1980, vergriffen

655. Abraham Pais, *The Genius of Science: A Portrait Gallery of Twentieth-Century Physicists*, 2000

656. Helge Kragh, *Dirac: A Scientific Biography*, 1990

657. Andrew Szanton, *The Recollections of Eugene P. Wigner: As told to Andrew Szanton*, Kluwer Academic/Plenum Publishing 1992

658. Franco Modigliani, *Adventures of an Economist*, 2001

659. François Jacob, *Die Logik des Lebenden*, Fischer 2002 (1982)

660. Mortmore Wheeler, *The British Academy, 1949–1968*, 1970

661. Hans Adolf Krebs, *Wie ich aus Deutschland vertrieben wurde – Dokumente mit Kommentaren*, in: Medizinhist J. 1980; 15(4): 357–77

662. François Mauriac, *Von Tag und Ewigkeit. Betrachtungen*, Wilhelm Goldmann Verlag 1961, vergriffen

663. George Bernard Shaw, *Pygmalion, Gesammelte Stücke in Einzelausgaben*, Band 10, Suhrkamp 2006

664. *San Francisco Chronicle*, 13. November 2000

665. www.Britannica.com

666. Nobelpreisrede Willy Brandt, 11. Dezember 1971, Nobelpreis.org

667. Hans Adolf Krebs, *Wie ich aus Deutschland vertrieben wurde – Dokumente mit Kommentaren*, in: Medizinhist J. 1980; 15(4): 357–77.

668. Benno Müller-Hill, *Tödliche Wissenschaft. Die Aussonderung von*

Juden, Zigeunern und Geisteskranken 1933–1945, Rowohlt 1993, vergriffen

669. Nobelpreisrede Joseph Brodsky, 8. Dezember 1987

670. Brief von 1927 an Stalin, zitiert in: *Discover*, Januar 2000

671. Rede am 2. November 1987 zum siebzigsten Jahrestag der Russischen Revolution

672. *Daily Mail*, 24. Oktober 1958

673. Alexander Solschenizyn, *Der Archipel GULAG*, Ausgabe in einem Band, Fischer 2008

674. Alexander Solschenizyn, *Die Eiche und das Kalb. Skizzen aus dem literarischen Leben*, Rowohlt 1982, vergriffen

675. Saul Bellow, *Wie es war, wie es ist*, Kiepenheuer & Witsch 1995, vergriffen

676. Rede im Unterhaus am 10. Dezember 1942

677. zugeschrieben

678. Sheldon Glashow, *Interactions: A Journey Through the Mind of a Particle Physicist and the Matter of This World*, 1988

679. *Esquire*, Februar 1934

680. Ernest Hemingway, Epigraph zu: *Paris – Ein Fest fürs Leben*, Rowohlt Tb, Neuausgabe 2004 (1964)

681. Salvador Luria, *A Slot Machine, A Broken Test Tube: An Autobiographie*, 1984

682. Nobelpreisrede Schmuel Agnon, 10. Dezember 1966

683. Nobelpreisrede Schmuel Agnon, 10. Dezember 1966

684. Nobelpreisrede Jitzchak Rabin, Dezember 1994

685. *Observer*, 19. Dezember 1984

686. Rudyard Kipling, »The Man Who Was« in: *Life's Handicap*, 1891

687. Rudyard Kipling, *Naulahka, das Staatsglück*, Üb. unbekannt, o.V., o.O., 1900 (1892)

688. Andrej Sacharow, *Mein Land und die Welt*, o.V., 1983 (1974)

689. Nobelpreisrede Nagib Mahfus, 8. Dezember 1988

690. Richard Feynman, *Was soll das alles? Gedanken eines Physikers*, Übersetzung Inge Leipold, Piper 2006

691. Max Born, *Physik im Wandel meiner Zeit*, Vieweg Friedr. und Sohn Verlag 1991 (1957), vergriffen

692. Bertrand Russell, *Philosophische und politische Aufsätze,* Reclam 1986

693. Jean-Paul Sartre, *Huit clos. Geschlossene Gesellschaft.* Interpretationshilfe frz.-dt., Stark Verlagsgesellschaft 2008

694. T. S. Eliot und Johannes Kleinstück, *T. S. Eliot in Selbstzeugnissen und Bilddokumenten,* Rowohlt 1966, vergriffen

695. George Bernard Shaw, *Falsch verbunden. Komödie in drei Akten,* Üb. Alissa und Martin Walser, Band 9, Suhrkamp Tb. 1991, vergriffen

696. Richard Lingeman, *Sinclair Lewis: Rebel from Main Street,* 2002

697. zugeschrieben

698. *New York Times,* 1. Oktober 1972

699. Anwar as-Sadat, *In Search of Identity,* 1977

700. Samuel Beckett, *Endspiel* und *Alle die da fallen.* Üb. Elmar Tophoven u. Erika Schöningh, Suhrkamp 1959, vergriffen.

701. Rede an der Sorbonne, zitiert in der *New York Times* am 16. Februar 1930

702. Miguel Ángel Asturias, *Der grüne Papst (El papa verde),* Übersetzung Lene Klein und Hilda von Born-Pilsach, Lamuv Taschenbücher Band 89 1995

703. Octavio Paz, *Die doppelte Flamme. Liebe und Erotik,* Suhrkamp 1997

704. Antony Jay, Hg., *The Oxford Dictionary of Political Quotations,* 1996

705. Albert von Szent-Györgyi Nagyrapolt, *The Crazy Ape,* 1970

706. Jeffrey Hopkins, Hg., *Mitgefühl und Liebe,* Üb. Ilse Fath-Engelhardt, Goldmann 2002, vergriffen

707. Gespräch im Jahr 1963 zwischen George Stigler und Paul Samuelson am Swarthmore College, Fachbereich Graduate School of Business, University of Chicago, Ausgewählte Schriften, Nr. 7

708. Nobelpreisrede Joseph Brodsky, 8. Dezember 1987

709. Toronto Star, 23. Oktober 1975

710. Rede auf der International Platform Association, 2. August 1973

711. Milton Friedman, *Free to Choose,* PBS, 1980

712. zitiert von Lord Harris im Oberhaus am 24. November 1994

713. Milton Friedman, *Kapitalismus und Freiheit*, Üb. Paul C. Martin, Piper 2008 (1962)

714. Interview an der Academy of Achievement am 31. Janaur 1991

715. *International Herald Tribune*, 15. August 1994

716. Gespräch im Jahr 1963 zwischen George Stigler und Paul Samuelson am Swarthmore College, Fachbereich Graduate School of Business, University of Chicago, Ausgewählte Schriften, Nr. 7

717. Jimmy Carter, *Das Beste geben*, Scm Collection 2002, vergriffen

718. Albert von Szent-Györgyi Nagyrapolt, *The Crazy Ape*, 1970

719. zugeschrieben

720. Michael Bliss, *Banting: A Biography*, 1984

721. Friedrich von Hayek, *Der Weg zur Knechtschaft*, Olzog 2007 (1944)

722. Podium der Deutschen Sozialdemokraten, zitiert in: Willy Brandt, *Mein Weg nach Berlin*, Kindler 1960, vergriffen

723. Brief vom 15. November 1913 an Sir Edward Grey

724. Gespräch im Jahr 1963 zwischen George Stigler und Paul Samuelson am Swarthmore College, Fachbereich Graduate School of Business, University of Chicago, Ausgewählte Schriften, Nr. 7

725. Interview, *Reason*, April 2000

726. Ian Shine und Sylvia Wrobel, *Thomas Hunt Morgan: Pioneer of Genetics*, 1976

727. George Kennan, *Memoiren eines Diplomaten*, Dtv 1990, vergriffen

728. Günter Grass, »On Writers as Court Jesters and on Non-Existent Courts«, Rede an der Princeton University im April 1966, zitiert in: *Speak Out!*, 1968

729. Rede vor dem Unterhaus am 11. November 1947

730. Salvador Luria, *Bulletin of Atomic Scientists*, Mai 1977

731. Interview mit Harry Kriesler, University of California, Berkeley, 16. April 1998

732. Anwar as-Sadat, *Unterwegs zur Gerechtigkeit*, Goldmann 1985

733. Nobelpreisrede Joseph Brodsky, 8. Dezember 1987

734. Winston Churchill, *Meine frühen Jahre*, Üb. Dagobert von Mikusch, List 1965 (1930), vergriffen

735. »Reform in Practise«, Rede an der Universidad Tecnológica de México, Mexico-Stadt, 17. November 2002

736. Nobelpreisrede George C. Marshall, 11. Dezember 1953

737. *Le Monde Diplomatique*, November 1998

738. *Times* (London), 30. August 2005

739. zugeschrieben

740. Interview, *Newsweek,* Dezember 2002

741. Menachem Begin, *White Nights. The Story of a Prisoner in Russia*, 1957

742. *Esquire*, Februar 1934

743. Wole Soyinka, *Der Mann ist tot. Aufzeichnungen aus dem Gefängnis*, Ammann 1987, vergriffen

744. Albert Camus, *Der Mensch in der Revolte*, Üb. Justus Streller, Rowohlt Tb, Neubearb. 2003 (1951)

745. Albert Camus, *Der Mensch in der Revolte*, Üb. Justus Streller, Rowohlt Tb, Neubearb. 2003 (1951)

746. zugeschrieben

747. zugeschrieben

748. Lord Rayleigh, *The Life of Sir J. J. Thomson*, 1942

749. Michail Gorbatschow, *Michail Gorbatschow*, Pawel-Moewig-Verlag, Neuauflage 1994

750. Öffentliche Erklärung als Generalsekretär des Zentralkomitees der Kommunistischen Partei der Sowjetunion. Michail Gorbatschow, *Über mein Land. Rußlands Weg ins 21. Jahrhundert,* Beck 2000

751. Rede vor der UN-Generalversammlung am 13. November 1974

752. Rede vor dem Unterhaus, 8. Juli 1920

753. Nobelpreisrede Séan McBride, 12. Dezember 1974

754. Rede am 23. Juni 1976 vor der Foreign Policy Association in New York, abgedruckt in: Jimmy Carter, *A Government as Good as its People*, 1977

755. *Observer*, 28. März 2004

756. Rede in Albany, Georgia, 1962

757. Octavio Paz, *Die andere Stimme. Dichtung an der Jahrhundertwende*, Suhrkamp 1994, vergriffen, Üb. Biene van de Laar

758. Pearl S. Buck, *Was mir Amerika bedeutet*, Üb. Elizabeth Rotten, Steinberg Verlag 1945, vergriffen

759. Botschaft an den Nationalen Friedenskonvent, Johannesburg, Oktober 1956

760. Presseerklärung vom 26. Juni 1961, nachgedruckt in: Jack Lang, *Nelson Mandela. Ein Leben für Freiheit und Versöhnung*, Artemis & Winkler 2006.

761. Rede am 8. März 1999 in Cupertina, Kalifornien, nachgedruckt im *Los Altos Town Crier*, 15. März 1999

762. Rede am 39. September 2002, zitiert in: fwdklerk.org.za

763. Milton Friedman, *Kapitalismus und Freiheit*, Üb. Paul C. Martin, Piper 2008 (1962)

764. Ansprache vor dem New York Press Club, New York City, am 9. September 1912

765. Menachem Begin, *The Revolt*, 1964

766. Wole Soyinka, *Der Mann ist tot. Aufzeichnungen aus dem Gefängnis*, Ammann 1987, vergriffen

767. Albert Camus, *Der Mensch in der Revolte*, Üb. Justus Streller, Rowohlt, Neuausg. 2003 (1951)

768. Ottar G. Draugsvold, Hg., *Nobel Writers on Writing*, 2000

769. Martin Luther King, *Ich habe einen Traum. Texte und Reden*, 1. Aufl., Patmos 2003 (1963)

770. Interview, *Asia Source*, 10. Juni 2004

771. Nobelpreisrede Anwar as-Sadat, 10. Dezember 1978

772. Wortspiel zu Goethe, zitiert in: Walter Isaacson, *Kissinger: A Biography*, 1992

773. Nagib Mahfus, *Echo meines Lebens*, Unionsverlag 1997, vergriffen

774. Rede im Unterhaus am 26. März 1936, in: Winston Churchill, *Reden in Zeiten des Krieges*, Europa 2002

775. Albert Camus, *Verteidigung der Freiheit: Politische Essays*, Üb. Guido G. Meister, Rowohlt 1997 (1961)

776. Nadine Gordimer, *Schreiben und Sein*, Berlin Verlag 1999, vergriffen

777. Nelson Mandela, *Der lange Weg zur Freiheit*, S. Fischer 1997

778. Rede im Commonwealth Club of California, San Francisco, am 22. Januar 1986

779. William Faulkner, »On Fear: Deep South in Labor: Mississippi«, Harper's, Juni 1956, in: William Faulkner, *Mississippi*, Üb. Roland Reuß u. Peter Staengle, Stroemfeld 2000 (1954)

780. Toni Morrison, *Sula*, Üb. Karin Polz, Rowohlt Tb, Neuausgabe 2004

781. Interview von 1987, in: Danille Taylor-Guthrie, Hg., *Conversations with Toni Morrison*, University Press of Mississippi, 1994

782. *Guardian*, 29. Januar 1992

783. André Gide, *Afrika: Kongoreise*, in: *Reisen und Politik. Gesammelte Werke*, Band 5, DVA Deutsche Verlags-Anstalt 1992 (1927)

784. *New York Times*, 16. Dezember 1984

785. Roald Hoffmann, *Sein und Schein. Reflexionen über die Chemie*, Wiley-Vett 1997

786. Rede vor dem Unterhaus, 20. Januar 1940

787. Joseph Brodsky, *Part of Speech*, 1980

788. Rede im Westminster College, Fulton, Missouri, am 5. März 1946

789. John Boyd Orr, *As I Recall*, 1967

790. Nobelbiographie Konrad Lorenz, 1973

791. Peter Medawar, *Pluto's Republic*, 1982

792. Alexander Solschenizyn, *Die Eiche und das Kalb. Skizzen aus dem literarischen Leben*, Rowohlt 1982, vergriffen

793. *Listener*, 15. Februar 1979

794. Max Perutz, *Ich hätte Sie schon früher ärgern sollen. Aufsätze über die Wissenschaft, Wissenschaftler und die Menschheit*, Üb. Ursula Derx, Hollinek 1999, vergriffen, Üb. Biene van de Laar

795. Interview, *Independent on Sunday*, 16. August 1992

796. Albert von Szent-Györgyi Nagyrapolt, *Science, Ethics, and Politics*, 1963

797. Interview mit Dan Engle und Iwan Suwantscheff, Houston, Texas, 4. Juli 1995

798. zitiert in: Mortimer Lipsky, *Quest for Peace: The Story of the Nobel Award*, 1966

799. George Bernard Shaw, *Falsch verbunden. Komödie in drei Akten*, Üb. Alissa und Martin Walser, Band 9, Suhrkamp Tb. 1991, vergriffen

800. George Bernard Shaw, *Falsch verbunden. Komödie in drei Akten*, Üb. Alissa und Martin Walser, Band 9, Suhrkamp Tb. 1991, vergriffen

801. Albert Camus, *Verteidigung der Freiheit: Politische Essays*, Üb. Guido G. Meister, Rowohlt 1997 (1961)

802. Theodore Roosevelt, Rede in New City am 6. September 1918

803. Morris Goran, »The Present-day Significance of Fritz Haber«, *American Scientist*, Band 35, Nr. 3, Juli 1947

804. Bertrand Russell, *Bertrand Russell sagt seine Meinung. Eine Stimme moderner Aufklärung*, Darmstädter Blätter 1976 (1960)

805. Milton Friedman, *Geld regiert die Welt*, Econ 1992, vergriffen

806. Interview, PBS, 1. November 2000

807. George Stigler, *Sechs Aufsätze,* Bank Hofmann, Privatdruck 1988, vergriffen

808. James Heckman, »Conversations with Nobel Prize Winners«, Forbes.com, 3. November 2003

809. Herbert Simon, Models of My Life, Basic Books 1991

810. Joseph Stiglitz, *Die Schatten der Globalisierung,* Üb. Thorsten Schmidt, Goldmann 2004

811. *Boston Globe*, 5. Februar 1989

812. Bernard Lovell, *P.M.S. Blackett: A Biographical Memoir*, 1976

813. John Steinbeck, *Früchte des Zorns*, Üb. Klaus Lamprecht, dtv, Neuausgabe 1997, S. 443 (1939)

814. Anatole France, *Die rote Lilie*, Üb. Caroline Vollmann, Manesse 2003 (1894)

815. Rede in Atlanta am 4. Mai 1974, zitiert in: Bill Adler, Hg., *The Wit and Wisdom of Jimmy Carter*, 1977

816. Nobelpreisrede Muhammad Yunus, 10. Dezember 2006

817. Wangari Maathai, *Die Grüngürtel Bewegung: The Green Belt Movement. Ansatz und Erfahrungen*, Üb. Claudia Fuchs, Ennsthaler 2008

818. Sydney Brenner, »Persons and Genomes – Genetics and the Human Sciences«, Vortrag an der London School of Economics, 19. Juni 2003

819. Interview, *Right Wing News*, 2003

820. zugeschrieben

821. *Toronto Star*, 6. November 1982

822. Nobelpreisrede Gerald Edelman, 10. Dezember 1972

823. Christian de Duve, *Aus Staub geboren. Leben als kosmische Zwangsläufigkeit*, Rowohlt Tb. 1997, vergriffen

824. Bill Moyers, *Aktionsplan für soziale Bewegungen: ein strategischer Rahmenplan erfolgreicher Bewegungen*, Üb. Michael Lang, Weber & Zucht 1989, vergriffen

825. Richard Feynman, *Vom Wesen physikalischer Gesetze*, Piper 2007 (1967)

826. Robert Laughlin, *Abschied von der Weltformel: Die Neuerfindung der Physik*, Üb. Helmut Reuter, Piper, 3. Auflage, 2007

827. Max Born, *Physik im Wandel meiner Zeit*, Vieweg Friedr. und Sohn Verlag 1991 (1957), vergriffen

828. Allen L. Hammond, Hg., *A Passion to Know: 20 Profiles in Science*, 1984

829. Irving John Good, Hg., *Phantasie in der Wissenschaft*, Econ 1965 (1962), vergriffen

830. Luis Alvarez, *Adventures of a Physicist*, 1987

831. Sydney Brenner, »Persons and Genomes – Genetics and the Human Sciences«, Vortrag an der London School of Economics, 19. Juni 2003

832. Rede im Cal State, zitiert im: *Daily 49er*, 28. März 2000

833. *Seattle Post-Intelligencer*, 5. Oktober 2000

834. zitiert in: Horace Freeland Judson, *Der achte Tag der Schöpfung. Sternstunden der neuen Biologie*, Üb. Marcus Würmli, Meyster 1980

835. James Watson, *Die Doppelhelix: Ein persönlicher Bericht über die Entdeckung der DNS-Struktur*, Üb. Wilma Fritsch, Rowohlt Tb. 1997 (1968)

836. zitiert in: Peter Medawar, *Memoirs of a Thinking Radish*, 1986

837. J. B. Birks, Hg., *Rutherford at Manchester*, 1963

838. Einführungsrede am Caltech 1974, zitiert in: Richard Feynman, *Sie belieben wohl zu scherzen, Mr. Feynman!: Abenteuer eines neugierigen Physikers*, Üb. Hans-Joachim Metzger, Piper 2008 (1985)

839. zugeschrieben

840. W. C. und M. Dampier-Whetham, History of Science, 1929

841. »Über den anschaulichen Inhalt der quantentheoretischen Kinematik und Mechanik«, Zeitschrift für Physik, Ausgabe 43, 1927

842. Leon Lederman, *Das schöpferische Teilchen. Der Grundbaustein des Universums*, Üb. Dick Teresi, Goldmann 1995

843. *New York Herald Tribune*, 12. September 1933

844. Val Fitch, »Soldier in the Ranks«, in: Jane Wilson, Hg., *All in Our Time*, 1974

845. Abraham Pais, *The Genius of Science: A Portrait Gallery of Twentieth-Century Physicists*, 2000

846. zitiert in: Subrahmanjan Chandrasekhar, *Truth and Beauty*, 1987

847. zugeschrieben

848. Max Born, *The Restless Universe*, 1951

849. *Los Angeles Times*, 4. April 1992

850. Allen L. Hammond, Hg., *A Passion to Know: 20 Profiles in Science*, 1984

851. zugeschrieben

852. *Boston Globe*, 10. Dezember 1982

853. Anthony L. Peratt, »Dean of the Plasma Dissidents«, in: *The World and I*, Beilage der Washington Times, Mai 1988

854. zugeschrieben

855. *Boston Globe*, 10. Dezember 1982

856. Jacques Monod, *On the Molecular Theory of Evolution*, 1974

857. Joseph Brodsky, *Von Schmerz und Vernunft: Hardy, Rilke, Frost und andere*, Fischer Tb, 2. Auflage, 2002

858. George Wald, »The Origin of Life«, in: *Scientific American, The Physics and Chemistry of Life*, 1955

859. Helge Kragh, *Dirac: A Scientific Biography*, 1990

860. Max Delbrück, *Wahrheit und Wirklichkeit. Über die Evolution des Erkennens*, Üb. Ernst Peter Fischer, Rasch und Röhrig 1986 (1949)

861. François Jacob, »Molecular Tinkering and Evolution«, in: D. S. Bendall, Hg., *Evolution from Molecules to Men*, 1983

862. George Wald, »The Origin of Optical Activity«, in: *Annals of the New York Academy of Sciences*, Ausgabe 69, 1957

863. Jacques Monod, *Zufall und Notwendigkeit. Philosophische Fragen der modernen Biologie,* Üb. Friedrich Griese, Piper 1971, vergriffen

864. *New York Times*, 11. April 1965

865. Ronald W. Clark, *The Life of Ernst Chain: Penicillin and Beyond,* 1985

866. *Chicago Daily News,* 1936

867. Denis Brian, *The Voice of Genius: Conversations with Nobel Scientists and Other Laureates,* 2001

868. Denis Brian, *The Voice of Genius: Conversations with Nobel Scientists and Other Laureates,* 2001

869. zitiert in: James Watson, *Die Doppelhelix: Ein persönlicher Bericht über die Entdeckung der DNS-Struktur,* Üb. Wilma Fritsch, Rowohlt Tb. 1997 (1968)

870. Horace Freeland Judson, *Der achte Tag der Schöpfung. Sternstunden der neuen Biologie,* Üb. Marcus Würmli, Meyster 1980

871. zitiert in: Ralph Brave, »James Watson Wants to Build a Better-Human«, Alternet.com, 29. Mai 2003

872. »Nobel Laureate Flags Cure for Stupidity«, *Sunday-Herald,* Sydney, 2. März 2003

873. *Sunday Telegraph,* 16. Februar 1997

874. Ansprache auf der Nobelpreistagung am Gustavus Adolphus College, St. Peter, Minnesota, am 19. Oktober 1983

875. »Gibt es mich bald doppelt?«, in: Bettina Stiekel, *Kinder fragen, Nobelpreisträger antworten,* Bertelsmann, Omnibus Taschenbuch 2006

876. Sydney Brenner, »Persons and Genomes – Genetics and the Human Sciences«, Vortrag an der London School of Economics, 19. Juni 2003

877. Sydney Brenner, »Persons and Genomes – Genetics and the Human Sciences«, Vortrag an der London School of Economics, 19. Juni 2003

878. Ralph Gunther, *The Magic Zone: Sketches of the Nobel Laureates,* 2003

879. Jean-Paul Sartre, Bewußtsein und Selbsterkenntnis, Rowohlt 1973

880. International Society for Optical Engineering newsroom, 2006

881. Pressemitteilung der Union of Concerned Scientists, 10. Februar 1997

882. Octavio Paz, *Die andere Stimme. Dichtung an der Jahrhundertwende,* Suhrkamp 1994, vergriffen, Üb. Biene van de Laar

883. Albert Camus, *Licht und Schatten. Literarische Essays*, Rowohlt 1959, vergriffen, Üb. Biene van de Laar

884. Juan Rámon Jiménez, *Herz, stirb oder singe*, Diogenes Verlag 1987 (1957)

885. *Guardian Weekly*, 12.–21. Oktober 2004

886. zitiert in: J. E. Avron, D. Osadchy und R. Seiler, *Topological Quantum Numbers in the Hall Effect*, Physics Today, S. 38–42, Fakultät II: Mathematik und Naturwissenschaften, Technische Universität Berlin, 2003

887. Denis Brian, *The Voice of Genius: Conversations with Nobel Scientists and Other Laureates*, 2001

888. Albert Einstein, *Albert Einsteins Relativitätstheorie. Die grundlegenden Arbeiten*, Üb. Karl von Meyenn, Vieweg + Teubner 1990, vergriffen

889. Leon Lederman, *Das schöpferische Teilchen. Der Grundbaustein des Universums*, Üb. Dick Teresi, Goldmann 1995

890. Bemerkung von 1962, zitiert in: Allen L. Hammond, Hg., *A Passion to Know: 20 Profiles in Science*, 1984

891. Nobelpreisrede Georges Charpak, 10. Dezember 1992

892. Bemerkung von 1917, zitiert in: Allen L. Hammond, Hg., *A Passion to Know: 20 Profiles in Science*, 1984

893. Salvador Luria, *A Slot Machine, A Broken Test Tube: An Autobiography*, 1984

894. »Personal Observations on the Reliability of the Shuttle«, Anhang F der Kommission des Präsidenten zur Untersuchung der Challenger-Katastrophe von 1986, nachgedruckt in: Richard Feynman, *Vom Wesen physikalischer Gesetze*, Piper 2007

895. Richard Feynman, *Es ist so einfach: Vom Vergnügen, Dinge zu entdecken*, Üb. Inge Leipold, Piper 2008

896. »Wie geht das mit dem Telefon?«, in: Bettina Stiekel, *Kinder fragen, Nobelpreisträger antworten*, Bertelsmann, Omnibus Taschenbuch 2006

897. Brief vom 17. September 1969 an die *New York Times*

898. Glenn Seaborg, *A Scientist Speaks Out: A Personal Perspective of Science, Society and Change*, 1996

899. *New York Times*, 12. Juli 1987

900. Peter Medawar, *Die Kunst des Lösbaren – Reflexionen eines Biologen*, Vandenhoeck + Ruprecht 1998, vergriffen

901. Ansprache im Middlesex Hospital, Oktober 1908, nachgedruckt in: Rudyard Kipling, *A Book of Words*, 1928

902. Nachrichtenzusammenfassung, 22. März 1954

903. Interview mit Jonathan Holms, Australian Broadcasting Corporation, 9. Juli 2003

904. Marc Abrahams, Hg., *Der Einfluss von Erdnussbutter auf die Erdrotation. Forschungen, die die Welt nicht braucht,* Birkhäuser Verlag 2002

905. *Worcester State College News*, 13. November 2006

906. Herbert Simon, »Decision Making: Rational, Nonrational, and Irrational«, in: *Educational Administration Quarterly*, Ausgabe 29, 1993

907. P. F. Harrison und J. Lederberg, *Antimicrobial Resistance: Issues and Options*, 1998

908. Pearl S. Buck, *Die gute Erde*, Üb. Robby Remmers, dtv 2007

909. Antrittsvorlesung der Norman Borlaug-Vorlesungsreihe in Ames, Iowa, 2002

910. zitiert von Norman Borlaug in seiner Nobelpreisrede am 11. Dezember 1970

911. Arthur Kornberg, *For the Love of Enzymes: The Odyssey of a Biochemist*, 1989

912. »Warum kann ich mich nicht nur von Pommes Frites ernähren?«, in: Bettina Stiekel, *Kinder fragen, Nobelpreisträger antworten*, Bertelsmann, Omnibus Taschenbuch 2006

913. Kary Mullis, *Dancing Naked in the Mind Field*, 1998

914. http://www.satyamag.com/mayo4/coetzee.html

915. zugeschrieben

916. Roy Jenkins, *Churchill: A Biography*, 2001

917. James M. Webb and A. Wigfall Green, *William Faulkner of Oxford*, 1965

918. *National Observer*, 3. Februar 1964

919. Bemerkung in Silver Spring, Maryland, Februar 1947

920. James C. Humes, *The Wit and Wisdom of Winston Churchill*, 1994

921. Vincent Sheean, *Dorothy und Red: Die Geschichte von Dorothy Thompson und Sinclair Lewis*, Droemer Knaur Tb. 1964, vergriffen

922. Interview PBS, 1991

923. Interview PBS, 1991

924. Interview PBS, 1991

925. Interview, Academy of Achievement, 11. November 1990

926. Heinrich Böll, *Das Vermächtnis*, Dtv, 2002

927. Nobelpreisrede Jimmy Carter, 10. Dezember 2002

928. Jimmy Carter, *Living Faith*, 1996

929. Nobelpreisrede Norman Angell, 12. Juni 1935

930. Nobelpreisrede Ralph Bunche, 11. Dezember 1950

931. Winston Churchill, *Meine frühen Jahre*, Üb. Dagobert von Mikusch, List 1965 (1930), vergriffen

932. Tyler Wasson, Hg., *Nobel Prize Winners*, 1987

933. Nobelpreisrede Jitzchak Rabin, 1994

934. Romain Rolland, *Über den Schlachten,* in: *Der Freie Geist*, Büchergilde Gutenberg 1960 (1949, 1915) vergriffen, Üb. Biene van de Laar

935. Jean-Paul Sartre, *Der Teufel und der liebe Gott: Drei Akte und elf Bilder*, Rowohlt 2005

936. Ernest Hemingway, Einleitung zu Ben Raeburn, Hg., *Treasury for the Free World*, 1946

937. Norman Angell, *The Steep Place*, 1947

938. Combat, 30. August 1944, in: Albert Camus, *Weder Opfer noch Henker*, Oppo Verlag 1991

939. Ansprache an die Nation anlässlich der sowjetischen Intervention in Afghanistan am 4. Januar 1980

940. Winston Churchill, Leitspruch zu: *Der Zweite Weltkrieg. Churchill Memoiren, Von Krieg zu Krieg*, 6 Bände, *1. Buch: Der Sturm zieht auf,* Alfred Scherz Verlag 2003 (1948)

941. Winston Churchill, *Meine frühen Jahre*, Üb. Dagobert von Mikusch, List 1965 (1930), vergriffen

942. Erste Rede vor dem Unterhaus als Premierminister, 13. Mai 1940

943. Winston Churchill, Leitspruch zu: *Der Zweite Weltkrieg. Churchill*

Memoiren, Von Krieg zu Krieg, 6 Bände, *2. Buch: Englands größte Stunde*, Alfred Scherz Verlag 2003 (1948)

944. Rede vor dem Unterhaus am 4. Juni 1940

945. Winston Churchill, *Der Zweite Weltkrieg. Churchill Memoiren, Von Krieg zu Krieg*, 6 Bände, *1. Buch: Der Sturm zieht auf*, Alfred Scherz Verlag 2003 (1948)

946. Otto Hahn, *Mein Leben*, Bruckmann 1968, vergriffen, Üb. Biene van de Laar

947. Rede in New York City, 17. Februar 1899

948. Pam Brown, *Henry Dunant. Der Gründer des Roten Kreuzes*, Arena Verlag 1989, vergriffen

949. Lester Pearson, »Peace in the Family of Man«, die Reith-Vorlesungsreihe von 1968

950. *Observer*, 26. August 1973

951. Nobelpreisrede Séan McBride, 12. Dezember 1974

952. Nobelpreisrede Mohammed ElBaradei, 10. Dezember 2005

953. Henry Kissinger, *Foreign Affairs*, 12. Januar 1969

954. zitiert in: *ACLU v. Prayer at Virginia Military Institute*, 2002

955. Albert Einstein, *Einstein sagt: Zitate, Einfälle, Gedanken*, Hg. Alice Calaprice, Üb. Anita Ehlers, Piper 2007

956. Brief an Linus Pauling, zitiert in: Albert Einstein, *Einstein sagt: Zitate, Einfälle, Gedanken*, Hg. Alice Calaprice, Üb. Anita Ehlers, Piper 2007

957. Lansing Lamont, *Eine Explosion verändert die Welt*, Üb. Elisabeth und Hans Herlin, Piper 1966, vergriffen

958. Henry Kissinger, *Die Vernunft der Nationen. Über das Wesen der Außenpolitik*, Btb., neu überarb. und korrig., 1996 (1957), vergriffen

959. Jeremy Bernstein, *Hitler's Uranium Club: The Secret Recordings at Farm Hall*, 1996

960. Max Born, *The Restless Universe*, 1951

961. Interview von 1969, zitiert in: Andrew Brown, *The Neutron and the Bomb: A Biography of Sir James Chadwick*, Clarendon Press 1997

962. Patrick Blackett, *Angst, Krieg und die Atombombe*, Üb. U. Jetter, Steinberg Verlag 1950, vergriffen

963. »Wie werde ich Nobelpreisträger?«, in: Bettina Stiekel, *Kinder fragen, Nobelpreisträger antworten*, Bertelsmann, Omnibus Taschenbuch 2006

964. Elie Wiesel, *Die Nacht: Erinnerung und Zeugnis*, Üb. Curt Meyer-Clason, Herder 2008

965. Nobelpreisrede Elie Wiesel, 10. Dezember 1986

966. Nobellesung Elie Wiesel, 11. Dezember 1986

967. Nobellesung Elie Wiesel, 11. Dezember 1986

968. Imre Kertész, *Kaddisch für ein nichtgeborenes Kind*, Rowohlt Tb. 2002

969. Nobelpreisrede Imre Kertész, 7. Dezember 2002

970. Bemerkung von 1997, zitiert in: *www.juedisches-leben-in-breisach.de*

971. Nobelpreisrede Imre Kertész, 7. Dezember 2002

972. Interview, *Newsweek*, Dezember 2002

973. Nobelpreisrede Imre Kertész, 10. Dezember 2002

974. Nelly Sachs, zitiert in: *www.raquelpartnoy.tripod.com.ve*

975. Nobelbiographie Daniel Kahneman, 2002

976. Israelisches Außenministerium, 2004

977. BBC, 2006

978. *www.anc.org.za/ancdocs/history/mandela/1994/inaugpta.html*

979. *New York Times*, 14. September 1993

980. Rede in St. Louis, 22. März 1964

981. Nobelpreisrede Lester Pearson, 11. Dezember 1957

982. Rede vor dem indischen Parlament in Neu Delhi am 28. November 1986, zitiert in *Time*, 8. Dezember 1986

983. Nobelpreisrede Norman Borlaug, 11. Dezember 1970

984. Rede in Stockholm am 12. Dezember 1971

985. *New York Times*, 10. September 1993

986. George C. Marshall, *Biennial Report of the Chief of Staff*, United States Army, 1. September 1945

987. Winston Churchill, *Meine frühen Jahre*, Üb. Dagobert von Mikusch, List 1965 (1930), vergriffen

988. Ansprache im Royal Institute of International Affairs, London, 10. Mai 1982, Neuabdruck in: Henry Kissinger, *Observations: Selected Speeches and Essays*, 1982–1984, 1985

989. Henry Kissinger, *Memoiren. Band I–III*, Goldmann 1981

990. Henry Kissinger, *Großmacht Diplomatie: Metternich, Castlereagh und die Neuordnung Europas 1812–1822,* Manesse Verlag 1996, vergriffen

991. Olga S. Opfell, *The Lady Laureates*, Scarecrow Press 1986, in: *Frauen mit Idealen. Zehn Leben für den Frieden*, Angelika U. Reutter/Anne Rüffer, Rüffer & Rub 2001

992. William Baer, Hg., *Conversations with Derek Walcott*, 1996

993. Nobelpreisrede Oscar Arias Sánchez, 11. Dezember 1987

994. Michael Bliss, *Banting: A Biography*, 1984

995. James C. Humes, *The Wit and Wisdom of Winston Churchill*, 1994

996. Albert Einstein, *Einstein sagt: Zitate, Einfälle, Gedanken,* Hg. Alice Calaprice, Üb. Anita Ehlers, Piper 2007

997. Rede in Memphis, Tennessee, 3. April 1968

998. Tyler Wasson, Hg., Nobel Prize Winners, 1987

999. Giorgos Seferis, *Poesie: Zweisprachige Ausgabe, Griechisch/Deutsch*, Suhrkamp 1998

1000. Alan Wade, Hg., *The Letters of W. B. Yeats*, 1954

ANHANG 1

ALFRED NOBEL UND DIE NOBELPREISE

Alfred Nobel wurde 1833 in Schweden geboren, wuchs aber in Russland auf, wo sein Vater in der Sprengstoffproduktion arbeitete. Nobel reiste viel. Er lebte vier Jahre in den Vereinigten Staaten, verbrachte einen Großteil seines Lebens in Frankreich und starb in Italien. Wie schon sein Vater vor ihm, stellte er vornehmlich Sprengstoffe her. 1864 sprengte das hochgradig instabile Nitroglyzerin eine seiner Fabriken in die Luft und tötete seinen Bruder sowie mehrere Angestellte. Nobel entdeckte die Methode, Nitroglyzerin mit anderen Stoffen zu mischen, was zur Produktion des wesentlich stabileren Dynamits führte. Dieses Verfahren ließ er 1867 patentieren. Er war davon überzeugt, dass die zerstörerische Kraft seiner Sprengstoffe zukünftige Kriege undenkbar mache. Die rasche Verbreitung des Dynamits in der Bau- und Bergbaubranche brachte Nobel großen Wohlstand ein. Das Dynamit war nicht seine einzige Erfindung. Im Laufe seines Lebens meldete er mehr als 350 Patente an, einschließlich derjenigen für Kunstseide und -leder. Nobel, der lebenslange Junggeselle, lebte zurückgezogen und asketisch, neigte zu Depressionen, gab sich anderen gegenüber aber immer liebenswürdig. Nobel beherrschte fließend in Wort und Schrift die Sprachen Schwedisch, Französisch, Englisch, Deutsch und Russisch. Selbst ein passionierter Leser, schrieb er auch selbst Romane, Theaterstücke und Gedichte.

1895, ein Jahr vor seinem Tod, setzte Nobel sein Testament auf. Er verfügte, dass der Großteil seines Vermögens in eine jährliche Stiftung fließen solle, deren Zinserträge zu fünf gleichen Teilen wie folgt aufzuteilen seien:

> Ein Fünftel geht an die Person, der auf dem Gebiet der Physik die bedeutendste Entdeckung oder Erfindung gelang; ein Fünftel an die Person, die für die wichtigste chemische Entdeckung oder Verbesserung verantwortlich ist. Ein Fünftel geht an die Person, die die wichtigste Entdeckung im Bereich Physiologie oder Medizin macht; ein Fünftel an die Person, die in der Literatur das herausragendste Werk produziert und ein Fünftel an die Person, die am meisten oder am besten zum Frieden zwischen den Völkern beigetragen hat, zur Reduzierung oder Auflösung stehender Heere und zur Ausrichtung und Förderung von Friedenskongressen.

Nobel fügte noch hinzu: »Es ist mein ausdrücklicher Wunsch, dass bei der Verleihung der Preise die Nationalität der Kandidaten keine Rolle zu spielen hat.« Jeden Preis können sich bis zu drei Gewinner teilen. 1969 kam ein sechster Preis dazu, als die schwedische Reichsbank anlässlich ihres dreihundertjährigen Bestehens den »Preis für Wirtschaftswissenschaften der schwedischen Reichsbank im Gedenken an Alfred Nobel« stiftete. Die Namen der Preise werden gewöhnlich auf Chemie, Wirtschaft, Literatur, Medizin, Frieden und Physik verkürzt.

Die Nobelpreise werden von vier Komitees vergeben. Die Königlich-Schwedische Akademie der Wissenschaften ist verantwortlich für den Physik-, Chemie- und Wirtschaftsnobelpreis. Der Preis für Medizin wird vom Karolinska Institutet in Stockholm verliehen. Der Literaturpreis liegt in der Verantwortung der Schwedischen Akademie, und der Friedenspreis wird vom Nobelkomitee des norwegischen Parlaments vergeben.

Als Nobel 1896 starb, umfasste sein Industrieimperium neunzig Fabriken in zwanzig Ländern, und sein Vermögen belief sich auf über dreißig Millionen Kronen. Die ersten Preisgelder beliefen sich auf umgerechnet etwa 25 000 Euro. Jahrzehntelang überstiegen die Preise inflationsbedingt diesen Wert nicht. Die Steuerbefreiung der Nobelstiftung im Jahr 1946 sowie die Lockerung der Investitionsrichtlinien von 1953 führten zu einem raschen Kapitalzuwachs. 2006 war jeder Preis zehn Millionen Kronen wert – das entspricht etwa 945 000 Euro.

Zum Kreise jener, die für die Nominierungen zuständig sind, gehören vorherige Preisträger, Angehörige der Schwedischen Akademien und des norwegischen Parlaments sowie Mitglieder wissenschaftlicher Institutionen aus aller Welt. Nominierungs- und Auswahlverlauf sind strikter Geheimhaltung unterworfen und bleiben anschließend fünfzig Jahre unter Verschluss. Die Nominierungen müssen bis zum 1. Februar eingegangen sein. Die Namen der Preisträger werden zumeist in der ersten Oktoberhälfte bekanntgegeben, die Preise selber alljährlich an Nobels Todestag, dem 10. Dezember, in Stockholm und Oslo verliehen. Die Preisverleihungen werden mit großem Aufwand in Anwesenheit der königlichen Familien Schwedens und Norwegens inszeniert. Am 10. Dezember, auf dem formellen Bankett, hält jeder Preisträger eine kurze Dankesrede. Teilen sich mehrere einen Preis, so hält ein Gewinner im Namen aller die Rede. Jeder Preisträger muss darüber hinaus einige Tage vor oder nach der Preisverleihung einen längeren Vortrag halten. Die Veranstaltungen sind eingebettet in eine einwöchige Party, die alle Einwohner Oslos und Stockholms, mitten im dunklen skandinavischen Winter begeistert feiern. Am 13. Dezember, dem Luciafest, werden die Preisträger von einem Chor geweckt, den ein Mädchen mit einer Kerzenkrone anführt. Viele Nobelpreisträger haben erklärt, dass sie und ihre Familien sich bei dieser Gelegenheit wie in ein Märchen versetzt fühlten.

Während seiner ersten 108 Jahre wurde der Nobelpreis an 791 Personen verliehen. Darüber hinaus erhielten neunzehn Organisationen den Friedenspreis. Vier Personen gewannen zwei Preise: Marie Curie (Physik und Chemie), Linus Pauling (Chemie und

Frieden), Frederick Sanger (zweimal Chemie) und John Bardeen (zweimal Physik). Das Rote Kreuz erhielt den Friedenspreis dreimal, zweimal ging er an die Flüchtlingskommission der Vereinten Nationen.

ANHANG 2

Die Biographien der zitierten Nobelpreisträger

ADDAMS, JANE (USA, 1860–1935). Frieden 1931. Vorkämpferin der Sozialreformen, Feministin, Pazifistin und Internationalistin. Addams gründete das berühmte Hull House Settlement[8] in Chicago. Herz und Seele der National American Woman Suffrage Association, Vorsitzende der Women's International League for Peace and Freedom und Gründungsmitglied der American Civil Liberties Union.[9]

AGNON, SCHMUEL (Polen, Israel, 1888–1970). Literatur 1966. Geboren in einer Jiddisch sprechenden Familie in Ostgalizien, das damals noch zum Kaiserreich Österreich gehörte. Agnon übersiedelte als Teilnehmer der zweiten jüdischen Immigrationswelle 1908 nach Palästina, kehrte aber immer wieder für längere Zeit nach Europa zurück. Seine hebräischen Romane und Geschichten behandeln den Niedergang des Judentums in Galizien und das jüdische Leben in Palästina.

---

8 Settlement: »Siedlungshäuser« waren Zentren, die den Armen eines Viertels grundsätzliche und politische Bildungs- sowie Sozialleistungen anboten und darüber hinaus soziale Reformen vorantrieben. Die Vermittlung christlicher Werte oblag ebenfalls den ehrenamtlich arbeitenden gebildeten höheren Töchtern und Söhnen. Hull House bot Abendschule für Erwachsene, Kindergarten, öffentliche Küche, Kaffeehaus, Turnhalle, Schwimmbad, Musik- und Theaterschule, Kunstgalerie und Bibliothek an. Anm. d. Üb.

9 »Nationale Amerikanische Vereinigung für Frauenwahlrecht«, »Internationale Frauenliga für Frieden und Freiheit« und »Amerikanische Bürgerrechtsunion«. Anm. d. Üb.

AGRE, PETER (USA, geboren 1949). Chemie 2003. Peter Agre, Professor an der Johns Hopkins School of Medicine, wurde für seine Arbeit über die »Wasserkanäle« geehrt, die aufzeigt, wie Zellen Wasser transportieren und mit Hilfe eines speziellen Aquaporinproteins nutzen. Während seiner Kindheit in Minnesota prophezeite sein Vater ihm, dass er eines Tages den Nobelpreis gewinnen würde. Agre begann seine Laufbahn in der Medizin, bevor er sich der biologischen Forschung zuwandte.

ALEIXANDRE, VICENTE (Spanien, 1889–1984). Literatur 1977. Aleixandre verschrieb sein Leben der Dichtung. Er verbrachte den spanischen Bürgerkrieg im republikanischen Teil, woraufhin die Regierung Franco ihm vier Jahre jede Veröffentlichung untersagte. Die Schwedische Akademie führte an, seine »kreativ-poetische Schreibweise beleuchte die menschliche Natur innerhalb des Kosmos und der heutigen Gesellschaft«.

ALFVÉN, HANNES (Schweden, 1908–1995). Physik 1970. Beide Elternteile Alfvéns waren Physiker, seine Mutter erhielt als erste Frau in Schweden einen Doktortitel. Er entdeckte die Antimaterie und war mit seinen Arbeiten über Plasmaphysik und der dem Urknall widersprechenden Evolution des Sonnensystems seiner Zeit weit voraus. Daher wurden seine Ideen von der Fachwelt ignoriert oder abgelehnt. Selbst heute ist nur wenigen Physikern bekannt, wie viele Bereiche der Physik durch seine Arbeit geprägt wurden und welche Erkenntnisse seinen Forschungen zu verdanken sind. Er war einer der wenigen Wissenschaftler, die sowohl Mitglied der Amerikanischen wie auch der Sowjetischen Wissenschaftsakademie waren.

AS-SADAT, ANWAR (Ägypten, 1918–1981). Frieden 1978. Sadat teilte sich den Friedenspreis mit Menachem Begin für das Camp-David-Abkommen zwischen Ägypten und Israel. Der Armeeoffizier kam aufgrund seines Widerstandes gegen die britische Herrschaft in Ägypten ins Gefängnis. Nach dem Staatsstreich, der 1952 die Monarchie abschaffte, bekleidete er hohe Ämter. Als Nachfolger Nassers wurde er 1970 Staatspräsident. 1981 kam er bei einem Anschlag durch einen muslimischen Extremisten ums Leben.

ALTMAN, SIDNEY (Kanada, USA, geboren 1939). Chemie 1989. Geboren in Montreal, arbeitete Altman als Drehbuchautor und Lektor, bevor er »vier Jahre im Zustand der Überstimulierung« am MIT[10] verbrachte und eine Zeit des »wissenschaftlichen Himmels« in seiner Arbeit mit Francis Crick in Cambridge erfuhr. 1971 wurde er Professor am Yale College. Altman begann als Physiker, endete als Biologe und gewann seinen Nobelpreis in Chemie für seine Studien über RNA-Moleküle.

ALVAREZ, LUIS (USA, 1911–1988). Physik 1968. Ein klassisch-manischer Workaholic, war Alvarez auf vielen Gebieten Vorreiter. Er erfand ein sicheres Flugzeuglandesystem bei schlechter Sicht, entwickelte den elektrischen Zündmechanismus für Plutoniumbomben und flog als Beobachter beim Abwurf der Hiroshima-Bombe in der »Enola Gay« mit. Alvarez war über die Auswirkungen bestürzt, befürwortete aber den Einsatz der Bomben als Abkürzung des Krieges. Er befasste sich mit Optik, kosmischer Strahlung, Radar, Hochenergiephysik und Elementarteilchen, die ihm den Nobelpreis einbrachten. Von Luis Alvarez und seinem Sohn Walter stammt auch die 1980 aufgestellte Theorie, dass Meteoriten-Einschläge für das Aussterben der Dinosaurier verantwortlich seien.

ANDERSON, PHILIP W. (USA, geboren 1923). Physik 1977. Anderson unterbrach seine Studien in Harvard, um im Zweiten Weltkrieg in der US-Marine zu dienen. Danach verbrachte er

---

10   Massachusetts Institut für Technologie. Anm. d. Üb.

den größten Teil seiner Berufslaufbahn in den Bell-Telephone-Laboratorien. Darüber hinaus lehrte er in Princeton, Cambridge und Kyoto. Seine Forschungsgebiete umfassten Kristalle, Supraleiter und Niedertemperaturphysik. Er teilte sich den Nobelpreis für »die grundlegenden theoretischen Leistungen zur Elektronenstruktur in magnetischen und ungeordneten Systemen« mit Nevill F. Mott und John H. van Vleck.

ANFINSEN, CHRISTIAN (USA, 1916–1995). Chemie 1972. Ein Pionier auf dem Gebiet der Enzymforschung und der Proteinstruktur, erhielt Anfinsen den Nobelpreis für seine Arbeit über die Ribonuklease. In den siebziger Jahren widmete er sich der Interferonforschung. Anfinsen promovierte in Harvard und arbeitete für die Nationalen Gesundheitsinstitute mit Abstechern nach Dänemark, Israel und Großbritannien. 1981 stand er als Vorsitzender des Komitees für Menschenrechte der Nationalen Wissenschaftsakademie einer Delegation vor, die nach Argentinien reiste, um zwölf Wissenschaftler aus der Haft der Videla-Diktatur zu befreien.

ANGELL, NORMAN (Großbritannien, 1872–1967). Frieden 1933. In England geboren, arbeitete Angell mehrere Jahre in Kalifornien in verschiedenen Jobs, darunter auch als Cowboy. Danach reiste er als Journalist, Korrespondent und Lektor nach Paris. Sein Antikriegsbuch *The Great Illusion* erreichte eine Verkaufshöhe von zwei Millionen. Danach teilte Angell seine Zeit zwischen Großbritannien und den USA auf, schrieb pro Jahr ein Buch, verurteilte die Appeasement-Politik und setzte sich für Frieden und eine internationale Atomkontrollbehörde ein.

APPLETON, EDWARD VICTOR (Großbritannien, 1892–1965). Physik 1947. Appleton, der Sohn eines Fabrikarbeiters, wurde Atmosphärenphysiker, bewies die Existenz der Ionosphäre und trug zur Entwicklung des Radars und des Kathodenstrahloszilloskops bei. Er diente im Ersten Weltkrieg als Offizier der Königlichen Techniker. Im Zweiten Weltkrieg war er Verwaltungschef des britischen Atombombenprojekts. Nach Professorenstühlen in London und Cambridge wurde er Rektor der Universität von Edinburgh.

ARAFAT, JASSIR (Ägypten, Palästina, Frankreich, 1929–2004). Frieden 1994. Arafat kämpfte im arabisch-israelischen Krieg und gründete 1958 die Fatah, ein bewaffnetes Untergrundnetzwerk, in dem 1969 die Palästinensische Befreiungsorganisation aufging. Seit 1957 Terrorist, Guerillakämpfer und Politiker, distanzierte er sich 1988 vom Terrorismus und erkannte Israels Daseinsberechtigung an. Von 1996 bis zu seinem Tod 2004 war er Präsident der palästinensischen Autonomiegebiete. Er teilte sich den Nobelpreis mit Jitzchak Rabin und Schimon Peres für ihre gemeinsame Arbeit bei den Oslo-Verträgen zur Selbstverwaltung Palästinas im Jahr 1993. Die Vergabe des Preises an Arafat war umstritten, ein Mitglied des Nobelkomitees trat aus Protest zurück.

ARIAS SÁNCHEZ, OSCAR (Costa Rica, geboren 1940). Frieden 1987. Nach seinem Doktorat in Großbritannien betrat er die politische Bühne Costa Ricas und wurde 1979 Vorsitzender der Partei der Nationalen Befreiung. Von 1986 bis 1990 hatte er das Amt des Staatspräsidenten inne. Er erhielt den Nobelpreis für seinen Arias-Sánchez-Plan, der die langfristige Sicherung des Friedens in Mittelamerika zum Ziel hatte und 1987 von Costa Rica, El Salvador, Honduras und Nicaragua unterzeichnet wurde.

ARNOLDSON, KLAS PONTUS (Schweden, 1844–1916). Frieden 1908. Arnoldson arbeitete zwanzig Jahre für die schwedische Bahn. Danach widmete er sich dem Journalismus und der Sache des Friedens. Er gewann einen Sitz im Parlament, wo er sich für religiöse Toleranz, Abrüstung, Schwedens Neutralität und die Ausweitung des Wahlstimmrechts einsetzte. Arnoldson wurde für seine Arbeit geehrt, die zur friedlichen Trennung Norwegens und Schwedens führte, zur dauerhaften politischen Neutralität Schwedens und zur Gründung der *Svenska freds- och skiljedoms-föreningen,* der »schwedischen Friedens- und Schiedsgerichtsvereinigung«.

ASTURIAS, MIGUEL ÁNGEL (Guatemala, Frankreich, 1899– 1967). Literatur 1967. Das Werk Asturias spiegelt sein Interesse an den Ureinwohnertraditionen Südamerikas und seine Sympathien für sozial Benachteiligte wider. Er schrieb sein bekanntestes Buch *Der Herr Präsident* während seines zehnjährigen Aufenthaltes in Paris. Seine Stellung stieg und fiel mit der politischen Situation Guatemalas: Botschafter unter der linksgerichteten Regierung, Verbannter in Zeiten der rechtslastigen Diktatur.

AUMANN, ROBERT (Deutschland, Israel, USA, geboren 1930). Wirtschaft 2005. Aumanns Eltern emigrierten 1938 von Deutschland in die USA. Er studierte zunächst am City College in New York, wechselte nach Massachusetts zum MIT und verteidigte dort 1955 seine Dissertation zum Thema *Grundlagen der Knotentheorie.* 1956 übersiedelte er nach Israel. Aufgrund seiner konservativen Weltanschauung umstritten, gewann Aumann dennoch einen Nobelpreis, da er »unser Verständnis für Konflikte und Zusammenarbeit durch spieltheoretische Analysen förderte«.

AUNG SAN SUU KYI (Myanmar [Burma], geboren 1945). Frieden 1991. Die Tochter des ermordeten Generals Aung San, dem Helden der burmesischen Freiheitsbewegung, studierte in Oxford und arbeitete im UN-Sekretariat in New York. 1988 kehrte sie nach Burma zurück und gründete die Nationale Liga für Demokratie, die 1990 zweiundachtzig Prozent der Wählerstimmen errang. Die Militärjunta weigerte sich jedoch, die Macht abzugeben und stellte Suu Kyi unter Hausarrest. Seither verbrachte sie mehr als zehn Jahre in Gewahrsam. Den Nobelpreis durfte sie nicht persönlich entgegennehmen.

BALCH, EMILY (USA, 1867–1961). Frieden 1946. Ausgebildet in Bryn Mawr, an der Sorbonne in Paris, Chicago, Harvard und Berlin, setzte sich Balch zeit ihres Lebens für Frieden, Gerechtigkeit und die Rechte der Frauen, Kinder und Minderheiten ein.

BALTIMORE, DAVID (USA, geboren 1938). Medizin 1975. Als führender Virologe arbeitete Baltimore mit Polio- und Leukämieviren. 1996 wurde er zum Chef des AIDS-Impfkomitees der National Institutes of Health ernannt. Als offener Befürworter wissenschaftlich fundierter Öffentlichkeitspolitik wurde er 1997 Präsident der Caltech. Er gewann den Nobelpreis zusammen mit Renato Dulbecco und Howard M. Temin für ihre »Entdeckungen auf dem Gebiet der Wechselwirkungen zwischen Tumorviren und dem genetischen Material der Zelle«.

BANTING, FREDERICK (Kanada, 1891–1941). Medizin 1923. Banting, Sohn eines Farmers, diente in Frankreich als kanadischer Sanitätsoffizier. Nach einer Verwundung bekam er das Militärkreuz verliehen. Er erhielt 1921 den Nobelpreis für die Entdeckung des Insulins. Als sein Student und Mitforscher Charles Best vom Preis ausgeschlossen blieb, teilte er das Preisgeld mit ihm. Banting war ein talentierter Amateurmaler, aber ein bescheidener Mann. Er starb im Zweiten Weltkrieg während einer medizinischen Mission bei einem Flugzeugabsturz in Neufundland.

BARDEEN, JOHN (USA, 1908–1991). Physik 1956 und 1972. Nach seinem Studium der Elektrotechnik, Mathematik und Physik in Wisconsin errang Bardeen seinen Doktortitel in Princeton im Fach mathematische Physik. Während des Zweiten Weltkrieges arbeitete er im U.S. Naval Ordnance Laboratory in Washington und danach sechs weitere Jahre für Bell Telephone Laboratories, wo er 1948 mit seinen Kollegen William Shockley und Walter Brattain den ersten Transistor baute, der ihnen 1956 den Nobelpreis einbrachte. Die darauffolgenden fünfundzwanzig Jahre seiner Karriere lehrte und forschte er als Professor an der University of Illinois, wo er mit Leon Cooper und John Schrieffer zusammen seinen zweiten Nobelpreis für ihren »fundamentalen Beitrag zur Theorie der Supraleitfähigkeit« erhielt.

BEADLE, GEORGE (USA, 1903–1989). Medizin 1958. Beadle, Sohn eines Farmers, besuchte das Landwirtschaftscollege in Nebraska und spezialisierte sich auf Genetik. Er lehrte an der Caltech, in Harvard und Stanford und wurde 1961 Präsident der University of Chicago. Seinen Preis erhielt er für seine Erkenntnisse, dass Gene biochemische Vorgänge in der Zelle regulieren.

BECKETT, SAMUEL (Irland, Frankreich, 1906–1989). Literatur 1969. Beckett zog 1938 von Irland nach Frankreich. Während des Zweiten Weltkrieges arbeitete er für die Résistance. Ab 1945 konzentrierte er sich ausschließlich auf seine Karriere als Autor und schrieb Bücher in Englisch und Französisch. Sein Werk, zu dem auch das berühmte Theaterstück *Warten auf Godot* gehört, zeichnet eine Menschheit, die in einer trostlosen und absurden Welt ihr Leben zu meistern versucht.

BEGIN, MENACHEM (Weißrussland, Polen, Israel, 1913–1992). Frieden 1978. Der in Weißrussland geborene Begin beherrschte neun Sprachen und absolvierte in Warschau die Ausbildung zum Rechtsanwalt. Als Anführer der zionistischen BETAR-Bewegung musste er 1939 nach Litauen fliehen, wo ihn die einrückende Rote Armee festnahm und als »Agent des britischen Imperialismus« zu acht Jahren Zwangsarbeit in Sibirien verurteilte. Im Jahr 1941 wurde er freigelassen, trat freiwillig den polnischen Streitkräften der Sowjetunion bei und wurde später in den Nahen Osten überstellt. 1942 desertierte er in Palästina und wurde in Israel Kommandeur der militanten Irgun-Untergrund-organisation, die gegen das britische Mandat und später gegen Palästinenser kämpfte. Mit Verkündung des Staates Israel löste sich Irgun auf, Begin war dennoch bis in die fünfziger Jahre Drahtzieher fanatischer Anschläge. 1978, nach Vermittlung durch Jimmy Carter, unterzeichnete Begin als israelischer Premierminister das Friedensabkommen mit Ägypten.

BELLOW, SAUL (Kanada, USA, 1915–2005). Literatur 1976. Bellow wurde im kanadischen Lachine, einem Vorort von Montreal geboren. Als er neun war, zogen seine Eltern in die USA. Er diente während des Zweiten Weltkrieges in der Handelsmarine und arbeitete 1967 während des Sechs-Tage-Krieges als Kriegskorrespondent. Der im östlich-jüdischen Viertel Chicagos aufgewachsene Bellow sprach vier Sprachen. Er war fünfmal verheiratet und hinterließ drei Söhne und eine fünfjährige Tochter. Die Schwedische Akademie lobte ihn »für das menschliche Verständnis und die subtile Kulturanalyse, die in seinem Werk vereinigt sind«.

BENAVENTE, JACINTO (Spanien, 1866–1954). Literatur 1922. Benavente wurde für seine fast zweihundert Theaterstücke geehrt. Gefeiert wegen seiner spritzigen, geistreichen Dialoge, beeinflusste er in starkem Maße das spanische Theater. Der Tenor seiner späteren Werke sowie seine anhaltende Unterstützung Francos nach dem Spanischen Bürgerkrieg fügten seinem Ruf jedoch großen Schaden zu.

BERG, PAUL (USA, geboren 1926). Chemie 1980. Der Sohn Jiddisch sprechender Eltern wuchs in Brooklyn auf. Gegen Ende des Zweiten Weltkrieges diente er zwei Jahre in der U.S. Marine. Wie auch mehrere andere Nobelpreisträger fühlte er sich durch Paul de Kruifs Buch *Microbe Hunters* zur Wissenschaft hingezogen. Der Stanford-Professor wurde als »Vater der Gentechnik« bezeichnet. Den Nobelpreis erhielt er für seine Arbeit zur Hybrid-DNA.

BERGSON, HENRI-LOUIS (Frankreich, 1859–1941). Literatur 1927. In Paris geboren, verbrachte Bergson die ersten acht Jahre in London, lebte danach aber wieder in Frankreich. Ab 1904 wurde ihm der Lehrstuhl für Moderne Philosophie am Collège de France übertragen, 1914 erfolgte die Berufung in die Académie Française. Seine Bücher über das Zusammenwirken von Philosophie, Psychologie und Religion, in denen er Intuition und Spiritualität über den reinen Intellekt und Materialismus stellte, übten nicht nur in philosophischen Kreisen großen Einfluss aus. Trotz seiner Neigung zum Katholizismus gab er 1941 als Protest gegen die Rassengesetze des Vichy-Regimes alle Ehrungen zurück und ließ sich als Jude eintragen. Er starb nur wenige Tage später an einer Lungenentzündung.

BINNIG, GERD (Deutschland, Schweiz, geboren 1947). Physik 1986. Als Teenager war Binnig aktiver Sportler, sang, spielte Violine und Gitarre in einer Rockband. Den größten Teil seiner Karriere arbeitete er für das IBM-Forschungslabor in Zürich. Er erhielt den Nobelpreis für die Entwicklung des Rastertunnelmikroskops. Seine beiden Kinder stellen für ihn den wahren Höhepunkt seines Lebens dar.

BISHOP, J. MICHAEL (USA, geboren 1936). Medizin 1989. Der Sohn eines evangelischen Pastors arbeitete mehr als dreißig Jahre an der University of California in San Francisco. Er teilte sich den Nobelpreis mit Harold E. Varmus für ihre »Entdeckung des zellularen Ursprungs der potentiell krebserzeugenden Retroviren«. Als begeisterter Pianist würde er am liebsten als Musiker in einem Streichquartett wiedergeboren werden.

BJØRNSON, BJØRNSTJERNE (Norwegen, Frankreich, 1832–1910). Literatur 1903. Der Sohn eines Landpastors besuchte ein privates Gymnasium in Oslo, wo er später als Journalist arbeitete und Henrik Ibsen kennenlernte. Er schrieb historische und zeitgenössische Theaterstücke, dramatische Sagas, Bauernschwänke, lyrische Dichtung und Literaturkritiken. Moral und Religion sind zentrale Themen seines Werkes. Allerdings vertrat er eine sehr humanitäre, liberale Anschauung, die auch seine aktive politische Arbeit kennzeichnete. Er bereiste Deutschland, Italien und die USA und arbeitete als leitender Theaterdirektor. Der überzeugte Patriot schuf die norwegische Nationalhymne. Er starb 1910 in Paris.

BLACKETT, PATRICK (Großbritannien, 1897–1974). Physik 1948. Blackett diente im Ersten Weltkrieg nach seiner Ausbildung am Marinecollege in der Königlichen Marine. Im Zweiten Weltkrieg arbeitete er als wissenschaftlicher Berater in verschiedenen Marine- und Luftwaffenabteilungen. Er erhielt den Nobelpreis »für die Weiterentwicklung der Anwendung der Wilsonschen Nebelkammer und seine damit gemachten Entdeckungen auf dem Gebiete der Kernphysik und der kosmischen Strahlung«. Als überzeugter Sozialist nutzte er sein wissenschaftliches Prestige, um andere Wissenschaftler davon zu überzeugen, mit ihren Fähigkeiten dazu beizutragen, allen Menschen ein Leben in Würde zu ermöglichen. Noch bevor Entwicklungspolitik zu einem populären Thema wurde, schlug er vor, Großbritannien solle ein Prozent seines Bruttosozialprodukts für ökonomische Verbesserungen in der Dritten Welt ausgeben. Er war ein ausgesprochener Gegner der Atomwaffen.

BOHR, NIELS (Dänemark, 1885–1962). Physik 1922. Bohr wurde »für seine Verdienste um die Erforschung der Struktur der Atome und der von ihnen ausgehenden Strahlung« geehrt. An seinem Physik-Institut in Kopenhagen wurde er für viele zukünftige Nobelpreisträger zur geliebten Vaterfigur und verhalf vielen jüdischen Wissenschaftlern zur Flucht vor den Nationalsozialisten. 1942 gelang ihm aufgrund einer Warnung in letzter Minute die Flucht nach Schweden und danach in die USA, wo er sich dem Atomprojekt in Los Alamos anschloss. Er traf sich vergeblich mit Roosevelt und Churchill, um sie von der Notwendigkeit einer Atomkontrollbehörde zu überzeugen. 1950 verfasste er einen offenen Brief an die Vereinten Nationen und bekam dafür 1957 den *Atoms for Peace Award* verliehen.

BÖLL, HEINRICH (Deutschland, 1917–1985). Literatur 1972. Böll diente während des Zweiten Weltkrieges in der Wehrmacht in Frankreich und an der Ostfront. Er wurde viermal verwundet. Heinrich Bölls Werkausgabe umfasst 26 Bände mit Briefen, Kurzgeschichten, Theaterstücken und Romanen, in denen sein Mitgefühl für die Opfer von Gesellschaft und Politik sowie seine Ablehnung des Materialismus mit seinen katastrophalen Auswirkungen auf das zwanzigste Jahrhundert ihren Ausdruck finden.

BORLAUG, NORMAN (USA, geboren 1914). Frieden 1970. Geboren auf einer Farm in Iowa, studierte er Forst- und Agrarwissenschaften und erforschte von 1944–1960 die Steigerung der Weizen-, Mais- und Bohnenproduktion in Mexiko, die als Weizenrevolution bekannt wurde. Er züchtete eine widerstandsfähige, kurzhalmige Weizenhochertragssorte, die Mexikos Ernteerträge verdreifachte. Er wurde deshalb auch als Vater der *Grünen Revolution* geehrt.

BORN, MAX (Deutschland, Großbritannien, 1882–1970). Physik 1954. Born studierte in Göttingen und Cambridge. Er arbeitete mit den namhaftesten Wissenschaftlern seiner Zeit zusammen: Planck, Nernst, Heisenberg, Oppenheimer, Pauli, Jordan, Wolf und Einstein, mit dem ihn eine lebenslange Freundschaft verband. 1921 wechselte er von Berlin nach Göttingen und verbrachte dort die »goldenen Jahre« bis 1933. Nach der Machtübernahme der Nationalsozialisten wurde Max Born wegen seiner jüdischen Vorfahren und seiner pazifistischen Einstellung zwangsbeurlaubt. Er verließ Deutschland und wurde Professor in

Edinburgh. Born erhielt den Nobelpreis für seine grundlegenden Forschungen in der Quantenmechanik. Er weigerte sich, im Ersten Weltkrieg an der Entwicklung von Giftgasen und im Zweiten Weltkrieg an der Atombombe mitzuwirken. Nach seiner Rückkehr nach Deutschland engagierte er sich in der Antiatombewegung und war 1957 Mitunterzeichner des Göttinger Manifests, das sich gegen die atomare Aufrüstung aussprach.

BOYER, PAUL (USA, geboren 1918). Chemie 1997. Boyer wuchs in Utah auf. Mit sechzehn war er Jahrgangsbester seiner High School. Im Zweiten Weltkrieg diente er in der U.S. Marine. Seine wissenschaftliche Laufbahn verbrachte er an der University of Minnesota und der UCLA. Er erhielt zusammen mit J. E. Walker und J. Chr. Skou den Nobelpreis für ihre Arbeit über Enzyme.

BRAGG, WILLIAM HENRY (Großbritannien, 1862–1942). Physik 1915. 1886 an den Lehrstuhl für Mathematik und Physik der Universität Adelaide berufen, verließ Bragg Cambridge. 1904 begann er mit ernsthaften Studien zu Röntgenstrahlen und Radioaktivität. 1909 tauschte er das sonnige Adelaide gegen das verregnete, smoggeplagte Leeds. Während des Ersten Weltkrieges leitete er die Forschungsabteilung zur U-Boot-Aufspürung. Sein jüngster Sohn fiel in Frankreich. Bragg und sein ältester Sohn Lawrence teilten sich den Nobelpreis »für ihre Verdienste um die Erforschung der Kristallstrukturen mittels Röntgenstrahlen«.

BRANDT, WILLY (Deutschland, Norwegen, 1913–1992). Frieden 1971. Der sozialdemokratische Journalist, Antifaschist und -kommunist emigrierte während des Dritten Reiches nach Norwegen. Unter einem Decknamen kehrte er 1936 als Student nach Deutschland zurück und hielt sich als Kriegsberichterstatter in Berlin auf. 1937 war er erneut als Berichterstatter im Spanischen Bürgerkrieg aktiv. 1957–1966 war er Regierender Bürgermeister

West-Berlins und von 1969–1974 vierter Bundeskanzler der Bundesrepublik Deutschland. In dieser Eigenschaft setzte er sich mit seiner »Ostpolitik« für die Entspannung zwischen Ost und West ein.

BRENNER, SYDNEY (Südafrika, Großbritannien, geboren 1927). Medizin 2002. Brenner wurde als Sohn eines mehrsprachigen, aber des Lesens nicht mächtigen litauisch-jüdischen Schusters in Südafrika geboren. Mit fünfzehn begann er sein Studium an der Witwatersrand-Universität. Nach Erlangung seines Doktortitels arbeitete er zunächst in Oxford und danach in Cambridge, wo er den größten Teil seiner Karriere blieb. Er und seine Kollegen H. R. Horvitz und J. E. Sulston erhielten den Nobelpreis für ihre »genetische Regulation der Organentwicklung und des programmierten Zelltods«.

BRIDGMAN, PERCY W. (USA, 1882–1961). Physik 1946. Während seiner vierzig Jahre in Harvard nahm Bridgman an keinem einzigen Fakultätstreffen teil, was ihm die Zeit verschaffte, 260 Fachartikel und dreizehn Bücher zu schreiben. Er übte großen Einfluss auf Oppenheimer aus. Im Ersten Weltkrieg befasste er sich mit dem Sonar, im Zweiten Weltkrieg mit Plutonium. Bridgman gewann den Nobelpreis für seine Arbeit im Bereich der Hochdruck-Physik. Innerhalb dieser befasste er sich auch mit Thermodynamik, elektrischer Leitfähigkeit von Metallen, Kristalleigenschaften und der Züchtung künstlicher Diamanten.

BRODSKY, JOSEPH (UdSSR, USA, 1940–1996). Literatur 1987. Brodsky besaß ein Gespür für die Übersetzung englischer Dichtung ins Russische. Um Geld für seine Dichtung zu haben, schlug er sich mit verschiedensten Jobs durch. Seine Gedichte erschienen im Untergrundverlag *samizdat*. 1964 wurde er wegen »Parasitentums« zu fünf Jahren Zwangsarbeit verurteilt, aber bereits nach 18 Monaten wieder entlassen. 1972 aus der Sowjetunion ausgebürgert, emigrierte er über Wien in die USA. Die Schwedische Akademie hob »die Klarheit der Gedanken und die poetische Intensität« in seinem Werk hervor.

BUCK, LINDA (USA, geboren 1947). Medizin 2004. Die Tochter eines Elektroingenieurs wuchs in Seattle auf. Bevor sie mit achtundzwanzig an der Graduiertenfakultät Mikrobiologie studierte, erforschte sie diverse andere berufliche Laufbahnen. Buck gewann zusammen mit Richard Axel den Nobelpreis für ihre Forschungen auf dem Gebiet des Riechsystems.

BUCK, PEARL S. (USA, China, 1892–1973). Literatur 1938. Als Tochter eines Missionarsehepaares lebte Pearl S. Buck vierzig Jahre im Kaiserreich China und sprach Chinesisch, bevor sie Englisch lernte. Viele ihrer achtzig Romane und Erzählungen spielen in China. Die sehr aktive Vorkämpferin für Toleranz gründete mit Hilfe ihrer Einnahmen von mehr als sieben Millionen Dollar Stiftungen für behinderte Kinder sowie Kinder amerikanischer Soldaten und asiatischer Frauen. Zusätzlich zu ihrer eigenen behinderten Tochter adoptierte sie weitere acht Kinder.

BUNCHE, RALPH (USA, 1904–1971). Frieden 1950. Der Enkel einer ehemaligen Sklavin war der erste Afroamerikaner, der den Nobelpreis gewann. Als ausgezeichneter Sportler erhielt er ein Stipendium in Harvard, wo er 1927 sein Studium als Jahrgangsbester abschloss und 1934 seinen Doktortitel erwarb. Bunche engagierte sich aktiv in der Bürgerrechtsbewegung der USA. Danach arbeitete er den größten Teil seiner Laufbahn in Friedensmissionen für die UN. Er erhielt den Nobelpreis für seine Vermittlungen zwischen dem israelischen Volk und den arabischen Staaten im Konflikt um Palästina, die 1949 zum Waffenstillstand führten.

CAMUS, ALBERT (Algerien, Frankreich, 1913–1960). Literatur 1957. Camus' Vater, ein französisch-algerischer Kellermeister, fiel im Ersten Weltkrieg. Er wuchs danach in relativ ärmlichen Verhältnissen in Algerien auf. Camus setzte sich dort aktiv für die Gleichberechtigung der Algerier ein. Mit fünfundzwanzig zog er nach Paris, wo er als Regisseur und Bühnenautor am Theater arbeitete. Während der deutschen Besetzung schrieb er Artikel für die Résistance-Zeitung *Combat*. Als Gegner sowohl der faschistischen wie marxistischen Ideologie schrieb er über die Problematik der Gerechtigkeit und die Notwendigkeit, einem gefühllosen und absurden Universum persönliche Bedeutung zu verleihen. Camus starb mit fünfundvierzig bei einem Autounfall.

CANETTI, ELIAS (Bulgarien, Großbritannien, Schweiz, 1905–1994). Literatur 1981. Als Sohn einer wohlhabenden sephardisch-jüdischen Kaufmannsfamilie war Canettis Muttersprache Ladino.[11] An der Universität Wien erwarb er seinen Doktortitel für Chemie. Mit Zunahme des von den Nationalsozialisten angeheizten Antisemitismus emigrierte Canetti 1938 nach London. Er schrieb auf Deutsch, der vierten Sprache, die er beherrschte. Zum Werk des Dramatikers, Kritikers und Romanautors gehört auch die bekannte anthropologische Studie *Masse und Macht*.

CARREL, ALEXIS (Frankreich, USA, 1873–1944). Medizin 1912. Carrel verließ 1904 Frankreich und arbeitete fast vierzig Jahre an der Rockefeller Universität. Er kehrte zurück, um während des Ersten Weltkrieges im französischen Medizinkorps zu dienen. Seinen Nobelpreis erhielt er »für seine Arbeit zur Gefäßverbindung sowie Gefäß- und Organverpflanzung«. Carrels Ruf wird überschattet durch seine Arbeit in der Carrel Fondation

---

11 Ladino: Auch Judenspanisch, Spaniolisch oder sephardische Sprache genannt. Es ist die traditionelle romanische Sprache der sephardischen Juden und vom Aussterben bedroht. Anm. d. Üb.

pour l'étude des problèmes humains,[12] deren Direktor er 1944 unter dem Vichy-Regime wurde.

CARTER, JIMMY (USA, geboren 1924). Frieden 2002. Der Absolvent der U.S. Naval Academy diente sieben Jahre als Atomspezialist und U-Boot-Offizier. 1971 wurde er Gouverneur von Georgia und 1976 der neununddreißigste Präsident der Vereinigten Staaten. Er war maßgeblich an den Verhandlungen zur Übergabe des Panama-Kanals, des Camp-David-Abkommens zwischen Israel und Ägypten und des SALT II-Vertrages[13] mit der Sowjetunion beteiligt. 1982 gründete er das Carter Center, das sich der internationalen Vermittlung bei Konflikten, der Stärkung des Friedens und der Gesundheitsverbesserung verschrieben hat.

CASSIN, RENÉ (Frankreich, 1887–1976). Frieden 1968. Selbst im Ersten Weltkrieg schwer verwundet, gründete Cassin den Französischen Bund invalider Kriegsveteranen. Im Zweiten Weltkrieg bildete er zusammen mit de Gaulle die *France libre*, die freien französischen Streitkräfte innerhalb der britischen Armee und arbeitete als Ständiger Sekretär des Verteidigungsrates unter de Gaulle. Als Jurist, Professor der Rechtswissenschaften, Verfechter des Humanitätsgedankens und Internationalist wirkte er sein Leben lang für Menschenrechte und Gleichberechtigung. Als Vorsitzender der UN-Menschenrechtskommission verfasste er die *Allgemeine Erklärung der Menschenrechte*.

CELA, CAMILO JOSÉ (Spanien, 1916–2002). Literatur 1989. Cela kämpfte während des Spanischen Bürgerkrieges auf Seiten der Frankisten. Nach dem Krieg arbeitete er als Journalist und im

---

12 »Stiftung zur Erforschung menschlicher Probleme«, eugenische Einrichtung, die u.a. zum Ziel hatte, »lebensunwertes Leben« zu bestimmen und zu eliminieren. Anm. d. Üb.

13 Strategic Arms Limitation Talks (Gespräche zur nuklearen Rüstungsbegrenzung). Anm. d. Üb.

Stab der spanischen Zensurbehörde. Sein erster Roman *La familia de Pascual Duarte* wurde aufgrund seiner vulgären realitätsnahen Schilderung brutaler Gewalttaten zeitweise selbst von der Zensur verboten. 1954 zog er nach Mallorca, wo er eine antifaschistische Zeitung herausbrachte. Er schrieb zehn Romane und mehr als sechzig Essays, Kurzgeschichten und Gedichte.

CHADWICK, JAMES (Großbritannien, 1891–1974). Physik 1935. Chadwick studierte in Berlin, als er 1914 mit Ausbruch des Ersten Weltkrieges vier Jahre Internierungshaft in einem Pferdestall überstehen musste. Nach seiner Befreiung wurde ihm von Ernest Rutherford eine Stellung im Cavendish Laboratory von Cambridge angeboten. Dort gelang ihm der experimentelle Nachweis für die Existenz des Neutrons, was ihm den Nobelpreis einbrachte und den Weg für angereichertes Uran und die nukleare Kettenreaktion bereitete. Im Zweiten Weltkrieg wurde Chadwick mit einer Gruppe britischer Wissenschaftler in die USA entsandt, um am Manhattan-Projekt[14] mitzuarbeiten. 1948–1958 war er Master des Gonville and Caius Colleges der Universität Cambridge.

CHAIN, ERNST BORIS (Deutschland, Großbritannien, Irland, 1906–1979). Medizin 1945. Chain, Sohn eines aus Russland nach Deutschland eingewanderten jüdischen Chemiefabrikanten, erwog zunächst eine Karriere als Konzertpianist, studierte dann aber Chemie und Medizin. Als Hitler Reichskanzler wurde, emigrierte er nach Großbritannien. Der Rest seiner Familie kam um. Chain arbeitete mit Howard Florey an der Entwicklung von Penizillin. Für dessen Entdeckung erhielten er, Alexander Fleming und Howard Walter Florey gemeinsam den Nobelpreis. Seine

---

14 Gemeinsames Atombomben-Programm der britischen und amerikanischen Regierungen. Anm. d. Üb.

außergewöhnliche Karriere in Großbritannien und Italien beendete er als Professor für Biochemie in London. Er starb 1979 in Irland.

CHANDRASEKHAR, SUBRAMANYAN (Indien, USA, 1910–1995). Physik 1983. Der Neffe des Nobelpreisträgers Venkata Raman erhielt am Trinity College in Cambridge ein Stipendium, wo er mit neunzehn die Berechnung und Entdeckung der Grenzmasse für Weiße Zwerge vorlegte. Als er seine Erkenntnisse in der Königlichen Astronomischen Gesellschaft vorstellte, wurde er von dem damals führenden Astrophysiker Sir Arthur Eddington verhöhnt, da diese im Widerspruch zu dessen eigenen Studien standen. Daraufhin verließ Chandrasekhar England und unterrichtete die nächsten fünfzig Jahre an der Universität Chicago. Lange, bevor er den Nobelpreis erhielt, erwiesen sich seine Ideen als richtig.

CHARPAK, GEORGE (Polen, Frankreich, geboren 1924). Physik 1992. Als Charpak sieben war, zog seine Familie 1931 von Polen nach Frankreich. Während des Zweiten Weltkrieges kämpfte er in der französischen Résistance, wurde festgenommen und nach Dachau deportiert. Er erhielt den Nobelpreis »für die Erfindung und Entwicklung von Teilchendetektoren«. Ab 1959 arbeitete er dreißig Jahre lang am Kernforschungszentrum CERN in Genf. Achtung erwarb er sich darüber hinaus für seine Unterstützung von Wissenschaftlern in Diktaturen.

CHURCHILL, WINSTON (Großbritannien, 1874–1965). Literatur 1953. In seiner Jugend war Churchill ein schneidiger Kavallerieoffizier und Kriegskorrespondent, der an Auseinandersetzungen in Indien, dem Sudan und Südafrika teilnahm. Er veröffentlichte viele Bücher und war ein talentierter Maler. Am bekanntesten aber ist er in seiner Rolle als unbezwingbarer Premierminister Großbritanniens während des Zweiten Weltkrieges.

Seine mitreißenden Ansprachen und entschlossene Führung trugen viel dazu bei, Großbritanniens Niederlage abzuwenden.

COCKCROFT, JOHN (Großbritannien, 1897–1967). Physik 1951. John Cockcroft wurde als Sohn eines Fabrikanten in Lancashire geboren. Er diente während des Ersten Weltkrieges in der Königlichen Artillerie. Danach beendete er sein Mathematikstudium und erwarb auch einen Abschluss in Elektrotechnik. Während des Zweiten Weltkrieges war er Mitglied des kanadischen Atomenergieprojekts und ab 1946 Direktor des Forschungsinstituts für Atomenergie im englischen Harwell. Er wurde für seine »Pionierarbeit auf dem Gebiet der Atomkernumwandlung durch künstlich beschleunigte atomare Partikel« mit dem Nobelpreis geehrt.

COETZEE, J. M. (Südafrika, USA, Australien, geboren 1940). Literatur 2003. Coetzee, burischer und englischer Abstammung, verbrachte sein zweites Lebensjahrzehnt in England und sein drittes in den USA, bevor er als Professor nach Kapstadt zurückkehrte. 2002 wurde er an die Universität von Adelaide berufen, hielt aber auch einen Lehrstuhl an der Universität Chicago. Coetzee veröffentlichte bisher achtzehn Bücher und gewann zweimal den Booker Prize. In seinen Büchern nimmt er Bezug auf soziale und politische Missstände. Dabei stellt er die Menschlichkeit auf hohem ästhetischem Niveau in den Mittelpunkt.

COMPTON, ARTHUR HOLLY (USA, 1892–1962). Physik 1927. Compton erhielt den Preis »für die Entdeckung des nach ihm genannten Effekts« (Der Compton-Effekt bezieht sich auf die Zunahme der Wellenlänge von Röntgenstrahlen, die durch die Streuung an Elektronen hervorgerufen wurde). Compton wurde an verschiedene Universitäten und Institute in hohe Positionen berufen. Während des Zweiten Weltkrieges war er Direktor des Atombombenprojektes an der Universität Chicago.

CORNELL, ERIC (USA, geboren 1961). Physik 2001. Cornell war der Sohn eines Professors für Bauwesen am MIT. Als Teenager baute er Modellraketen mit Schießpulver-Antrieb. Er unterbrach sein Studium, um ein Jahr lang Englisch in Taiwan zu unterrichten und China zu bereisen. Später wurde er Professor an der Universität Colorado. Er teilte sich den Nobelpreis mit C. E. Wieman und W. Ketterle für die Erzeugung der Bose-Einstein-Kondensation. 2004 wurden ihm aufgrund einer Streptokokkeninfektion der linke Arm und ein Teil der Schulter amputiert.

CORRIGAN, MAIREAD (Nordirland, geboren 1944). Frieden 1976. Corrigan erhielt den Nobelpreis zusammen mit Betty Williams für ihre Friedensarbeit in Nordirland. Sie gründete die Bewegung der Peace People, nachdem drei Kinder ihrer Schwester von dem außer Kontrolle geratenen Wagen eines erschossenen Terroristen getötet wurden. 1981 heiratete sie Jackie Maguire, den Witwer ihrer Schwester Anne, die sich von dem tragischen Tod ihrer Kinder niemals erholte und 1980 Selbstmord beging. Mairead Corrigan ist seit 2001 Mitglied des Ehrenschutzkomitees der *Internationalen Koordination für die Dekade*, um eine Kultur des Friedens und der Gewaltfreiheit für die Kinder der Welt zu schaffen.

CRICK, FRANCIS (Großbritannien, USA, 1916–2004). Medizin 1962. Nach seinem Physikstudium arbeitete Crick während des Zweiten Weltkrieges für die Britische Admiralität an magnetischen und akustischen Seeminen. Er teilte sich den Nobelpreis mit James Watson und Maurice Wilkins für ihre Entdeckung der Doppelhelix der DNA. 1977 wechselte Crick zum Salk-Institut, wo er sich auf Neurobiologie spezialisierte.

CRONIN, JAMES (USA, geboren 1931). Physik 1980. Der Sohn eines Professors für klassische Sprachen arbeitete zunächst in Princeton und wechselte dann zur Universität von Chicago, wo er im Fermilab experimentelle Forschungen im Bereich Elementarteilchenphysik durchführte. Den Nobelpreis erhielt er für seine Studien der K-Mesonen.

CURIE, MARIE (Polen, Frankreich, 1867–1934). Physik 1903, Chemie 1911. Da Frauen in Polen nicht studieren durften, zog Marie Curie nach Frankreich und schrieb sich an der Sorbonne in Paris ein. Sie und ihr Ehemann Pierre isolierten unter schwierigen Laborbedingungen das Element Radium. Sie erhielten zusammen mit Becquerel den Nobelpreis »in Anerkennung der außerordentlichen Leistungen, die sie sich durch ihre gemeinsame Forschung über die von Professor Henri Becquerel entdeckten Strahlungsphänomene erworben haben«. Marie Curie war die erste Frau, die den Nobelpreis nicht nur einmal, sondern sogar zweimal gewann. Sie und ihre Tochter Irène, die 1935 den Nobelpreis für Chemie bekam, starben beide an Leukämie, die durch Strahlungseinwirkung verursacht wurde.

DAE-JUNG, KIM (Korea, geboren 1925). Frieden 2000. Kim Dae-jung, Führer der Neuen Demokratischen Partei, bewarb sich 1971 um die Präsidentschaft Südkoreas. Eine ganze Reihe von Militärregierungen hielt ihn in Haft. Er wurde einmal zum Tode verurteilt und überlebte fünf Anschläge auf sein Leben. 1997 wurde er zum Präsidenten gewählt und gewann den Nobelpreis für seine Bemühungen um eine Normalisierung der Beziehungen zu Nordkorea. Er ist der erste koreanische Nobelpreisträger.

DALAI LAMA, DER VIERZEHNTE (Tibet, geboren 1935). Frieden 1989. Mit fünf Jahren von der Findungskommission als Reinkarnation des Buddhas des Mitgefühls erkannt, ist der Dalai Lama der spirituelle und weltliche Führer des tibetischen Volkes. Nach der Besetzung Tibets durch die Chinesen begab er sich 1959 ins Exil. Er erhielt den Nobelpreis für seinen unablässigen gewaltlosen Einsatz für Toleranz und gewaltfreie Lösungen menschlicher und internationaler Probleme, besonders jener in Tibet, um das historische und kulturelle Erbe seines Volkes zu bewahren.

DE DUVE, CHRISTIAN (Belgien, geboren 1917). Medizin 1974. De Duves Eltern flohen während des Ersten Weltkrieges von Belgien nach England. Nach Antwerpen zurückgekehrt, studierte er an der Universität Leuven Medizin. 1940 trat er in die Armee ein, wurde gefangen genommen und entkam aus einem Kriegsgefangenenlager. Nach dem Krieg erwarb er an der Universität Leuven seinen Doktortitel in Chemie. Ab 1962 lehrte er sowohl in Leuven als auch an der Rockefeller Universität. Er erhielt den Nobelpreis zusammen mit A. Claude und G. E. Palade für ihre Untersuchungen zur Struktur und Funktion der Zelle.

DE KLERK, F. W. (Südafrika, geboren 1936). Frieden 1993. Der Sohn eines südafrikanischen Senators und Ministers studierte Rechtswissenschaften und wurde 1972 ins Parlament gewählt. Als Präsident setzte er sich 1989 für ein demokratisches, nicht rassistisches, freies Südafrika ein, hob das Verbot für den ANC auf und entließ Nelson Mandela aus der Haft. Seine Politik läutete das Ende der Apartheid und den Weg in die Demokratie ein.

DELBRÜCK, MAX (Deutschland, USA, 1906–1981). Medizin 1969. Delbrück, Sohn eines Geschichtsprofessors, wuchs in Berlin auf und studierte an der Universität Göttingen. 1937 emigrierte er als Forschungsstipendiat in die USA und verbrachte den größten Teil seiner Karriere am Caltech. Er liebte Musik und Philosophie und war Rilke-Experte. Den Nobelpreis erhielt er zusammen mit Hershey und Luria »für ihre Entdeckungen des Vermehrungsmechanismus und der genetischen Struktur von Viren«.

DELEDDA, GRAZIA (Italien, 1871–1936). Literatur 1926. Grazia Deledda entstammte einer wohlhabenden, aber abgelegen lebenden Familie in Sardinien, wo ein Dialekt gesprochen wurde, der dem Lateinischen nah verwandt ist. Daher erhielt sie schon als junges Mädchen Sprachunterricht. Ihre ersten Erzählungen und Gedichte veröffentlichte sie mit fünfzehn, ihren ersten Roman mit fünfundzwanzig. Die folgenden dreißig Jahre schrieb sie pro Jahr einen Roman. In ihren frühen Werken schilderte sie das harte Leben in Sardinien, während ihre späteren Bücher sich mit der Erlösung durch die Liebe beschäftigen.

DIRAC, PAUL (Großbritannien, 1902–1984). Physik 1933. Mit dreißig Jahren wurde Dirac Lucasian-Professor in Cambridge. Als Verfasser von mehr als zweihundert Fachartikeln formulierte er 1928 die quantenmechanische Wellengleichung, die als Dirac-Gleichung in die Physik einging. Dirac war berühmt für seine Einsilbigkeit und Genauigkeit. Als begeisterter Bergsteiger reiste er viel und unternahm 1929 mit Werner Heisenberg zusammen sogar eine Weltreise. Niels Bohr sagte über ihn: »Von allen Physikern besitzt Dirac die reinste Seele.« Nach seiner Emeritierung in Cambridge arbeitete er für die University of Florida in Tallahassee.

DUNANT, HENRI (Schweiz, 1818–1910). Frieden 1901. Der erste Gewinner des Friedensnobelpreises gründete das Rote Kreuz, nachdem er 1859 das Leiden der Verwundeten der Schlacht von Solferino miterlebt und zu lindern versucht hatte. Er widmete sich so ausschließlich seinen Bemühungen um die Genfer Konvention, dass Dunant seine Geschäfte vernachlässigte und pleiteging. Er geriet in Vergessenheit und lebte viele Jahre in bitterer Armut, bis er wiederentdeckt und mit dem Nobelpreis geehrt wurde. Dennoch spendete er das gesamte Preisgeld gemeinnützigen Organisationen.

EBADI, SCHIRIN (Iran, geboren 1947). Frieden 2003. 1975 im Iran als erste Frau ins Richteramt berufen, musste Ebadi nach der

Islamischen Revolution von 1979 dieses wieder abgeben. Danach wurde sie mehrfach festgenommen, da sie sich weiter für die Demokratie und die Menschenrechte, vor allem von Frauen und Kindern, einsetzte und die Opfer konservativer Angriffe und Repressalien verteidigte.

ECCLES, JOHN CAREW (Australien, Großbritannien, Schweiz, 1903–1997). Medizin 1963. Eccles betrieb seine Forschungen in Australien, Neuseeland, Großbritannien und den Vereinigten Staaten. Als er 1975 in den Ruhestand ging, ließ er sich in der Schweiz nieder. Die Forschungsarbeit, für die er den Nobelpreis bekam, befasste sich mit der Reizweiterleitung in Nervenzellen. Später konzentrierte er sich auch philosophisch auf das Gehirn und das Bewusstsein. Er schrieb darüber hinaus einige Bücher über die Beziehungen zwischen Forschung und Religion.

EDELMAN, GERALD (USA, geboren 1929). Medizin 1972. Ursprünglich bereitete sich Edelman auf eine Karriere als Konzertviolinist vor. Nachdem er sein Medizinstudium abgeschlossen hatte, wurde er 1955 von der US-Armee eingezogen und diente als Chirurg am Europäischen Hauptquartier in Paris. Danach arbeitete er fast fünfzig Jahre an der Rockefeller Universität. Er erhielt den Nobelpreis für seine Forschungsarbeit über die chemische Struktur der Antikörper. Seine nachfolgende Arbeit beschäftigte sich mit dem menschlichen Bewusstsein und den Entwicklungsprozessen im Gehirn.

EINSTEIN, ALBERT (Deutschland, Schweiz, USA, 1879–1955). Physik 1921. Einstein, der herausragende Physiker des zwanzigsten Jahrhunderts, erhielt seinen Preis erst mit zehn Jahren Verspätung, da der Vorsitzende des Nobelkomitees davon ausging, er »würde nur Formeln auf die Tafel kritzeln«. Obwohl Einstein vor allem mit der Relativitätstheorie in Verbindung gebracht wird, erhielt er den Preis für seine Arbeit über das Gesetz des photoelektrischen Effekts. 1933 verließ Einstein Europa und emigrierte in die USA, wo er den Rest seines Lebens am Institute for Advanced Study in Princeton verbrachte. Als ihm die Präsidentschaft Israels angeboten wurde, lehnte er diese ab.

EL-BARADEI, MOHAMMED (Ägypten, USA, geboren 1942). Frieden 2005. Die Internationale Atomenergieorganisation (IAEO) und ihr Generaldirektor el-Baradei teilten sich den Friedensnobelpreis »für ihren Einsatz gegen den militärischen Missbrauch der Atomenergie und die sichere Nutzung der Atomenergie für zivile Zwecke«. Er promovierte an der New York University School of Law in internationalem Rechtswesen und trat in den diplomatischen Dienst Ägyptens. Ab 1980 arbeitete er für die UN, ab 1984 im Sekretariat der IAEO, deren Direktor er 1997 wurde.

ELIOT, T. S. (USA, Großbritannien, 1888–1965). Literatur 1948. Der revolutionärste Dichter des frühen zwanzigsten Jahrhunderts war sozial und politisch konservativ eingestellt. Anders als die neunzig Preisträger, die die amerikanische Staatsbürgerschaft anstrebten, nahm er, der Amerikaner, die britische an. 1914 ließ er sich in England nieder und übernahm den britischen Kleidungsstil, die Manieren, Sprechweise, Religion und Vorurteile. Als Dichter und Kritiker, Herausgeber des Magazins *Criterion* und Direktor des Verlagshauses Faber & Faber übte er enormen Einfluss auf die Gestaltung der literarischen Landschaft aus. Am bekanntesten ist sein Werk *Das öde Land*, das 1922 erschien.

ESAKI, LEO (Japan, geboren 1925). Physik 1973. Zunächst für Sony in Japan tätig, arbeitete er die nächsten dreißig Jahre für IBM in den USA. Danach kehrte er nach Japan zurück und wurde Präsident der Universität von Tsukuba. Er erhielt den Nobelpreis für seine Forschung, die das Tunnel-Phänomen in Halb-

beziehungsweise Supraleitern betrafen. Die Esaki-Diode trug zur Entwicklung von Hochgeschwindigkeitsschaltkreisen in Computern bei.

FAULKNER, WILLIAM (USA, 1897–1962). Literatur 1949. Bis auf seine Dienstzeit in der Königlich-Kanadischen Luftwaffe im Ersten Weltkrieg verbrachte Faulkner fast sein ganzes Leben im Staat Mississippi. Seine frühen Romane waren keine kommerziellen Erfolge, daher arbeitete er in einer ganzen Reihe von Jobs, darunter auch als (erfolgreicher) Drehbuchautor in Hollywood. Seine Romane sind gekennzeichnet durch literarische Experimentierfreude, psychologische Einsichten und das zentrale Thema des weißen Schuldgefühls in den Südstaaten.

FEYNMAN, RICHARD (USA, 1918–1988). Physik 1965. Von vielen als größter Physiker Amerikas angesehen, wurde Feynman für seine Arbeit im Bereich der Quantenelektrodynamik geehrt. Trotz seiner relativen Jugend war er ein führender Kopf des Atombombenprojekts in Los Alamos. Er war eine dynamische und beliebte Lehrkraft. Seine Physikvorlesungen wurden zum Grundlagenwerk. Er verabscheute jede Art von Formalität und Pomp und zog stattdessen das Bongotrommeln und Las Vegas vor und liebte es, verschlossene Safes zu knacken.

FITCH, VAL (USA, geboren 1923). Physik 1980. Fitch wuchs auf einer Rinderfarm in Nebraska auf. Der Beginn des Zweiten Weltkrieges unterbrach sein Studium. Die U.S.-Armee verpflichtete ihn für drei Jahre nach Los Alamos. Die Erfahrungen, die er in der Zusammenarbeit mit vielen herausragenden Physikern sammelte, führten dazu, dass er sich für eine Laufbahn in der Physik entschied. Er lehrte fünfzig Jahre als Professor in Princeton und erhielt den Nobelpreis für seine Forschungen über K-Mesonen.

FLEMING, ALEXANDER (Großbritannien, 1881–1945). Medizin 1945. Fleming wurde auf einer abgelegenen schottischen Farm geboren und arbeitete vier Jahre als angehender Schiffskaufmann in London, bevor er sich für Medizin einschrieb. Während des Burenkrieges trat er einem schottischen Regiment bei, wurde aber nie nach Afrika überstellt. 1928 entdeckte er das Penizillin, was aber kaum Interesse hervorrief. Der aufwendige Prozess, diese Substanz zu isolieren und zu stabilisieren, gelang erst während des Zweiten Weltkrieges durch Howard Florey, Ernst Boris Chain und weitere Mitarbeiter.

FLOREY, HOWARD (Australien, Großbritannien, 1998–1968). Medizin 1945. Der Australier Florey studierte in Oxford als Rhodes-Stipendiat, erlangte seinen Abschluss aber in Cambridge. Dennoch verbrachte er den größten Teil seiner Karriere in Oxford. 1962 wurde er Verwaltungsdirektor des Queen's College und 1960 Präsident der Royal Society. Er erhielt den Nobelpreis anteilig für die Weiterentwicklung des Penizillins.

FRANCE, ANATOLE (Frankreich, 1844–1924). Literatur 1921. France' vollständiger Name lautete Jacques-Anatole-François Thibault. Fünfzig Jahre lang veröffentlichte der überaus produktive Autor Romane, Kritiken und Essays. Er erhielt den Nobelpreis »in Anerkennung seiner glänzenden schriftstellerischen Tätigkeit, geprägt von edler Stilkunst, weitherziger Humanität, Anmut und wahrem französischem Temperament«.

FRANCK, JAMES (Deutschland, USA, 1882–1964). Physik 1925. Franck diente während des Ersten Weltkrieges freiwillig in der deutschen Armee und erhielt nach einem Gasangriff an der russischen Front das Eiserne Kreuz Erster Klasse. Während seiner Professorentätigkeit in Göttingen bekam er zusammen mit Gustav Hertz den Nobelpreis »für ihre Entdeckung der Gesetze, die bei dem Zusammenstoß eines Elektrons mit einem Atom herrschen (Franck-Hertz-Versuch)«. 1935 wechselte er zur Johns Hopkins University. Während des Zweiten Weltkrieges war er am Manhattan-Projekt beteiligt. Gegen Ende des Zweiten Weltkrieges hegte Franck starke moralische Bedenken gegen den Einsatz von Atomwaffen, die er zusammen mit anderen Wissenschaftlern in dem nach ihm benannten Franck-Report formulierte, um einen Abwurf der Atombombe über Japan zu verhindern.

FRIEDMAN, MILTON (USA, 1912–2006). Wirtschaft 1976. Friedman wurde als Sohn ungarisch-jüdischer Einwanderer in New York geboren. Während seines Studiums war er bereits Mitglied der sich damals entwickelnden »Chicagoer Schule«, die sich mit ökonomischen Fragestellungen beschäftigte. Milton kehrte 1946 als Professor nach Chicago zurück und wurde zum bekanntesten Vertreter der »Chicago School«. Seine Ansichten über die unbeschränkte Marktwirtschaft beeinflussten die Politik Richard Nixons, Ronald Reagans und Margaret Thatchers außerordentlich.

GAJDUSEK, DANIEL CARLETON (USA, Niederlande, Norwegen, 1923–2008). Medizin 1976. Der sprachbegabte Kinderarzt und Virologe war ein Mann mit weitläufigen Interessen. Den Nobelpreis erhielt er für seine Entdeckung einer neuartigen Klasse infektiöser Erreger, der Prionen, die Krankheiten wie Kuru, Scrapie und Creutzfeldt-Jakob auslösen. Er reiste viel, studierte tropische Krankheiten in isolierten Gemeinschaften und adoptierte 56 Jungen von Naturvölkern Neuguineas und Mikronesiens. 1997 musste er nach einer Anklage wegen Pädophilie für ein Jahr in Haft. Nach seiner Entlassung zog Gajdusek nach Europa.

GALSWORTHY, JOHN (Großbritannien, 1867–1933). Literatur 1932. Galsworthy studierte Jura in Oxford, praktizierte aber nie. Er reiste viel, begegnete im Südpazifik Joseph Conrad an Bord eines Schiffes und begann nach seiner Rückkehr mit dem

Schreiben. *Der reiche Mann*, der erste Band seiner *Forsyte-Saga*, erschien 1906. Galsworthy setzte sich kritisch mit der Verteilung von Wohlstand auseinander und war sehr am Rechtswesen und seinen Auswirkungen interessiert. Sein Theaterstück *Justice* regte die Gefängnisreform in Großbritannien an.

GARCÍA MÁRQUEZ, GABRIEL (Kolumbien, 1928). Literatur 1982. García Márquez verbrachte einen Großteil seines Lebens in Lateinamerika und Europa. Er schrieb Drehbücher, Kolumnen, Reportagen, Kurzgeschichten, Erzählungen, Romane und Memoiren und ist eine zentrale Figur in der Bewegung des Magischen Realismus. García Márquez Bücher sind eine Mischung aus Surrealismus, Mythos, Komödie und Mitgefühl für alle Unterdrückten. Sein bekanntestes Werk ist *Hundert Jahre Einsamkeit*.

GELL-MANN, MURRAY (USA, geboren 1929). Physik 1969. Gell-Mann wurde mit fünfzehn in Yale aufgenommen und erhielt seinen Doktortitel mit zweiundzwanzig am MIT. Er arbeitete fast vierzig Jahre an der Caltech. Den Nobelpreis gewann er für seine Arbeit über Elementarteilchen, die zur Entdeckung der Quarks führte. Zu seinen weiteren Interessen gehören Naturschutz, kulturelle Evolution und altperuanische Kunstschätze.

GIACCONI, RICCARDO (Italien, USA, geboren 1931). Physik 2002. Giacconi wuchs in Mailand auf, promovierte an der dortigen Universität und kam 1956 als Fulbright-Stipendiat an die Universität von Indiana. Als Astrophysiker arbeitete er an Forschungsraketen und Satellitenmissionen sowie dem Hubble-Teleskop. Er erhielt den Nobelpreis für seine Leistungen um die Röntgenastronomie.

GIDE, ANDRÉ (Frankreich, 1869–1951). Literatur 1947. Finanzielle Unabhängigkeit ermöglichte es Gide, sein ganzes Leben auf das Schreiben und Reisen auszurichten. Er veröffentlichte mehr als fünfzig Bücher, darunter Romane, Theaterstücke, Gedichte, Kritiken und Übersetzungen. Ein paar Jahre lang hegte er starke Sympathien für den von Russland nach Europa ausstrahlenden Kommunismus, bis eine Reise durch die Sowjetunion ihn desillusionierte. Darüber hinaus war er einer der ersten Schriftsteller, die sich zu ihrer Homosexualität bekannten. Gides Werk kritisiert die konventionelle Moral und verschreibt sich der persönlichen Wahrhaftigkeit.

GILBERT, WALTER (USA, geboren 1932). Chemie 1980. Gilbert wuchs in Washington D.C. auf. In der High School schwänzte er oft die Schule und las lieber in der Library of Congress. Seinen Doktortitel erhielt er in Cambridge und verbrachte seine darauffolgende Karriere in Harvard. Zunächst Physiker, wandte er sich letztendlich der Biochemie zu. Er erhielt den Nobelpreis für die Bestimmung von Basensequenzen in Nukleinsäuren.

GILMAN, ALFRED (USA, geboren 1941). Medizin 1994. Seine Eltern waren beide Musiker, der Vater darüber hinaus Pharmakologe. Mit Doktortiteln in Medizin und Chemie begann und beendete Gilman seine Karriere in Yale. Er teilte sich den Nobelpreis mit Martin Rodbell für die Entdeckung der Zellkommunikation und im Speziellen der Entdeckung der G-Proteine.

GLASHOW, SHELDON (USA, geboren 1932). Physik 1979. Glashows Vater war russischer Immigrant und Klempner. Seine beiden Brüder wurden Arzt und Zahnarzt. Er besuchte die Bronx High School of Science zusammen mit dem späteren Nobelpreisträger Steven Weinberg. Nach seinem Abschluss studierte er in Cornell und Harvard, arbeitete am Niels Bohr Institut in Kopenhagen und unterrichtete in Stanford, Berkeley und Harvard. Den Nobelpreis erhielt er für seine Entdeckungen im Bereich der Elementarteilchen.

GOLDING, WILLIAM (Großbritannien, 1911–1993). Literatur 1983. Golding arbeitete viele Jahre als Lehrer und sammelte als Marineoffizier reichlich Kriegserfahrungen im Zweiten Weltkrieg. Die Gesamtheit seiner Erlebnisse in beiden Bereichen prägten sein Werk, in dem er seinem Glauben an das menschliche Böse Ausdruck verleiht. Sein bekanntestes Buch ist die Schreckensvision *Der Herr der Fliegen*.

GORBATSCHOW, MICHAIL (UdSSR, geboren 1931). Frieden 1990. Der Sohn eines kaukasischen Bauern ist der Einzige, der den Lenin-Orden verliehen bekam. Als Präsident der Sowjetunion setzte er seine Politik von Glasnost (wörtlich: »Offenheit«) und Perestroika (wörtlich: »Umbau«) um. Damit leitete er das Ende des Kalten Krieges ein, was letztendlich zur Ablösung vom Kommunismus und zur Auflösung der Sowjetunion führte.

GORDIMER, NADINE (Südafrika, geboren 1923). Literatur 1991. Die falsche Diagnose einer Herzstörung verhinderte die Tanzkarriere Gordimers. So begann sie schon mit neun Jahren zu schreiben und veröffentlichte ihre erste Kurzgeschichte mit vierzehn. Als leidenschaftliche und aktive Gegnerin der Apartheid und des damit einhergehenden Polizeistaates in Südafrika schrieb Gordimer Romane, in denen sie kompromisslos die zerstörerischen Auswirkungen der Rassentrennung auf schwarze wie weiße Schicksale und ihre Beziehungen aufzeigt. 1987 war sie Mitbegründerin des Südafrikanischen Autorenkongresses, dessen Mitglieder überwiegend schwarzafrikanisch sind.

GRASS, GÜNTER (Deutschland, Frankreich, Indien, geboren 1927). Literatur 1999. Während des Zweiten Weltkrieges diente Grass in einer Panzerdivision der Waffen-SS und geriet in amerikanische Gefangenschaft. Nach dem Krieg arbeitete er als Bildhauer in Paris und Berlin. In dieser Zeit begann er auch zu schreiben. Zu Zeiten Willy Brandts engagierte er sich sehr aktiv in der

SPD. Erfolg als Autor wurde ihm 1959 mit dem Buch *Die Blechtrommel* zuteil, in dem er, wie auch in den meisten seiner anderen Werke, die traumatische Geschichte Deutschlands, vor allem unter den Nationalsozialisten, aufarbeitete.

GULLSTRAND, ALLVAR (Schweden, 1862–1930). Medizin 1911. Gullstrand wurde 1894 erster Professor für Augenheilkunde der Universität Uppsala. Das Wissen über die optischen Eigenschaften des Auges brachte er sich zum größten Teil selbst bei. Mit diesem Wissen und seinen bahnbrechenden Forschungen wurde er zum Begründer der modernen Augenheilkunde. Er entwickelte verbesserte Brillengläser und eine Reihe von optischen Geräten. Den Nobelpreis erhielt er für seine Arbeiten über die optischen Eigenschaften des Auges.

HABER, FRITZ (Deutschland, Schweiz, 1868–1934). Chemie 1918. Habers Ammoniaksynthese war nach der Abschottung Deutschlands im Ersten Weltkrieg entscheidend für die Munitionsindustrie. Während dieser Zeit war Haber zuständig für die chemische Kriegsführung und damit verantwortlich für die Entwicklung und den Einsatz der ersten Giftgaswaffen. Seine Frau erschoss sich mit seinem Dienstrevolver, als er ihre Bitten ignorierte, diese Arbeit einzustellen. Von den Alliierten wurde er als Kriegsverbrecher verfolgt. 1933, als Direktor des Kaiser Wilhelm Institutes, weigerte er sich, seine jüdischen Kollegen zu entlassen. Er ließ sich in den Ruhestand versetzen, ging ins Exil und starb im darauffolgenden Jahr.

HAHN, OTTO (Deutschland, 1879–1968). Chemie 1944. Während des Ersten Weltkrieges diente Hahn zunächst in der Infanterie und danach in der deutschen Spezialeinheit für chemische Kriegsführung. Für seine Arbeit über die Kernspaltung erhielt er den Nobelpreis. Hahn weigerte sich, der NSDAP beizutreten, wehrte sich mutig gegen deren Wissenschaftspolitik und rettete diversen Mitarbeitern das Leben. Nach dem Krieg zunächst in England interniert, wurde er 1948 Gründungspräsident der Max-Planck-Gesellschaft. Hahn sprach sich vehement gegen eine Bewaffnung Deutschlands mit Atomsprengköpfen aus. In seiner Freizeit trainierte Hahn bis weit über sechzig für Marathonläufe.

HAMMARSKJÖLD, DAG (Schweden, 1905–1961). Frieden 1961. Als Sohn des Premierministers von Schweden war Hammarskjöld ein außergewöhnlich gewissenhafter und nachdenklicher Diplomat. Von 1953 bis zu seinem Tod war er Generalsekretär der UNO. In dieser Funktion vermittelte er in einer Vielzahl internationaler Konflikte. Er starb auf einer Friedensmission im Kongo bei einem Flugzeugabsturz.

HAMSUN, KNUT (Norwegen, USA, 1859–1952). Literatur 1920. Hamsun lebte in Norwegen und den USA in großer Armut. Literarische Anerkennung erfuhr er erstmals 1880 für sein Buch *Hunger*. Als lebenslanger Bewunderer Deutschlands, antibritisch und -demokratisch eingestellt, unterstützte er die Sache der Nationalsozialisten und wurde während des Krieges von Hitler und Goebbels empfangen. Gegenüber Hitler kritisierte er allerdings die Anzahl der Hinrichtungen in Norwegen und die Politik des dortigen Reichskommissars. Nach dem Krieg wurde er für den begangenen Schaden gegenüber dem norwegischen Staat angeklagt und zu einer hohen Geldstrafe verurteilt, so dass er erneut verarmt starb.

HAYEK, FRIEDRICH VON (Österreich, Großbritannien, USA, 1899–1992). Wirtschaft 1974. Von Hayek diente während des Ersten Weltkrieges in der Österreichischen Armee. Nach dem Krieg promovierte er in Recht und Wirtschaft. 1931 zog er zunächst nach London und 1953 nach Chicago. Hayek war eine einflussreiche Leitfigur der Freien Marktwirtschaft und erlangte mit seinem Buch *Der Weg zur Knechtschaft* noch größere Bekanntheit. In seinem Buch vertritt er die These, dass der Wohlfahrtsstaat in den Totalitarismus und die Sklaverei führen würde.

HEANEY, SEAMUS (Nordirland, geboren 1939). Literatur 1995. Heaney wurde als ältestes von elf Kindern auf einer Farm im County Derry geboren, das zeit seines Lebens das »Land seines Geistes« blieb. 1970 war er Gastdozent in Berkeley. Seit 1975 ist er an der Universität Dublin tätig. Ab 1982 lehrte er ein Semester pro Jahr in Harvard. Von 1989 bis 1994 hatte er die Professur für Dichtung in Oxford inne und hielt dort drei Vorlesungen pro Semester. Der produktive und erfolgreiche Dichter erhielt den Nobelpreis in Würdigung der lyrischen Schönheit und ethischen Tiefe seines Gesamtwerkes.

HECKMAN, JAMES (USA, geboren 1944). Wirtschaft 2000. Heckman wurde nicht nur in Chicago geboren, sondern verbrachte auch den größten Teil seines Studiums und seiner beruflichen Laufbahn dort. Die Highschool-Zeit absolvierte er allerdings in Colorado, wo er Physikunterricht bei Robert Oppenheimers Bruder Frank erhielt. Sein Hauptaugenmerk lag auf der Wirkung von Sozialprogrammen auf Gesellschaft und Wirtschaft. Heckman erhielt den Nobelpreis für seine Arbeit in Mikroökonomie, in der er das Entscheidungsverhalten von Personen, Haushalten und Unternehmen im Zusammenhang mit deren Ausbildung untersuchte.

HEISENBERG, WERNER (Deutschland, 1901–1976). Physik 1932. Heisenberg war der Sohn des Byzantinistik-Professors August Heisenberg und leidenschaftlicher Pianist. Mit dreiundzwanzig erhielt er den Nobelpreis für seine Theorie der Quantenmechanik, die als Heisenbergsche Unschärferelation bekannt wurde. Darin postuliert er, dass es unmöglich sei, Ort und Impuls eines Teilchens gleichzeitig bestimmen zu wollen. Im Zweiten

Weltkrieg leitete er das deutsche Atomprogramm. Geschichtswissenschaftler streiten sich noch immer darüber, wie verpflichtet er sich diesem Projekt tatsächlich fühlte, da es nicht einmal zum Bau eines Reaktors kam.

HEMINGWAY, ERNEST (USA, Frankreich, Kuba, 1899–1961). Literatur 1954. Hemingway diente im Ersten Weltkrieg als Sanitätsfahrer sowie im Zweiten Weltkrieg und im Spanischen Bürgerkrieg als Kriegsberichterstatter. Er war Boxer, Großwildjäger, Hochseefischer und Stierkampfliebhaber. Sein Ruf gründet sich auf ein knappes Dutzend Romane sowie Kurzgeschichten, Novellen und Erzählungen in seinem klaren, knappen »Eisbergstil«, der großen Einfluss ausübte. Thema ist häufig das würdevolle Scheitern angesichts unüberwindbarer Hindernisse. Er war viermal verheiratet und unterhielt Häuser auf Kuba, in Key West und Idaho. Depressiv und alkoholkrank nahm er sich mit 61 Jahren das Leben.

HERSCHBACH, DUDLEY (USA, geboren 1932). Chemie 1986. Herschbach wuchs im ländlichen Kalifornien als ältester von sechs Söhnen eines Kaninchenzüchters auf. Er war der Footballstar seiner dortigen Highschool, studierte zunächst in Stanford und promovierte in Harvard, wo er den »Chem Zen« gründete, einen beliebten Wissenschaftskurs für freigeistige Studenten. Er gewann den Nobelpreis für seine Studien über die Dynamik chemischer Prozesse.

HERZBERG, GERHARD (Deutschland, Kanada, 1904–1999). Chemie 1971. Da seine Frau Jüdin war, entzog man Herzberg die Lehrbefugnis. Sie wanderten 1934 nach Kanada aus, wo er eine Anstellung an der Universität von Saskatchewan erhielt. Nach einem vierjährigen Abstecher nach Chicago, arbeitete er bis in die 1990er Jahre im National Research Council in Ottawa. Herzberg wurde bekannt als »Vater der modernen Molekular-Spektroskopie«. Den Nobelpreis erhielt er für seine Beiträge zur Kenntnis der elektronischen Struktur und Geometrie von Molekülen, insbesondere der freien Radikale. Herzberg war ein ungekünstelter Mensch mit einem schönen Bariton.

HESSE, HERMANN (Deutschland, Schweiz, 1877–1962). Literatur 1947. Hesse verbrachte 1892 ein Jahr in einer Nervenheilanstalt, brach mit sechzehn die Schule ab, floh nach drei Tagen aus der ersten Buchhändlerlehre, begann dann bei einem Turmuhrenmacher und wandte sich schließlich wieder dem Buchhandel zu. Nach einer Italienreise zog er 1912 in die Schweiz. Sein Pazifismus machte ihn im Deutschland des Ersten Weltkrieges unbeliebt. Die Nationalsozialisten verbrannten seine Bücher. Aufgrund der zusätzlichen Belastung, welche die geistige Krankheit seiner Frau mit sich brachte, begab sich Hesse bei einem Schüler C. G. Jungs in Therapie. Sein umfangreiches literarisches Werk behandelt die Selbstverwirklichung, die Selbstwerdung, die Autoreflexion, das »Transzendieren« des Einzelnen.

HITCHINGS, GEORGE (USA, 1905–1998). Medizin 1988. Der Forscher der Burroughs Wellcome & Company war über vierzig Jahre Mentor und Mitstreiter von Gertrude Elion, mit der er sich zusammen mit J. Black den Nobelpreis teilte für ihre Arbeit an Arzneimitteln, die verschiedene Krankheiten wie Leukämie und Malaria bekämpfen.

HOFFMANN, ROALD (Polen, USA, geboren 1937). Chemie 1981. In der heutigen Ukraine geboren, verlor Hoffmann seine Familie durch den Holocaust. Er verbrachte den Zweiten Weltkrieg in einem Ghetto, einem Arbeitslager und einem Versteck. Sein Vater, der Hoffmann und seine Mutter aus dem Lager schmuggelte, kam bei einem Fluchtversuch um. Nach drei Jahren in einem Flüchtlingslager wanderte Hoffmann in die Vereinigten Staaten aus. Hoffmann sprach mehrere Sprachen und veröffentlichte Gedichte. Den Nobelpreis erhielt er für seine Theorien zum Verlauf chemischer Reaktionen. Er tritt für die Einhaltung ethischer Grundsätze in der Chemie ein.

HULL, CORDELL (USA, 1871–1955). Frieden 1945. Geboren in einem Farmblockhaus in Tennessee, studierte Hull Rechtswissenschaften und wurde im Laufe seines Lebens Delegierter, Hauptmann der Infanterie, US- und Kongressabgeordneter sowie Außenminister unter Roosevelt. 1939 verwehrte er den deutsch-jüdischen Flüchtlingen der St. Louis die Aufnahme in Amerika. Nach der Rückkehr des Schiffes starb ein Drittel der Passagiere in Konzentrationslagern. Geehrt wurde er für seine internationalen Vermittlungsbemühungen sowie seine tragende Rolle bei der Bildung der Vereinten Nationen.

JACOB, FRANÇOIS (Frankreich, geboren 1920). Medizin 1965. Jacob war der Enkel des ersten jüdischen Vier-Sterne-Generals der französischen Armee. Im zweiten Jahr seines Studiums schloss er sich 1940 den Freien Französischen Streitkräften (France libre) in London an. Er diente als Sanitätsoffizier in Zentral- sowie Nordafrika und nahm an der Invasion in der Normandie teil. Die Nachwirkungen schwerer Verwundungen durch eine Splitterbombe verhinderten nach Abschluss des Medizinstudiums die ersehnte Karriere als Chirurg. Er promovierte zusätzlich in Biologie und erhielt zusammen mit J. Lucien und A. Lwoff den Nobelpreis »für ihre Entdeckungen auf dem Gebiet der genetischen Kontrolle der Synthese von Enzymen und Viren«.

JIMÉNEZ, JUAN RAMÓN (Spanien, USA, Puerto Rico, 1881–1958). Literatur 1956. Jiménez, Sohn eines Weinhändlers, gab die Rechtswissenschaften für die Dichtung auf. Bei Ausbruch des Spanischen Bürgerkrieges schickte ihn die Republikanische Regierung als Kulturattaché in die USA. Nach Francos Sieg blieb Jiménez in den USA. 1951 zog er mit seiner Frau nach Puerto Rico. Nach dem Tode seines Vater und seiner Frau mehrfach aufgrund von Depressionen in Behandlung, konzentrierte er sich in seinen Gedichten auf die Erfahrung der Schönheit als Kampf gegen das Nichts.

KAHNEMAN, DANIEL (Israel, USA, geboren 1934). Wirtschaft 2002. Kahneman überlebte den Zweiten Weltkrieg im besetzten Frankreich und emigrierte nach Palästina, wo er an der Hebräischen Universität Jerusalem sein Psychologiestudium abschloss. 1954 zu den Israelischen Verteidigungskräften eingezogen, beurteilte er Offiziersanwärter auf ihre Tauglichkeit. 1958 wechselte er zur University of California in Berkeley. Kahneman erhielt den Nobelpreis für die Einführung psychologischer Forschung in die Wirtschaftswissenschaften.

KAPIZA, PJOTR (Russland, 1894–1984). Physik 1978. Der Sohn eines Militäringenieurs wurde in Petersburg geboren. 1921 ging er nach Cambridge, um mit Ernest Rutherford zu arbeiten. Als er im August 1934 an einem Kongress in der Sowjetunion teilnahm, wurde sein Pass eingezogen und die Ausreise verweigert. Als Direktor des für ihn neu gegründeten Akademie-Instituts für Physikalische Probleme, des späteren Kapiza-Instituts, führte er seine Tiefsttemperaturstudien fort, die ihm später den Nobelpreis einbrachten. Während des Zweiten Weltkrieges erzeugte er mit Tiefsttemperaturturbinen massenhaft Sauerstoff für die Stahlindustrie. Man enthob ihn aber aller Ämter, als er die Mitarbeit an der Atombombe verweigerte.

KENDALL, HENRY (USA, 1926–1999). Physik 1999. Kendall trat im Sommer 1945 der Handelsmarine bei. 1946 nahm er seinen Abschied, um am Amherst College zu studieren, und arbeitete danach die nächsten vierzig Jahre am MIT. Kendall war Mitbegründer und langjähriger Vorsitzender der Union of Concerned Scientists[15]. Er erhielt den Nobelpreis für seine Forschungen über subatomare Teilchen, die den Beweis für die Existenz der Quarks lieferten. Der begeisterte Fotograf, Bergsteiger und Taucher starb während einer Tauchexpedition der National Geographic Society in Florida.

KERTÉSZ, IMRE (Ungarn, Deutschland, geboren 1929). Literatur 2002. Der in Budapest geborene Kertész überlebte als Fünfzehnjähriger Auschwitz und Buchenwald. Als seine Tageszeitung zum Parteiorgan der Kommunisten erklärt wurde, verlor er seine Arbeit als Journalist. Danach arbeitete er als Übersetzer und bewohnte mit seiner Frau ein einziges Zimmer. In der Verleihungsansprache wurde Kertész Werk gewürdigt als »schriftstellerisches Werk, das die zerbrechliche Erfahrung des Einzelnen gegenüber der barbarischen Willkür der Geschichte behauptet«.

KING, MARTIN LUTHER (USA, 1929–1968). Frieden 1964. Der Baptistenprediger wurde zur ausdrucksstarken Stimme der amerikanischen Bürgerrechtsbewegung. Stark beeinflusst von Gandhi, vertrat er einen strikten gewaltlosen Widerstand gegen die Ungerechtigkeit. Mit neununddreißig fiel er in Memphis, Tennessee, einem Attentat zum Opfer. Er war der jüngste Empfänger des Friedensnobelpreises und der bisher einzige Laureat, der vor Vollendung des vierzigsten Lebensjahres starb.

KIPLING, RUDYARD (Indien, Großbritannien, USA, 1865–1936). Literatur 1907. In Indien geboren, sprach Kipling Hindustani, bevor er das erste englische Wort lernte. Mit sechs als Pflegekind nach England geschickt, litt er sehr unter der grausamen Strenge seiner dortigen Schule. Als Erwachsener kehrte er nach Indien zurück, das den Handlungsort vieler seiner Romane,

---

15 »Vereinigung besorgter Wissenschaftler«, die sich für Abrüstung und Umweltschutz einsetzt. Anm. d. Üb.

Gedichte und Geschichten für Erwachsene wie Kinder bildet. Der durch eine Lungenentzündung verursachte Tod seiner Tochter und der Verlust seines Sohnes im Ersten Weltkrieg prägten ihn tief. Für sein literarisches Handwerk hochgeschätzt, war er aufgrund seiner konservativen, imperialistischen Ansichten durchaus umstritten.

KISSINGER, HENRY (Deutschland, USA, geboren 1923). Frieden 1973. Kissingers engster Familienkreis verließ 1938 Deutschland und emigrierte in die USA. Dreizehn weitere Familienangehörige starben im Holocaust. Während des Zweiten Weltkrieges und danach arbeitete er für den amerikanischen Nachrichtendienst. 1954 bis 1969 lehrte er an der Universität Harvard. Er war Berater fünf amerikanischer Präsidenten von Kennedy bis Ford. In der Regierungszeit Richard Nixons und Gerald Fords war er zudem Außenminister. Er teilte sich den Nobelpreis mit dem nordvietnamesischen Le Duc Tho für ihre Bemühungen um einen vietnamesischen Frieden. Le Duc Tho wies den Preis zurück, da der Krieg zu diesem Zeitpunkt noch nicht beendet war. Die Preisvergabe war umstritten, zwei der fünf norwegischen Komiteemitglieder traten unter Protest zurück.

KOHN, WALTER (Österreich, Kanada, USA, geboren 1923). Chemie 1998. Während seine ganze Familie im Holocaust umkam, überlebte Kohn durch den »Kindertransport« nach Großbritannien. Von Großbritannien aus emigrierte er nach Kanada. Er studierte in Toronto und Harvard. Den größten Teil seines beruflichen Lebens verbrachte er an der University of California. Kohn wurde 1998 für seine Entwicklung der Dichtefunktionaltheorie mit dem Nobelpreis ausgezeichnet.

KORNBERG, ARTHUR (USA, 1918–2007). Medizin 1959. Kornberg schloss die Highschool mit fünfzehn ab und besuchte danach, wie acht andere Nobelpreisträger, das gebührenfreie City

College von New York. Er diente als Bordarzt in der amerikanischen Marine und als Assistent im Nationalen Gesundheitsinstitut. Kornberg lehrte an der Washington University und in Stanford. Als weltweit anerkannte Autorität im Bereich Enzyme erhielt er den Nobelpreis für seine Studien über RNA und DNA.

KREBS, HANS ADOLF (Deutschland, Großbritannien, 1900–1981). Medizin 1953. Krebs studierte in Göttingen, Freiburg, Berlin, München und Hamburg, wo er schließlich promovierte. Als die Nationalsozialisten ihm 1934 Berufsverbot erteilten, emigrierte er nach Großbritannien und studierte Biochemie in Cambridge. Er lehrte in Sheffield, Cambridge und Oxford. Den Nobelpreis erhielt er für die Entdeckung des Citratzyklus, auch bekannt als Krebs-Zyklus.

LAGERLÖF, SELMA (Schweden, 1888–1940). Literatur 1909. Die Volksschullehrerin, Romanautorin, Dichterin, Biographin und Dramatikerin Lagerlöf spielte eine führende Rolle in der romantischen Neubelebung der schwedischen Literatur. Mit Valborg Olander verband sie bis zu ihrem Tod eine Jahrzehnte während Liebesbeziehung. 1940 verhalf sie zusammen mit Prinz Eugen der deutschen Dichterin Nelly Sachs zu einem Visum und rettete ihr damit das Leben. Selma Lagerlöf erhielt als erste Frau den Nobelpreis für Literatur. Ihr Werk spiegelt Schwedens Menschen, Lebensweisen, Volkssagen und -märchen, Brauchtum, Glauben und Landschaften wider.

LAUGHLIN, ROBERT (USA, 1950–2007). Physik 1998. Laughlin studierte zur Zeit der Vietnamproteste an der liberalen University of California in Berkeley. Danach trat er seinen Militärdienst an, den er größtenteils in Deutschland ableistete. Er arbeitete am MIT, für die Bell Telephone und Livermore Laboratorien und an der Stanford Universität. Den Nobelpreis erhielt er zusammen mit D. Tsui und H. L. Störmer für die Entdeckung der Quantenflüssigkeit und des darauf beruhenden fraktionalen Quanten-Hall-Effekts.

LAUTERBUR, PAUL (USA, 1929–2007). Medizin 2003. Lauterbur studierte Chemie in Cleveland und promovierte an der University of Pittsburgh. 1969 bis 1985 lehrte er Chemie und Radiologie an der New York University und von 1985 bis 1990 war er Professor am College of Medicine in Chicago. Von 1985 bis zu seinem Tod leitete er außerdem das Biomedical Magnetic Resonance Laboratory. Den Nobelpreis teilte er sich mit Sir Peter Mansfield für seine Arbeiten zur Magnetresonanztomographie.

LEDERBERG, JOSHUA (USA, 1925–2008). Medizin 1958. Seine Eltern emigrierten 1925 von Palästina in die USA. Mit achtzehn beendete Lederberg sein Studium am Columbia College mit einem Bachelor-Abschluss in Zoologie. Danach besuchte er die Columbia University Medical School, wo seine lebenslange Forschung in der Molekularbiologie ihren Anfang nahm. Er war Berater der Weltgesundheitsorganisation, zwölf Jahre Präsident der Rockefeller University und beteiligte sich an NASA-Forschungsprogrammen über mögliches Leben auf dem Mars. Lederberg gewann mit dreiunddreißig zusammen mit G. W. Beadle und E. Tatum den Nobelpreis für die Entdeckungen über genetische Neukombinationen und Organisation des genetischen Materials bei Bakterien.

LEDERMAN, LEON (USA, geboren 1922). Physik 1988. Der geborene New Yorker verbrachte seine gesamte Schul- und Studienzeit in dieser Stadt. Lederman war Direktor der Navis Laboratories und von Fermilab, arbeitete aber auch in Brookhaven und im CERN. Während seiner achtundzwanzigjährigen Karriere an der Columbia University promovierten fünfzig seiner Studenten in Physik (»vierzehn sind Physikprofessoren, einer ist Universitätsdirektor, und nach meinem Kenntnisstand sitzt keiner im Gefängnis«). Er bekam den Nobelpreis zusammen mit M. Schwartz und J. Steinberger für die Entdeckung der Neutrinos.

LEHN, JEAN-MARIE (Frankreich, geboren 1939). Chemie 1987. Der im Elsass geborene Lehn bevorzugte am Gymnasium Altphilologie, Philosophie und die Wissenschaftsfächer. Er studierte Chemie in Straßburg und arbeitete danach in Harvard. Lehn ist einer der Direktoren des Instituts für Nanotechnologie in Karlsruhe. Den überwiegenden Teil seiner Karriere arbeitete er allerdings in Frankreich am Nationalen Zentrum für Wissenschaftsforschung, an der Universität Straßburg, der Université Louis Pasteur und dem Collège de France. Er erhielt den Nobelpreis für seine Mitarbeit bei der »Entwicklung und Verwendung von Molekülen mit strukturspezifischer Wechselwirkung von hoher Selektivität«.

LEONTIEF, WASSILY (Russland, USA, 1906–1999). Wirtschaft 1973. Leontief wurde im damaligen Leningrad geboren, wo sein Vater als Professor für Wirtschaft arbeitete. Zu seinen eindringlichsten Kindheitserinnerungen gehören die tiefe Staatstrauer um Leo Tolstoi, die umherpfeifenden Kugeln in den ersten Tagen der Februar-Revolution und Lenins Rede vor dem Winterpalast. Nach dem Studium in Leningrad promovierte er mit zweiundzwanzig in Berlin. 1931 emigrierte Leontief in die USA und arbeitete vierundvierzig Jahre in Harvard. Die Schwedische Akademie würdigte seine Input-Output-Analyse für die Ausarbeitung und Anwendung bei wichtigen wirtschaftlichen Problemen, die zur Standardbewertung in der Wirtschaftsplanung vieler Länder wurde.

LEWIS, ARTHUR (St. Lucia, Barbados, 1915–1991). Wirtschaft 1979. Die beiden Nobelpreisträger Derek Walcott und Arthur Lewis stammen beide von der winzigen Vulkaninsel St. Lucia.

Der Sohn eines Lehrers beendete die Highschool mit vierzehn. Er studierte an der London School of Economics und war einer der ersten Schwarzen, die in Großbritannien eine Universitätsanstellung bekamen. Lewis arbeitete mehrere Jahre vornehmlich in Afrika für die UN. Den Nobelpreis erhielt er für seine Studien darüber, wie die Not in Ländern der Dritten Welt mit Hilfe geeigneter wirtschaftlicher Maßnahmen durch ein größeres Wirtschaftswachstum zu lindern wäre. Hierbei betrachtete er insbesondere die Produktion dieser Länder und ihre Abhängigkeiten von den Industriestaaten.

LEWIS, SINCLAIR (USA, Italien, 1885–1951). Literatur 1930. Der ehemalige Privatsekretär Jack Londons war der erste amerikanische Literaturpreisgewinner. Die Attacken auf seine kritische Sicht des American Way of Life veranlassten ihn allerdings, den Pulitzerpreis nicht anzunehmen. Den Nobelpreis erhielt er für seinen 1920 erschienenen Roman *Hauptstraße*, eine Satire über die kleinbürgerliche Mittelschicht Amerikas, die sich 500 000-mal verkaufte. Der ruhelos umherreisende Lewis starb 1951 in Rom an den Folgen seines fortgeschrittenen Alkoholismus.

LORENZ, KONRAD (Österreich, 1903–1989). Medizin 1973. Lorenz, Sohn eines Orthopäden, war von Kindesbeinen an von Tieren aller Art fasziniert. Die Lektüre von Nils Holgersson weckte seine Leidenschaft für Gänse und die Ornithologie. Lorenz ist umstritten, da er bei der nationalsozialistischen »Notgemeinschaft« entsprechend formulierte Anträge auf Stipendien stellte und in der Wehrmacht 1942 als Heerespsychiater und Neurologe im deutsch besetzten Polen bis heute nicht völlig geklärte Aufgaben übertragen bekam. Belegt ist lediglich seine Mitarbeit an einer rassenkundlichen »Studie« an Posener »deutsch-polnischen Mischlingen«. Dennoch war Lorenz einer der Hauptvertreter und herausragender Gründervater der klassischen vergleichenden Verhaltensforschung. Ihm wurde 1973 gemeinsam mit Karl von

Frisch und Nikolaas Tinberger der Nobelpreis verliehen »für ihre Entdeckungen betreffend den Aufbau und die Auslösung von individuellen und sozialen Verhaltensmustern«.

LUCAS, ROBERT (USA, geboren 1937). Wirtschaft 1995. Lucas wuchs in Seattle auf und studierte unter Milton Friedman an der University of Chicago. 1975 kehrte er als Dozent dorthin zurück. Er erhielt den Nobelpreis für seine Lucas-Kritik, die »Theorie der rationalen Erwartungen«, die die makroökonomische Analyse veränderten. Wie bei der Scheidung mit seiner Frau vereinbart, teilte er seinen Gewinn mit ihr: »Abgemacht ist abgemacht.«

LURIA, SALVADOR (Italien, USA, 1912–1991). Medizin 1969. Luria beendete 1935 sein Medizinstudium *summa cum laude* in Turin und diente in der italienischen Armee als Arzt. 1938–1940 forschte er am Radium-Institut in Paris und emigrierte danach in die USA. Als aktiver Sozialist protestierte er gegen den Vietnamkrieg. In der McCarthy-Ära wurde daher sein Pass eingezogen. Er gründete das Zentrum für Krebsforschung am MIT, dessen Leiter er wurde. Dort lehrte er zusätzlich Weltliteratur. Den Nobelpreis gewann er zusammen mit Max Delbrück und Alfred D. Herschey für ihre Arbeit über die genetische Struktur von Viren.

LUTHULI, ALBERT (Südafrika, 1898–1967). Frieden 1960. Luthuli war Lehrer und Laienprediger, der zum Stammesführer der Zulu gewählt wurde und danach zum Präsidenten des Afrikanischen Nationalkongresses. Die schwarze Bevölkerung ermahnte er immer wieder zur Ruhe und Geduld; er selbst wurde mehrere Male für seine Politik verhaftet, verbannt oder durfte sich nur im Gebiet seiner Heimatstadt aufhalten. Er erhielt als erster Afrikaner den Nobelpreis für seinen friedlichen Einsatz gegen die Rassendiskriminierung.

MAATHAI, WANGARI (Kenia, geboren 1940). Frieden 2004.
Wangari Maathai erhielt ein Stipendiatsstudium für Biologie in
Kansas und studierte später an den Universitäten von Pittsburgh,
Gießen und München. 1971 erwarb sie als erste kenianische Frau
den Doktortitel an der Universität von Nairobi, wo sie im glei-
chen Jahr die erste Professorin für Veterinäranatomie und später
Dekanin wurde. 1976 gründete sie innerhalb des Nationalen
Kenianischen Frauengremiums die Grüngürtel-Bewegung, deren
zumeist weibliche Mitglieder weltweit über dreißig Millionen
Bäume pflanzten. Zuvor mehrmals inhaftiert und misshandelt,
wurde sie 2002 zur stellvertretenden Ministerin für Umweltschutz
ins kenianische Parlament berufen.

MACBRIDE, SEÁN (Frankreich, Irland, 1904–1988). Frieden
1974. MacBride war der Sohn des irischen Widerstandskämpfers
John MacBride, der nach dem Osteraufstand 1916 hingerichtet
wurde. Seine Mutter, ebenfalls Widerstandskämpferin, war eine
Muse William Butler Yeats'. MacBride gehörte zwanzig Jahre der
IRA an, die er 1937 verließ. Er studierte Rechtswissenschaften
und wurde ein ausgezeichneter Verteidiger. 1948–51 war er iri-
scher Außenminister und brachte die Europäische Menschen-
rechtskommission mit auf den Weg. Der Mitbegründer und Präsident von Amnesty International arbeitete auch mit anderen
Menschenrechtsorganisationen zusammen.

MACDIARMID, ALAN (Neuseeland, USA, 1927–2007). Chemie 2000. Während der Weltwirtschaftskrise lieferte MacDiarmid frühmorgens Milch aus und ging barfuß zur Schule. Bereits
mit zehn entwickelte er großes Interesse für die Chemie. Er verließ mit sechzehn die Schule und wurde Laborgehilfe und Pfört-
ner an der Universität, wo er auch sein Studium begann. Er graduierte mit Auszeichnung, was ihm ein Fulbright-Stipendium in
den USA einbrachte. Nach der Promotion arbeitete er über fünfzig Jahre als Professor an der Universität von Pennsylvania. Zu-

sammen mit A. J. Heeger und H. Shirakawa erhielt er den Nobelpreis für die Entdeckung und Entwicklung leitfähiger Polymere.

MACKINNON, RODERICK (USA, geboren 1956). Chemie 2003. MacKinnon studierte zunächst Biochemie an der Brandeis University, dann Medizin an der Tufts University und in Harvard. Als Post-Doktorand arbeitete er erneut an der Brandeis und in Harvard. Seine Professur dort gab er auf, um an die Rockefeller Universität zu wechseln, wo er seine Forschungen zu Ionenkanälen fortführte, die ihm den Nobelpreis einbrachten.

MAETERLINCK, MAURICE (Belgien, USA, Frankreich, 1862–1949). Literatur 1911. Maeterlinck studierte Rechtswissenschaft, arbeitete aber nur kurze Zeit als Anwalt. Er schrieb Gedichte und Essays, vor allem aber weltbekannte Dramen. Er gilt als wichtigster Vertreter des Symbolismus, der zusammen mit märchenhaften Elementen seine frühen Werke stark beeinflusste. Später kamen realistischere Elemente, moralische und philosophische Themen dazu. Im Mittelpunkt seiner Arbeiten stand oft die Hilflosigkeit des Menschen im Angesicht des Todes. König Albert I. von Belgien erhob ihn 1932 in den Adelsstand und machte ihn zum Grafen. Der überzeugte Gegner des Totalitarismus emigrierte im Zweiten Weltkrieg vorübergehend nach Portugal und in die USA. Maeterlinck starb in Nizza.

MAHFUZ, NAGIB (Ägypten, 1911–2006). Literatur 1988. Mahfuz schrieb mehr als vierzig Romane, um die hundert Kurzgeschichten sowie Theaterstücke und Drehbücher. Nach Veröffentlichung seiner Kairoer Trilogie galt er als einer der bedeutendsten Autoren seines Landes und der arabischen Welt. Dennoch arbeitete er bis zu seinem sechzigsten Lebensjahr weiter als Beamter im ägyptischen Bildungsministerium. 1994, mit 82, überlebte er schwerverletzt einen Attentatsversuch. Er war der erste arabischsprachige Literaturpreisträger.

MANDELA, NELSON (Südafrika, geboren 1918). Frieden 1993. Der Sohn des Königsberaters der Thembu-Monarchie der Xhosa war in seiner Jugend Hirte und Amateurboxer. Er besuchte verschiedene Methodistenschulen und studierte am Missionscollege und der Witwatersrand Universität Rechtswesen. Mandela engagierte sich als Rechtsanwalt in der Anti-Apartheid-Bewegung und half dabei, die Guerilla-Armee des ANC zu organisieren. Wegen Verrats verurteilt, verbrachte er siebenundzwanzig Jahre als politischer Gefangener in Haft. 1991, ein Jahr nach seiner Freilassung, wurde er der erste schwarze Präsident des neuen, demokratischen Südafrika.

MANN, THOMAS (Deutschland, Schweiz, USA, 1875–1955). Literatur 1929. Die Schwedische Akademie verlieh Mann den Nobelpreis für *Buddenbrooks*, das sich über eine Million Mal verkaufte. Allerdings gelten auch einige andere Werke als Klassiker der europäischen Literatur. Als ausgesprochener Gegner der Nationalsozialisten emigrierte Manns Familie 1933 in die Schweiz und später in die USA, wo sie von 1941 bis 1952 lebte. Er weigerte sich, nach Deutschland zurückzukehren, ging aber erneut in die Schweiz, nachdem er vor dem Komitee für unamerikanische Aktivitäten Rechenschaft ablegen musste.

MARSHALL, GEORGE C. (USA, 1880–1959). Frieden 1953. Der Berufssoldat Marshall diente auf den Philippinen und in Frankreich. Zwischen den beiden Weltkriegen lebte er drei Jahre in China und lernte die Landessprache. Im Zweiten Weltkrieg zum Chief of Staff der U.S. Armee berufen, erwies er sich als überragender Organisator und Stratege. Unter Präsident Harry Truman wurde er zunächst Außen- und später Verteidigungsminister. Marshall erhielt den Nobelpreis für seinen »Marshallplan«, der den Wiederaufbau des kriegsverwüsteten Europas zum Ziel hatte. Er zog sich 1951 für immer aus der Politik zurück, nachdem er von Senator McCarthy als Verräter und »Helfer der

Kommunisten auf ihrem Weg zur Weltherrschaft« beschimpft worden war.

MATHER, JOHN C. (USA, geboren 1946). Physik 2006. Mather studierte in Swarthmore und Berkeley und arbeitete sein Leben lang für die NASA, zuletzt als leitender Astrophysiker im Goddard Space Center. Er koordinierte die Arbeit eines riesigen Teams, das mit Hilfe von COBE-Satelliten die kosmische Hintergrundstrahlung erforschte. Zusammen mit G. F. Smoot erhielt er den Nobelpreis für die Erkenntnis, derzufolge das Spektrum der Hintergrundstrahlung dem Planckschen Strahlungsgesetz eines schwarzen Körpers gehorcht, sowie der Entdeckung der Anisotropie des kosmischen Mikrowellenhintergrunds. Ihre Arbeit warf ein neues Licht auf die Natur des Universums kurz nach dem Urknall.

MAURIAC, FRANÇOIS (Frankreich, 1885–1970). Literatur 1952. Der linkskatholische[16] Antifaschist Mauriac war als Autor und Journalist äußerst produktiv. Er gilt als einer der bedeutendsten Romanciers zwischen den Weltkriegen. Im Spanischen Bürgerkrieg unterstützte er die Republikaner und produzierte während der französischen Besetzung Untergrundschriften für die Résistance. Als leidenschaftlicher Humanist verurteilte er die pauschale Aburteilung spanischer Kollaborateure und die grausamen Repressionen und Kriege, mit denen Frankreich nach 1945 seine Kolonialgebiete zu halten versuchte. Die Schwedische Akademie würdigte »die tiefen spirituellen Erkenntnisse und die künstlerische Intensität, durch die er in seinen Romanen das Drama des menschlichen Lebens aufzeigt«.

---

16 »renouveau catholique«, eine sich um 1890 herausbildende linkskatholische Bewegung, die sich an der katholischen Soziallehre orientierte. Anm. d. Üb.

McFADDEN, DANIEL (USA, geboren 1937). Wirtschaft 2000. McFadden wuchs tief im ländlichen North Carolina auf der Familienfarm auf. Mit neunzehn schloss er sein Studium ab und lehrte am MIT, in Chicago und an der Caltech. Er kaufte einen kleinen Weinberg mit Landhaus im Napa Valley, um Wein und Oliven anzubauen, Enten und Hühner zu züchten. Er gewann den Nobelpreis für die Entwicklung von Theorien und Methoden zur Analyse diskreter Entscheidungen, die voraussagen, wie sich eine Mehrheit angesichts eingeschränkter Wahlmöglichkeiten entscheiden würde.

MEDAWAR, PETER BRIAN (Brasilien, Großbritannien, 1915–1987). Medizin 1960. Medawar wurde in Brasilien geboren, verbrachte aber den größten Teil seines Lebens an den Universitäten von Oxford und London. Anfang der 1940er Jahre fing er an, sich mit der Thematik des Immunsystems und der Transplantationen zu beschäftigen. 1960 erhielt er zusammen mit F. M. Burnet den Nobelpreis für ihre Entdeckung der erworbenen immunologischen Toleranz. Er schrieb viele Artikel über eine Reihe von wissenschaftlichen Themen, wobei er überaus zynisch wurde, wann immer es seiner Meinung nach um Pseudowissenschaft ging.

MELLO, CRAIG (USA, geboren 1960). Medizin 2006. Nach seinem Studium an der Brown University und seiner Promotion in Harvard wurde Mello Professor für Molekularmedizin an der Medical School der Universität von Massachussetts. Zusammen mit Andrew Z. Fire erhielt er den Nobelpreis für die Entdeckung der RNA-Interferenz, einer wichtigen Methode der biomedizinischen Forschung, die neue Erkenntnisse für therapeutische Zwecke lieferte.

MIŁOSZ, CZESŁAW (Polen, USA, 1911–2004). Literatur 1980. Miłosz absolvierte Schule und Hochschulstudium in Wilna. Sein

Literaturstudium brach er ab, weil dort so viele Frauen studierten, dass die Fakultät die »Heiratsabteilung« genannt wurde. Stattdessen widmete er sich widerwillig dem Jurastudium. Seinen ersten Gedichtband veröffentlichte er mit zweiundzwanzig. Während der nationalsozialistischen Besetzung engagierte er sich im Widerstand. Zwischen 1945 und 1949 setzte ihn die kommunistische Regierung als Diplomat in New York und Washington ein. 1951 suchte er Asyl in Paris. Er emigrierte 1960 in die USA, wo er in Berkeley lehrte. Der Nobelpreis wurde ihm verliehen für »seine kompromisslose Klarsicht«.

MISTRAL, GABRIELA (Chile, 1889–1957). Literatur 1945. Mistrals Vater verließ die Familie, als sie drei Jahre alt war. Mit sechzehn arbeitete sie zunächst als Hilfslehrerin, um ihre Familie zu unterstützen, machte später aber eine Ausbildung zur Lehrerin. Sie veröffentlichte ihre ersten Gedichte 1905. Den Selbstmord ihres Geliebten verarbeitete sie 1909 in *Sonetos de la Muerte*, für die sie den Nobelpreis bekam. Von 1922–34 lebte Gabriela Mistral in Mexiko, den USA und Europa. Ab 1933 trat sie in den diplomatischen Dienst Chiles und vertrat ihr Land in Spanien, Brasilien, Portugal und den USA. Ihre lyrische und leidenschaftliche Dichtung behandelt die Themen Liebe, Glaube, Kindheit und Tod.

MODIGLIANI, FRANCO (Italien, USA, 1918–2003). Wirtschaft 1985. Modigliani promovierte an der Universität Rom in Rechtswissenschaften. Aufgrund seiner jüdischen Abstammung und antifaschistischen Einstellung emigrierte er 1938 in die USA. An der New School of Social Research in New York promovierte er in Wirtschaftswissenschaft und verbrachte den größten Teil seiner beruflichen Laufbahn am MIT, beriet die amerikanische Notenbank und die italienische Regierung. Er erhielt den Nobelpreis für seine »Lebenszyklushypothese«.

MOMMSEN, CHRISTIAN MATTHIAS THEODOR (Deutschland, 1817–1903). Literatur 1902. Mommsen, Sohn eines protestantischen Pfarrers, hatte sechzehn Kinder, von denen zwölf das Erwachsenenalter erreichten. Nach dem Studium der Rechtswissenschaften und Philologie verhalf ihm die Berliner Akademie der Wissenschaften zu einem dreijährigen Studienaufenthalt in Frankreich und Italien. 1948 wurde er außerordentlicher Professor der Rechte in Leipzig, wurde jedoch 1850 wegen »Teilname an liberalen politischen Bewegungen« des Amtes enthoben. 1852 wurde er zum Ordinarius für Römisches Recht in Zürich ernannt, 1858 zum Professor der Alten Geschichte in Berlin. Der liberal eingestellte und ausgesprochene Gegner des deutschen Antisemitismus war ein begabter und produktiver Autor, dessen berühmteste Arbeit *Römische Geschichte* ihm den Nobelpreis einbrachte, bis heute ein Standardwerk.

MONOD, JACQUES (Frankreich, 1910–1976). Medizin 1965. Monod war der Sohn eines französischen Malers hugenottischer Abstammung und dessen amerikanischer Ehefrau. Während der deutschen Besetzung engagierte er sich in der Résistance, wurde von der Gestapo verhaftet, konnte aber fliehen. Monod besaß großen Charme und Charakter, er spielte Cello, dirigierte einen Bach-Chor und war ein Freund Camus'. Er erhielt den Nobelpreis zusammen mit François Jacob und André Lwoff, seinen Kollegen am Pasteur-Institut, für »ihre Entdeckungen auf dem Gebiet der genetischen Kontrolle der Synthese von Enzymen und Viren«.

MONTALE, EUGENIO (Italien, 1896–1981). Literatur 1975. Montale studierte Gesang unter dem Bariton Ernesto Sivori. Die Ausbildung wurde unterbrochen durch seinen Dienst als Infanterieoffizier im Ersten Weltkrieg. Nach dem Krieg wandte er sich der Dichtung zu. Er liebte die Musik Bellinis und Debussys, den Impressionismus und die großen Schriftsteller des 19. Jahrhunderts. Montale wurde Direktor der Gabinetto Vieusseux Bibliothek in Florenz, 1938 wurde er wieder entlassen, da er sich weigerte, der Partei beizutreten. Die Schwedische Akademie wertete seine Lyrik als »Dichtung, die mit großer künstlerischer Feinfühligkeit menschliche Werte angesichts eines illusionslosen Lebens darstellt«.

MORGAN, THOMAS HUNT (USA, 1866–1945). Medizin 1933. Morgan arbeitete lange Jahre als Zoologe, lehrte dann aber an der Columbia und der Caltech Genetik, nachdem er 1900 sein Interesse für die Vererbungslehre wiederentdeckt hatte. Seine Forschungen mit Fruchtfliegen führten zu einem besseren Verständnis der Vererbungsgesetze der Chromosomen.

MORRISON, TONI (USA, geboren 1931). Literatur 1993. Morrison entstammt einer afroamerikanischen Arbeiterfamilie aus Ohio. Die Autorin, Redakteurin und Literaturwissenschaftlerin lehrte an der Texas Southern sowie den Universitäten Howard, Yale und Princeton. Während ihrer sechzehnjährigen Tätigkeit für Random House (1967 bis 1983) spielte sie eine wichtige Rolle bei der Etablierung der afroamerikanischen Literatur. Ihre Romane konzentrieren sich auf die Erlebnisse und Erfahrungen der schwarzen Bevölkerung, vor allem der Frauen, in den USA. Ihr bekanntestes Buch ist *Menschenkind*.

MULLIS, KARY BANKS (USA, geboren 1944). Chemie 1993. Mullis, in South Carolina geboren, entwickelte sich in Kalifornien zu einem begeisterten Surfer mit unkonventionellen Ideen und eigenem Lebensstil. Er experimentierte mit LSD und erhielt den Nobelpreis für die Entwicklung der Polymerase-Kettenreaktion. Diese basiert auf der zyklisch wiederholten Verdoppelung von DNA und ist unverzichtbar für die Erkennung von Virusinfektionen, Erbkrankheiten, genetischen Fingerabdrücke und das Klonen von Genen. Mullis arbeitete hauptsächlich als Forscher und Berater der chemischen und pharmakologischen Industrie.

Darüber hinaus hat Mullis die wissenschaftlichen Theorien über Ozonloch und Klimawandel bezweifelt. Seine Autobiographie *Dancing Naked in the Mind Field* wurde zum Bestseller.

MURRAY, JOSEPH EDWARD (USA, geboren 1919). Medizin 1990. Murray war einer der wenigen praktizierenden Ärzte, die einen Nobelpreis erhielten. Ein Pionier auf dem Gebiet der Transplantation und plastischen Chirurgie, wendete er seine Erkenntnisse im Zweiten Weltkrieg bei der Behandlung starker Verbrennungswunden bei Soldaten an. 1954 gelang ihm die erste Nierentransplantation bei eineiigen Zwillingen. 1962 glückte ihm die Transplantation durch Immunsuppression auch bei genetisch nicht identischen Personen. Seine Forschungsergebnisse prägten die Technik der Organverpflanzung.

MYRDAL, ALVA (Schweden, 1902–1986). Frieden 1982. Alva Myrdal, eine schwedische Sozialreformerin, war nach 1945 maßgeblich an der Gestaltung des schwedischen Wohlfahrtsstaates beteiligt. Sie vertrat ihr Land bei internationalen Konferenzen in Paris, Genf und Neu-Delhi, arbeitete als Botschafterin in Indien und auf Ceylon. Als Botschafterin setzte sie sich bei der UN trotz heftiger Widerstände für Abrüstung ein. Von 1951 bis 1955 war Myrdal leitende Angestellte der UNESCO. 1961 wurde sie ins schwedische Außenministerium berufen und 1962 als Abgeordnete ins schwedische Parlament gewählt.

MYRDAL, GUNNAR (Schweden, 1898–1987). Wirtschaft 1974. Der Ehemann von Alva Myrdal wurde 1944 bekannt für sein Werk *An American Dilemma: The Negro Problem and Modern Democracy*. Er wurde aufgrund seiner Arbeiten über Geld- und Konjunkturtheorie geehrt. Er lehrte als Professor an der Universität von Stockholm, war Handelsminister und engagierte sich in der UN.

NAIPAUL, V. S. (Trinidad, Großbritannien, geboren 1932). Literatur 2001. Naipaul, Nachkomme indischer Vertragsarbeiter, verließ Trinidad mit achtzehn, um an der Universität Oxford zu studieren. Er behielt seinen Wohnsitz in Großbritannien, reiste aber sehr viel. Das erste seiner Bücher, das ihn bekannt machte, war *Ein Haus für Mr. Biswas*. Die Schwedische Akademie verlieh ihm den Nobelpreis dafür, »hellhöriges Erzählen und unbestechliches Beobachten zu vereinen, die uns zwingen, die Gegenwart verdrängter Geschichte zu sehen«.

NANSEN, FRIDTJOF (Norwegen, 1861–1922). Frieden 1922. Nansen rüstete drei Arktis-Expeditionen aus, an denen er auch teilnahm, und durchquerte als Erster auf Skiern das grönländische Inlandeis. Er schrieb Bücher über Zoologie, Ozeanographie und Anthropologie. Er engagierte sich 1905 für die friedliche Trennung Norwegens und Schwedens, war norwegischer Botschafter in London und trat dem Völkerbund bei. Nach dem Ersten Weltkrieg organisierte er die Rückkehr von 400 000 Kriegsgefangenen in ihre Heimat, rettete Millionen von Russen vor dem Verhungern und ermöglichte mit dem Nansen-Pass die Umsiedlung und Ansiedlung mehrerer 100 000 Flüchtlinge, die ihre Staatsangehörigkeit verloren hatten.

NERUDA, PABLO (Chile, Frankreich, 1904–1973). Literatur 1971. Nerudas 1924 erschienenes Buch *Zwanzig Liebesgedichte und ein Lied der Verzweiflung* verkaufte sich zwei Millionen Mal und machte ihn in ganz Lateinamerika berühmt. Als Konsul vertrat er Chile in Burma, Indonesien, Spanien und Mexiko. Er trat der Kommunistischen Partei bei und wurde 1945 Senator, war unter Videla ab 1948 aber auf der Flucht und im Exil. Das ihm von Präsident Allende angetragene Amt eines Botschafters legte er aus Gesundheitsgründen nieder. Neruda starb zwölf Tage nach dem Putsch und Allendes Tod an Krebs.

NOEL-BAKER, PHILIP (Großbritannien, 1889–1982). Frieden 1959. Noel-Baker nahm als aktiver Läufer an zwei Olympischen Spielen und als Teamleiter noch ein drittes Mal teil. Der Sohn eines Quäkers und Londoner Parlamentsabgeordneten diente während des Ersten Weltkrieges als Sanitäter und erhielt mehrere Auszeichnungen. Er sprach mehrere Sprachen und war als Labour-Abgeordneter fünfunddreißig Jahre Mitglied des Parlaments im Unterhaus und sechzehn Jahre Kabinettsminister. Seine Hinweise und Vorschläge, die in die Gründung und frühe Entwicklung der Vereinten Nationen einflossen, wurden mit dem Friedensnobelpreis geehrt. Noel-Baker war ein entschiedener Fürsprecher für Frieden und Abrüstung.

ŌE, KENZABURŌ (Japan, geboren 1935). Literatur 1994. Ōes Großmutter erzählte dem Jungen von klein auf Geschichten, seine Mutter gab ihm Mark Twain und *Nils Holgersson* zu lesen. Sein Vater starb im Zweiten Weltkrieg, als Ōe neun war. Ōes Leben und Schreiben wurde durch zeitgenössische französische Literatur, den Krieg, Hiroshima, die amerikanische Besetzung, sein Engagement in der Friedens- und Ökologiebewegung und seinen autistischen Sohn geprägt. Letztere Erfahrung verarbeitete er in seinem bekanntesten Roman *Eine persönliche Erfahrung*.

O'NEILL, EUGENE (USA, 1888–1953). Literatur 1936. O'Neills irisch-katholischer Vater war Wanderschauspieler, seine mystisch-fromme Mutter morphiumabhängig. Nach einem Regelverstoß musste er die Universität Princeton verlassen und verbrachte einige Jahre als Sekretär, Goldsucher, Assistenzmanager der väterlichen Theatertruppe, Seemann, technischer Zeichner, Schauermann, Maultiertreiber und Obdachloser. In dieser Zeit bekam er Malaria und wurde zum Alkoholiker. 1912 folgte ein Selbstmordversuch und ein Sanatoriumsaufenthalt wegen Tuberkulose. Während der Rekonvaleszenz las er viel und begann 1913 damit, selber Stücke zu schreiben. Sein erstes Broadwaystück wurde 1920 aufgeführt. Seine kraftvollen und tragischen Dramen haben enge Bezüge zum klassisch-griechischen Theater. *Eines langen Tages Reise in die Nacht* wird gemeinhin als sein Meisterwerk angesehen.

ORR, JOHN BOYD (Großbritannien, 1880–1971). Frieden 1949. Orr studierte Philosophie, Medizin und Naturwissenschaften. Er gründete das Rowett-Institut für Tierernährung in Aberdeen, diente als Sanitätsoffizier im Ersten Weltkrieg, führte dann seine Forschungen zur Verbesserung von Fleischqualität am Institut fort und reformierte die Schulspeisung. Er war Mitglied des Ernährungsausschusses im Völkerbund und erster Generaldirektor der Ernährungs- und Landwirtschaftsorganisation der UN. Er erhielt den Nobelpreis für seine Bemühungen zur Beseitigung des Hungers, um weltweit dauerhaften Frieden zu bewirken.

OSSIETZKY, CARL VON (Deutschland, 1889–1938). Frieden 1935. Ossietzkys Erlebnisse im Ersten Weltkrieg festigten seine pazifistische Einstellung. Seine journalistischen Attacken gegen den Militarismus brachten ihn diverse Male vor Gericht und in Haft. 1933 wurde Ossietzky in das neuerrichtete Konzentrationslager Sonnenburg bei Küstrin verschleppt, danach mit weiteren bekannten Häftlingen in das KZ Esterwegen im Emsland verlegt. Die Häftlinge wurde dort schwer misshandelt und mussten unter unerträglichen Bedingungen die dortigen Moore umgraben. Der abgemagerte und geschwächte Ossietzky starb an den Folgen einer schweren Tuberkulose. Die Verleihung des Nobelpreises, die auf Betreiben einer internationalen Kampagne erfolgte, erzürnte Hitler derart, dass er zukünftigen Preisträgern aus Deutschland verbot, diese Ehrung anzunehmen.

PAMUK, ORHAN (Türkei, geboren 1952). Literatur 2006. Pamuk wurde in eine wohlhabende, prowestliche Großfamilie in Istanbul geboren. Ursprünglich wollte er Maler werden, studierte dann aber Architektur und anschließend Journalismus. Er war der erste muslimische Autor, der öffentlich die *fatwa* gegen Salman Rushdie kritisierte. Nachdem er in einem Interview auf den Genozid an einer Million Armeniern in der Türkei einging, wurde er wegen »Beleidigung des Türkentums« angeklagt, das Verfahren wurde aber eingestellt. Seine Bücher wurden in fünfunddreißig Sprachen übersetzt und in hundert Ländern veröffentlicht.

PASTERNAK, BORIS (Russland, 1890–1960). Literatur 1958. Ursprünglich Musiker, wurde Pasternak der wichtigste Dichter der russischen Moderne. Darüber hinaus sind seine Russischübertragungen von Goethes *Faust*, Shakespeare-Stücken, Rilke und Kleist berühmt. Er geriet unter Druck, als sein einziges Buch, *Doktor Shiwago,* von der Zensur als zu kritisch gegenüber dem Kommunismus eingestuft wurde, im Ausland aber 1957 veröffentlicht wurde. Man zwang ihn, den Nobelpreis abzulehnen, und schloss ihn aus dem Schriftstellerverband der UdSSR aus. Der politische Druck auf ihn und seine Umgebung sollen seinen Tod beschleunigt haben.

PAULI, WOLFGANG ERNST (Österreich, USA, Schweiz, 1900–1958). Physik 1945. Mit zwanzig schrieb Pauli ein Buch über die Relativitätstheorie, von dem Einstein sehr beeindruckt war. Dieser schlug Pauli auch für den Nobelpreis vor. Den Preis erhielt er für sein Ausschlussprinzip, das wohl seinen wichtigsten Beitrag zur Quantenmechanik darstellt: Zwei Fermionen (Elementarteilchen) können sich nicht im selben Quantenzustand befinden (aufgrund des Spins, der »up« oder »down« sein kann, gibt es jedoch für jedes Energieniveau zwei Besetzungsmöglichkeiten). Aus diesem Grund ist Materie »stabil«. Mit dreißig bewies er die Existenz des Neutrinos, das ebenfalls zu den Fermionen gehört. Berüchtigt war nicht nur Paulis perfektionistische und harsche Kritik, sondern auch seine handwerkliche Ungeschicklichkeit. Seine bloße Anwesenheit soll Laborgeräte zum Versagen gebracht haben. Unter Kollegen kursierte dieses Phänomen als Pauli-Effekt.

PAULING, LINUS (USA, 1901–1994). Chemie 1954, Frieden 1962. Pauling selbst war dafür bekannt, mit dem Ausruf »Vitamine, Vitamine!«, vor allem Vitamin C, gegen fast jedes medizinische Problem vorzugehen. Darüber hinaus wird er als einer der herausragenden amerikanischen Chemiker des zwanzigsten Jahrhunderts betrachtet. Er ist nach Marie Curie der bislang einzige weitere Träger zweier unterschiedlicher Nobelpreise. Er erhielt sie für seine Forschungen über die Natur der chemischen Bindung sowie für seinen Einsatz zur Beendigung der amerikanischen und sowjetischen Atomwaffentests. Seine Warnungen vor den Auswirkungen der Tests führten dazu, dass ihm in den 1950ern der Reisepass verweigert wurde.

PAWLOW, IWAN (Russland, 1849–1946). Medizin 1904. Pawlow wurde in Zentralrussland als Sohn eines Priesters geboren. Er studierte zunächst Theologie, bevor er zur Medizin wechselte. Er war ein ausgezeichneter Anatom und Chirurg sowie ein Pionier auf dem Gebiet des zentralen Nervensystems und des Verdauungsapparates. Am bekanntesten sind seine Forschungen über den konditionierten Reflex. Der Kritiker Pawlow war extrem geschickt darin, den Repressalien der sowjetischen Regierung auszuweichen.

PAZ, OCTAVIO (Mexiko, 1914–1998). Literatur 1990. Paz war politischer Kritiker, Essayist, Dichter und Romanautor von großer Wortgewandtheit und Belesenheit. Als Botschafter arbeitete er sechs Jahre in Indien, legte das Amt aber 1968 nieder aus Protest gegen das Studentenmassaker seiner Regierung bei den Olympischen Spielen in Mexiko.

PEARSON, LESTER (Kanada, 1897–1972). Frieden 1957. Pearson war von 1948–1957 Außenminister Kanadas, 1952 Präsident der UN-Generalversammlung, 1958–1968 Vorsitzender der Liberalen Partei Kanadas und 1963–1968 Premierminister seines Landes. Seine Regierung führte die allgemeine Krankenversicherung, das staatliche Rentenwesen und die kanadische Flagge ein. In seiner Eigenschaft als UN-Mitglied trug er 1956 wesentlich zur Beendigung der Suezkrise bei, wofür er den Nobelpreis erhielt. Er wird als Mitbegründer der UN-Friedenstruppen und der modernen Konzepte zur Friedenssicherung angesehen.

PENZIAS, ARNO (Deutschland, USA, geboren 1933). Physik 1978. Penzias Familie entkam 1939 über Großbritannien nach Amerika. Nach Abschluss des City Colleges in New York diente er zwei Jahre im Army Signal Corps. Nachdem er an der Columbia University promoviert hatte, nahm er eine Anstellung in den Bell Laboratories an, wo er die nächsten siebenunddreißig Jahre arbeitete und forschte. Er erhielt den Nobelpreis zusammen mit R. W. Wilson für die Entdeckung der kosmischen Mikrowellen-Hintergrundstrahlung, die die Urknall-Theorie unterstützt.

PERES, SCHIMON (Polen, Israel, geboren 1923). Frieden 1994. Peres schloss sich 1947 der Hagana, dem Vorgänger der israelischen Streitkräfte, unter David Ben Gurion an. Von 1950–52 studierte er in Harvard Verwaltungswissenschaften. Nach Israel zurückgekehrt, wurde er stellvertretender Generaldirektor des Verteidigungsministeriums und 1953 Staatssekretär. Er war maßgeblich für die Bewaffnung des noch jungen Staates Israel verantwortlich. Er teilte sich den Nobelpreis mit Jitzchak Rabin und Jassir Arafat für ihre Verdienste um das Oslo-Abkommen, das den palästinensischen Autonomieprozess regelt. Nach der Ermordung Rabins wurde er 1995 erneut israelischer Premierminister.

PERSE, SAINT-JOHN (Guadeloupe, Frankreich, 1887–1975). Literatur 1960. Saint-John Perse wurde in Saint-Léger-les-Feuilles geboren. 1899 zog die Familie nach Frankreich, und Perse studierte Politik- und Rechtswissenschaften. Ab 1914 arbeitete er im diplomatischen Dienst in China, Korea, Japan und der

Mongolei. 1940 verlor er wegen seines Widerstandes gegen die Appeasement-Politik Stellung, Vermögen und Staatsbürgerschaft. Er emigrierte in die USA und arbeitete als Alexis Leger für die Library of Congress. Erst 1957 kehrte er zurück. Perse' Dichtung ist selbst in Frankreich relativ unbekannt und sehr schwierig. Ein Teil seines Werkes wurde zudem im Zweiten Weltkrieg zerstört.

PERUTZ, MAX (Österreich, Großbritannien, 1914–2002). Chemie 1962. Perutz, Sohn eines Textilfabrikanten, verließ 1936 Österreich, um in Cambridge zu studieren. Nach dem Anschluss Österreichs wurden Familienunternehmen und Vermögen beschlagnahmt, seine Eltern mussten fliehen. Die Fortführung seines Studiums wurde durch ein Stipendium der Rockefeller-Stiftung ermöglicht. 1947 wurde er als Professor zum Leiter der Abteilung für Molekularbiologie ernannt, in der er und J.C. Kendrew die einzigen Mitarbeiter waren. Mit diesem zusammen erhielt er den Nobelpreis für ihre röntgenographischen Strukturuntersuchungen des Hämoglobins. Perutz befasste sich auch mit der kristallinen Struktur und den Fließeigenschaften von Gletschern. Er war ein begeisterter Skifahrer und Bergsteiger, liebte Wandern und Gartenarbeit.

PHELPS, EDMUND (USA, geboren 1933). Wirtschaft 2006. Phelps liebt Musik und ist ein begabter Trompeter. Er studierte in Amherst und Yale, arbeitete für RAND, die Universitäten von Pennsylvania und Yale. Danach wurde er als Professor für Wirtschaft an die Columbia berufen. Er stellte die These auf, dass nicht die Produktion pro Kopf, sondern der Konsum maximiert werden müsse. Dies tritt ein, wenn alles Einkommen konsumiert wird und alle Zinseinkommen gespart werden. Diese These ist als Goldene Regel der Akkumulation bekannt. Seinen Nobelpreis erhielt er für »seine Analyse intertemporaler Zielkonflikte in makroökonomischer Politik«.

PHILLIPS, WILLIAM D. (USA, geboren 1948). Physik 1997. Phillips Eltern waren beide Sozialarbeiter. Phillips ist Wissenschaftler am National Institute of Standards and Technology und erhielt für das Kühlen und Einfangen von Atomen mit Laserlicht zusammen mit Steven Chu und C. Cohen-Tannoudji den Nobelpreis.

PINTER, HAROLD (Großbritannien, 1930–2008). Literatur 2005. Der Sohn eines sephardisch-jüdischen Schneiders und einer aschkenasisch-jüdischen Mutter wuchs im Londoner East End auf. Mit zwanzig veröffentlichte er seinen ersten Gedichtband. Als er 1948 zum Militär einberufen wurde, verweigerte er den Kriegsdienst und kam infolgedessen ins Gefängnis. Sein Stipendiatsstudium an der Royal Academy of Dramatic Art brach er ab, um mit einer reisenden Theatertruppe Shakespeare-Stücke in Irland aufzuführen. Sein erstes Theaterstück *The Room* (»Das Zimmer«) schrieb er 1957. Seine Stücke drehen sich um Gewalt, Hass in der Familie und besessene Eifersucht. Um ein Gefühl namenloser Bedrohung zu erzeugen, arbeitete er mit Schweigen, Verharmlosung und kryptischem Small Talk. Pinter schrieb für Theater, Hörfunk, Fernsehen und Kino. Seit den 1970ern war Pinter ein Verfechter der Menschenrechte.

PIRANDELLO, LUIGI (Italien, 1867–1936). Literatur 1934. Der auf Sizilien geborene Pirandello schrieb Gedichte, Kurzgeschichten, Kritiken und Theaterstücke. 1904 erzielte er seinen ersten großen Erfolg mit dem Fortsetzungsroman *Der gewesene Matthias Pascal*, der als einer der einflussreichsten Romane Italiens und als Grundstein der modernen italienischen Literatur gilt. Ab 1910 wandte er sich dem Drama zu. Sein berühmtestes Stück, *Sechs Personen suchen einen Autor*, wurde 1923 in Paris uraufgeführt. Pirandello trat der Partei Mussolinis bei, aber bis heute ist unklar, ob er es aus Überzeugung tat oder um der ständigen finanziellen Krise zu entkommen und seine Theaterpläne verwirklichen zu können.

PIRE, GEORGES (Belgien, 1910–1969). Frieden 1958. Pire trat mit achtzehn den Dominikanern bei, nahm den Ordensnamen Dominique an und studierte in Rom, wo er sein Theologiestudium an der Universität Angelicum abschloss. 1934 wurde er zum Priester geweiht. Im Zweiten Weltkrieg brachte er Kinder aus gefährdeten Gebieten Belgiens und Frankreichs aufs Land nach Huy, engagierte sich in der Résistance, schmuggelte Piloten aus dem Land und arbeitete für den Geheimdienst. 1949 gründete er die *Hilfe für heimatlose Menschen* sowie die *Sponsorship-Bewegung für heimatlose Kinder.* Ab 1950 folgten die *Europa-Dörfer,* für die er den Nobelpreis erhielt. Danach gründete er seine bekannteste Hilfsorganisation, *Europas Herz für Welthilfe,* sowie das Internationale Mahatma Gandhi Friedenszentrum zur Verbesserung des globalen Verständnisses und der Überwindung kultureller Unterschiede.

PLANCK, MAX (Deutschland, 1858–1947). Physik 1918. Planck war musikalisch sehr begabt, wandte sich dann aber doch der Physik zu und promovierte mit einundzwanzig. Der Begründer der modernen Physik stellte 1900 seine Quantenphysik vor. Er wandte sich direkt an Hitler, um gegen die Entlassung seiner jüdischen Kollegen zu protestieren. Seine erste Frau starb nach zweiundzwanzig Jahren Ehe, seine beiden Töchter im Kindbett, und sein ältester Sohn fiel im Ersten Weltkrieg. Erwin, der zweite Sohn aus erster Ehe, wurde nach dem fehlgeschlagenen Anschlag auf Hitler hingerichtet. Von diesem letzten Schicksalsschlag hat er sich nie mehr erholt. Ihn überlebte lediglich der dritte Sohn aus zweiter Ehe.

POLANYI, JOHN (Deutschland, Großbritannien, Kanada, geboren 1929). Chemie 1986. Polanyi wurde als Sohn des angesehenen ungarischen Wissenschaftlers und Philosophen Michael Polanyi in Berlin geboren. Er studierte in Großbritannien und arbeitete als Postdoktorand an der Universität Ottawa und in Princeton. Danach lehrte er fast vierzig Jahre an der Universität von Toronto.

Der Förderer der Wissenschaften in Kanada erhielt den Nobelpreis zusammen mit D. Herschbach und Y. T. Lee für »ihre Mitwirkung an der Dynamik chemischer Elementarprozesse«.

PORTER, GEORGE (Großbritannien, 1920–2002). Chemie 1967. Nach Abschluss seines Studiums diente Porter als Radar-Offizier in der Marine. Für seinen Doktortitel ging er nach Cambridge. Als Förderer wissenschaftlicher Bildung arbeitete er in einer erfolgreichen Fernsehfilmreihe, *The Laws of Disorder*, mit. 1990 wurde er für seine Verdienste um die Wissenschaft zum Lord Porter of Luddenham erhoben. Er teilt sich den Nobelpreis mit M. Eigen und R. Norrish für ihre Untersuchungen extrem schneller chemischer Reaktionen mittels Impuls-Photolyse.

PRIGOGINE, ILYA (Russland, Belgien, USA, 1917–2003). Chemie 1977. Prigogines Familie verließ 1921 Russland, weil sie dem neuen Sowjetsystem kritisch gegenüberstand. Sein Hauptinteresse galt zunächst der Archäologie und vor allem dem Klavierspiel, dann entschied er sich allerdings für das Studium der Chemie an der Université Libre de Bruxelles, wo er 1950 Professor wurde. Ab 1959 lehrte er in Texas, danach in Chicago. 1967 ging er nach Austin zurück. Er erhielt den Nobelpreis für seinen Beitrag zur irreversiblen Thermodynamik. In seiner späteren Arbeit konzentrierte sich Prigogine auf das Zusammenspiel zwischen Philosophie und Physik, insbesondere auf den »Zeitpfeil«. 1989 wurde er zum Vicomte ernannt. Fünf internationale Institute tragen seinen Namen.

QUASIMODO, SALVATORE (Italien, 1901–1968). Literatur 1959. Der auf Sizilien geborene Quasimodo studierte zunächst Physik und Ingenieurswissenschaften und arbeitete zehn Jahre als Landvermesser. 1930 veröffentlichte er seinen ersten Gedichtband, 1940 promovierte er in Literaturgeschichte und wurde Dozent für italienische Literatur in Mailand. Hohes Ansehen genoss er auch als Theaterkritiker und durch seine überragenden Übersetzungen lateinischer und griechischer Dichtung sowie der Gedichte Pablo Nerudas. Er erhielt den Nobelpreis für seine lyrische Dichtung, die mit klassischem Feuer das tragische Lebensgefühl der Gegenwart ausdrückt.

RABIN, JITZCHAK (Israel, 1922–1995). Frieden 1994. Rabin wurde als einer der wenigen Hagana-Offiziere in die israelischen Streitkräfte übernommen. 1967 gab er seinen Posten als Generalstabschef auf, wurde Botschafter in den USA, Arbeitsminister unter Golda Meir und 1992 der erste in Israel geborene Ministerpräsident. Er teilt sich den Nobelpreis mit Arafat und Peres für ihre Friedensbemühungen im Nahen Osten. Sechs Jahre später wurde Rabin von einem israelischen, fundamentalistischen Studenten ermordet, der seine Politik der Landaufgabe für Frieden ablehnte.

RAMÓN Y CAJAL, SANTIAGO (Spanien, 1852–1934). Medizin 1906. Cajals Vater arbeitete sich vom Dorfarzt mit Interesse an Sektionen zum Professor für Anatomie hoch. Sein Sohn musste zunächst eine Lehre bei einem Barbier machen, obwohl er lieber Maler geworden wäre. Er studierte schließlich auf Wunsch des Vaters Medizin in Saragossa. Nach seinem Abschluss wurde er eingezogen und als Sanitätsoffizier nach Kuba geschickt, wo er sich mit Malaria und Tuberkulose infizierte. Seine Zeichenleidenschaft, sein Gespür für visuelle Ästhetik und sein großes Talent fanden später in seinen hervorragenden Detailzeichnungen auch Eingang in seine wissenschaftlichen Forschungen über die Feinstruktur des Zentralnervensystems. Er erhielt den Nobelpreis zusammen mit B. C. Golgi in Anerkennung ihrer Arbeiten über die Struktur des Nervensystems.

RICHET, CHARLES ROBERT (Frankreich, 1850–1935). Medizin 1913. Richet war Professor für Medizin wie zuvor sein Vater und später sein Sohn und sein Enkel. Seine Interessen galten der Medizin, dem Spiritismus und der Parapsychologie. Er erhielt den Nobelpreis für seine Arbeiten über Anaphylaxie. Er schrieb mehrere Bücher, darunter sein misanthropisches *Der Mensch ist dumm!*.

ROBERTS, RICHARD JOHN (Großbritannien, USA, geboren 1943). Medizin 1993. Roberts wuchs in England auf und erwarb seinen Doktortitel an der Sheffield University. 1949 wurde er nach Harvard berufen, und seine Familie wanderte aus. Damit gehörte auch er zu den vielen brillanten Geistern der Nachkriegsjahre, die Großbritannien verlorengingen. Er arbeitete zwanzig Jahre am Cold Spring Harbor Laboratorium und gewann den Nobelpreis mit Ph. A. Sharp für ihre Identifizierung des diskontinuierlichen Aufbaus einiger Erbanlagen in Zellorganismen.

ROLLAND, ROMAIN (Frankreich, Schweiz, 1866–1944). Literatur 1915. Rolland studierte an der Eliteschule École Normale Supérieure Musik und Literatur sowie zwei Jahre in Rom. Seinen Doktortitel in Musikgeschichte machte er an der Sorbonne, wo er auch eine Professorenstelle annahm. In seinem 1919 erschienenen Hauptwerk, dem zehnbändigen *Jean-Christophe*, zieht ein deutscher Komponist nach Frankreich, wo er seine »deutsche Energie« mit dem »französischen Geist« veredeln lernt. Der Sozialist und Pazifist Rolland blieb im Ersten Weltkrieg in der Schweiz, von wo aus er in seiner Artikelserie *Über dem Schlachtgetümmel* allen Parteien unverantwortliche Kriegstreiberei vorwarf. Diese erschienen auch als Buch und brachten ihm den Nobelpreis ein. Das Preisgeld spendete der Humanist und Tierschützer dem Roten Kreuz.

ROOSEVELT, THEODORE (USA, 1858–1919). Frieden 1906. 1889 gründete Roosevelt eine Kavallerieeinheit, die Rough Riders, um im Spanisch-Amerikanischen Krieg auf Kuba zu kämpfen. Nach seiner Rückkehr wurde er Gouverneur von New York, 1900 Vizepräsident unter McKinley und nach dessen Ermordung sechsundzwanzigster und jüngster Präsident der USA. Roosevelt erhielt den Nobelpreis für seine Vermittlung im Friedensvertrag zwischen Russland und Japan. Der liberale und engagierte Reformer liebte die Natur und die Jagd, gründete die ersten Nationalparks und schrieb neunundzwanzig Bücher sowie über tausend Artikel.

RUBBIA, CARLO (Italien, USA, Schweiz, geboren 1934). Physik 1984. Rubbia studierte an den Universitäten von Pisa und Rom sowie an der Columbia. Er arbeitet in Harvard und im CERN in Genf und teilt sich den Nobelpreis mit Simon van der Meer für ihren Beitrag bei der Entdeckung subatomarer Teilchen.

RUSSELL, BERTRAND (Großbritannien, 1872–1970). Literatur 1950. Russell wuchs als Vollwaise bei seiner liberalen, adeligen Großmutter auf und wurde als Erwachsener einer der führenden Mathematiker und Philosophen Großbritanniens. Im Ersten Weltkrieg sprach er sich für Frieden und Kriegsdienstverweigerung aus, woraufhin ihm Cambridge die Professur entzog und er zu einer sechsmonatigen Gefängnisstrafe verurteilt wurde. Er war einer der Autoren des Einstein-Russell-Manifests gegen Nuklearwaffen und wurde mit neunundachtzig wegen seiner Teilnahme an Sitzblockaden in London festgenommen. Seine Bibliographie weist mehr als 4 000 Titel auf, sein populärstes Buch war das 1945 erschienene *Denker des Abendlandes. Eine Geschichte der Philosophie*, während er mit *Principia Mathematica* ein bedeutendes Werk über die Grundlagen der Mathematik schrieb.

RUTHERFORD, ERNEST (Neuseeland, Großbritannien, 1871–1937). Chemie 1908. Der Vater der modernen Atomphysik gilt als einer der bedeutendsten Experimentalphysiker. Rutherford studierte am Canterbury College in Christchurch.

Danach erhielt er einen Ruf an die McGill-Universität in Montreal. Für seine dortigen Forschungen zur Radioaktivität erhielt er den Nobelpreis. Danach lehrte er an der Universität Manchester und als Professor in Cambridge. Er entwickelte in dieser Zeit das Rutherfordsche Atommodell und wurde 1919 Direktor des Cavendish-Labors in Cambridge, an dem eine Vielzahl von Atomphysikern ausgebildet wurde. Rutherfords Beisetzung fand in der Westminster Abbey nahe dem Grab von Isaac Newton statt.

SACHS, NELLY (Deutschland, Schweden, 1891–1970). Literatur 1966. Sachs überlebte den Holocaust durch Freunde, die ihre langjährige Brieffreundin Selma Lagerlöf und Prinz Eugen überzeugten, ihr und ihrer Mutter ein schwedisches Visum zu verschaffen. Der Holocaust, den sie in ihren Werken zu verarbeiten suchte, verfolgte Sachs für den Rest ihres Lebens. Zwei ihrer bekanntesten Gedichtbände sind *Fahrt ins Staublose* und *In den Wohnungen des Todes*.

SACHAROW, ANDREI (Russland, 1921–1989). Frieden 1975. Sacharow war maßgeblich für die Entwicklung der ersten sowjetischen Wasserstoffbombe zuständig. Nach 1955 setzte bei ihm ein Umdenken ein, er wandte sich gegen Atomwaffen, setzte sich für politische Gefangene und Minderheiten ein, was ihm einerseits den Nobelpreis einbrachte, in aber andererseits zum Staatsfeind machte, der nach Gorki verbannt wurde. Sacharows Frau nahm den Preis in seinem Namen entgegen. Er und seine Frau wurden auf Betreiben Gorbatschows aus Gorki entlassen, rehabilitiert und mit dem Lenin-Orden geehrt.

SAMUELSON, PAUL (USA, geboren 1915). Wirtschaft 1970. Samuelson studierte in Chicago und Harvard. Danach lehrte er hauptsächlich am MIT. Bereits im Zweiten Weltkrieg Berater der US-Regierung, zog ihn auch Kennedy in Wirtschaftsfragen hinzu. Er schrieb regelmäßig die Wirtschaftskolumne für *Newsweek*.

Den Nobelpreis erhielt er für seine wissenschaftlichen Beiträge in fast allen Bereichen der Wirtschaftstheorie. Er war der Erste, der darauf bestand, dass Mathematik ein wichtiger Faktor zum Verständnis von Wirtschaftsfragen sei. Er schrieb *Volkswirtschaftslehre*, ein Lehrbuch, das 1948 erschien, über eine Million Mal verkauft und in viele Sprachen übersetzt wurde. Es gehört bis heute zu den Standardwerken des Studienganges.

SARAMAGO, JOSÉ (Portugal, geboren 1922). Literatur 1998. Saramago wurde als Sohn landloser Kleinbauern geboren. Das Gymnasium musste er aus finanziellen Gründen verlassen und begann stattdessen eine Lehre als Automechaniker. Aufgrund seiner sozialistischen Einstellung wurde er vor der Nelkenrevolution in Portugal verfolgt und musste sich mit Übersetzungen über Wasser halten. Seine frühen Werke sind überwiegend Gedichte, erst 1980 begann er, Romane zu schreiben. Sein bekanntestes Buch ist *Stadt der Blinden,* das 2008 verfilmt wurde.

SARTRE, JEAN-PAUL (Frankreich, 1905–1980). Literatur 1964. Sartre studierte Psychologie, Soziologie und Philosophie an der renommierten École Normale Supérieure, wo er Simone de Beauvoir, seine spätere Lebensgefährtin, kennenlernte. Während des Zweiten Weltkrieges war er Sanitäter, geriet in Gefangenschaft und arbeitete nach seiner Befreiung aktiv in der Résistance. Nach dem Ende des Krieges wurde er freier Schriftsteller und die führende Stimme des Existentialismus. Sartre war in den Spätvierzigern überzeugter Kommunist, verurteilte im Kalten Krieg aber das Verhalten der Sowjetunion gegenüber Ungarn und der Tschechoslowakei scharf. Er erhielt den Nobelpreis in Anerkennung seines schöpferischen schriftstellerischen Schaffens, dessen freiheitlicher Geist und Suche nach Wahrheit einen weitreichenden Einfluss auf das 20. Jahrhundert ausübten. Er provozierte einen Skandal, als er den Preis mit dem Wunsch nach Unabhängigkeit ablehnte.

SCHWEITZER, ALBERT (Deutschland, Frankreich, Gabun, 1875–1965). Frieden 1952. Der im Oberelsass geborene Schweitzer war evangelischer Theologe, Orgelspieler, Musikforscher, Philosoph und Arzt. 1913 verließ er Europa, um in Lambaréné in Französisch-Äquatorialafrika, dem heutigen Gabun, ein Krankenhaus einzurichten. Während des Ersten Weltkrieges wurden er und seine Frau als Deutsche in Frankreich interniert. 1924 kehrte er nach Afrika zurück, um das Urwaldhospital auszubauen und eine Leprastation einzurichten. Er arbeitete in Lambaréné bis zu seinem Tod.

SEABORG, GLENN THEODORE (USA, 1912–1999). Chemie 1951. Seaborg war einer der Mitunterzeichner des Franck-Reports, der sich gegen den Einsatz der Atombombe in Japan aussprach. Er erhielt den Nobelpreis für die Entdeckung der Transurane, darunter auch Plutonium. Seine Nobelpreisrede hielt er auf Schwedisch, seiner Muttersprache. Das chemische Element 106 wurde zu Seaborgium umbenannt. Er war der Einzige, dem diese Ehre zu Lebzeiten zuteil wurde. Er war Rektor der University of California in Berkeley, Vorsitzender der Kommission für Atomenergie unter Kennedy und wissenschaftlicher Berater von neun amerikanischen Präsidenten. Er hält den Rekord für den längsten Eintrag im *Who's Who in America*.

SEFERIS, GIORGOS (Griechenland, 1900–1971). Literatur 1963. Seferis wurde im damals noch griechischen Smyrna geboren. Nach dem Studium in Athen und Paris trat er 1926 in den diplomatischen Dienst und wurde 1931 Vizekonsul in London. Während des Zweiten Weltkrieges begleitete er die griechische Regierung ins Exil nach Ägypten. Ab 1948 stand er erneut in diplomatischen Diensten und beendete seine Laufbahn 1962 als Botschafter in London. In seiner lebendigen Dichtung verewigt er die Landschaften und Farbspiele Griechenlands, den Ruhm und die Tragödien seiner Geschichte aus der geschärften Sicht des

Abwesenden. Er starb in Athen, wo die Menschen bei der Nachricht seines Todes in Tränen ausbrachen. Seine Beerdigung wurde ein Demonstrationszug gegen die Diktatur.

SEN, AMARTYA KUMAR (Indien, Großbritannien, geboren 1933). Wirtschaft 1998. Sen wurde im indischen Bengalen geboren und studierte in Kalkutta und Cambridge. Er lehrte am MIT, in Stanford, Berkeley, Harvard, Delhi, an der London School of Economics und in Oxford. Von 1998–2004 war er Oberhaupt des Trinity College in Cambridge, ehe er nach Harvard zurückkehrte. Er erhielt den Nobelpreis für seine grundlegenden Beiträge zur Wohlfahrtsökonomie mit Schwerpunkt auf Armut und Hunger in Entwicklungsländern.

SHAW, GEORGE BERNARD (Irland, Großbritannien, 1856–1950). Literatur 1925. Shaw führte das britische Drama in die Moderne. Der Vegetarier, Musikliebhaber und -kritiker, Verfechter der Gleichberechtigung und Polemiker spendete einen Teil seines Vermögens für die Vereinfachung der englischen Rechtschreibung. Er war führendes Mitglied der sozialistischen Gesellschaft der Fabianer, aus der später die Labour Partei hervorging. In mehr als fünfzig Stücken brillierte er als Meister der Komödie, Tragödie, Satire und des Diskussionsdramas. Seine bekanntesten Werke sind *Cäsar und Cleopatra* und *Pygmalion*. Für Letzteres erhielt er als einziger Nobelpreisträger einen Oscar für das beste Drehbuch.

SIENKIEWICZ, HENRYK (Polen, 1846–1916). Literatur 1905. Sienkiewicz schrieb überwiegend historische Romane, von denen seine vier wichtigsten im siebzehnten Jahrhundert in Polen spielen. Weltweit bekannt wurde er mit *Quo Vadis*, seinem Roman über die Christenverfolgung zur Zeit Neros. Von 1876 bis 1878 bereiste er die USA mit der Eisenbahn und schickte seine *Briefe von der Reise nach Amerika* an die *Gazeta Polska*, wo sie eine große Leserschaft erfreuten. Ab 1914 war Sienkiewicz Organisator des Hilfskomitees für polnische Flüchtlinge in die Schweiz. Es sollte nicht sein einziger humanitärer Einsatz bleiben.

SIMON, HERBERT (USA, 1916–2001). Wirtschaft 1978. Simon lehrte vierundvierzig Jahre an der Carnegie Mellon Universität. Er erhielt den Nobelpreis für seine Forschungen über Entscheidungsprozesse in Wirtschaftsorganisationen. Mehrsprachig, Pianist, Maler und ausgezeichneter Schachspieler, wurde Simon oftmals als Mann der Renaissance bezeichnet. Seine wissenschaftlichen Forschungsgebiete umfassten Mathematik, Verwaltungstheorie, Psychologie, Politikwissenschaften und künstliche Intelligenz.

SINGER, ISAAC BASHEVIS (Polen, USA, 1904–1991). Literatur 1978. Singer verbrachte seine Jugendjahre in Bilgoraj, einem polnischen Schtetl, das sich seit dem Mittelalter kaum verändert hatte. 1935 zog er in die USA, um bei einer jüdischen Zeitung in Brooklyn zu arbeiten. Seine jiddischen Bücher waren bei Erwachsenen und Kindern sehr beliebt und veranschaulichten die Welt der osteuropäischen Juden im frühen zwanzigsten Jahrhundert. Die bekanntesten Werke sind *Feinde, die Geschichte einer Liebe* und *Yentl*.

SMOOT, GEORGE F. (USA, geboren 1945). Physik 2006. Der in Florida geborene Sohn eines Wissenschaftsehepaares graduierte am MIT und lehrt als Professor an der University of California in Berkeley. Er teilt sich den Nobelpreis mit John C. Mather für ihre Ergebnisse, die sie mit dem COBE-Satelliten für kosmische Hintergrundstrahlung erzielten. Smoot war verantwortlich für die Instrumente, die mit großer Präzision die Hintergrundstrahlung eines schwarzen Körpers messen und damit Aufschlüsse über das Universum kurz nach dem Urknall geben.

SOLOW, ROBERT MERTON (USA, geboren 1924). Wirtschaft 1987. Seine drei Jahre in der US-Armee verbrachte Solow in Nordafrika und auf Sizilien. Er lehrte fünfundvierzig Jahre lang am MIT. Seine Forschung zeigte, dass langfristiges Wirtschaftswachstum in einer Volkswirtschaft nur durch technischen Fortschritt erzeugt werden kann und nicht durch Kapitalanhäufung. Seine Studien veranlassten verschiedene Regierungen, technologische Forschung und Entwicklung stärker zu unterstützen.

SOLSCHENIZYN, ALEXANDER (Russland, 1918–2008). Literatur 1970. Der hochdekorierte Artillerieoffizier des Zweiten Weltkrieges verbrachte aufgrund seiner Kritik an Stalin acht Jahre in Arbeitslagern. 1962, während des kurzzeitigen kulturpolitischen Tauwetters, wurde sein Roman *Ein Tag im Leben des Iwan Denisowitsch* veröffentlicht, in dem die Bedingungen in einem Lager beschrieben werden. Nachdem sie wieder der Zensur unterlagen, konnten seine Bücher nur noch außerhalb der UdSSR erscheinen. Obwohl er, wie gefordert, den Nobelpreis nicht persönlich entgegennahm, wurde er 1974 ausgebürgert. Bis zu seiner Rückkehr im Jahr 1994 lebte er in den USA.

SOYINKA, WOLE (Nigeria, geboren 1934). Literatur 1986. Soyinka war der erste Afrikaner, der den Nobelpreis für Literatur erhielt. Er schreibt Gedichte, Theaterstücke, Romane und Kritiken. Nach seinem Studium in Großbritannien gründete er ein nationales Theaterensemble. 1967, während des Bürgerkrieges zwischen Nigeria und Biafra, veröffentlichte er einen Friedensaufruf und musste für fast zwei Jahre ins Gefängnis. Danach hielt er sich immer wieder im Exil auf.

STEINBECK, JOHN (USA, 1902–1968). Literatur 1962. Steinbecks lebenslange Fürsprache für Unterdrückte, der er auch in seinen Romanen wie *Früchte des Zorns* und *Von Mäusen und Menschen* Ausdruck verlieh, brachte ihm eine dicke FBI-Akte ein. Sein

Buch *Der Mond ging unter* wurde im besetzten Europa des Zweiten Weltkrieges zu einer Inspiration. Steinbeck arbeitete in dieser Zeit als Kriegskorrespondent. Er schrieb das Drehbuch für den Film *Viva Zapata!* und Reden für Präsident Lyndon B. Johnson.

STIGLER, GEORGE (USA, 1911–1991). Wirtschaft 1982. Stigler war Wirtschaftswissenschaftler an der Universität von Chicago, wo er dem Center for the Study of the Economy and the State vorstand. Den Nobelpreis bekam er für seine Forschung über die Zusammenhänge zwischen Industrie, Märkten und staatlicher Regulierung.

STIGLITZ, JOSEPH (USA, geboren 1943). Wirtschaft 2001. Stiglitz wurde von vier Nobelpreisträgern in Wirtschaft am MIT unterrichtet. 1992 berief Präsident Bill Clinton ihn als Vorsitzenden in den Kreis seiner Wirtschaftsberater, wo er das Konzept des »dritten Weges« im Zusammenspiel zwischen Regierung und Markt entwickelte. 1997 wurde er Hauptökonom der Weltbank. Da er das Vorgehen der Weltbank missbilligte, Entwicklungsländern neoliberale Politik aufzuzwingen, legte er 2000 das Amt nieder.

SULSTON, JOHN (Großbritannien, geboren 1942). Medizin 2002. Der Sohn eines anglikanischen Pfarrers wurde in Cambridge unterrichtet. R. Horvitz, S. Brenner und Sulston teilen sich den Nobelpreis für ihre Forschungsarbeiten auf dem Gebiet der genetischen Regulierung der Organentwicklung und des programmierten Zellsterbens. In den 1990ern war er führend in Großbritanniens Beteiligung am Humangenomprojekt und setzte sich erfolgreich dafür ein, die Forschungsergebnisse weiter öffentlich zu machen und die Privatisierung der Genome durch kommerzielle Interessenverbände zu verhindern.

SZENT-GYÖRGYI, ALBERT (Ungarn, USA, 1893–1986). Medizin 1937. Szent-Györgyi, Spross einer alten Adelsfamilie, diente während des Ersten Weltkrieges in der österreichischen Armee. Er studierte an mehreren Universitäten und Laboratorien Europas und promovierte in Cambridge. Zwischen den Weltkriegen leistete er Pionierarbeit im Bereich der Muskelkontraktion. Szent-Györgyi erhielt den Nobelpreis für seine Forschung über Vitamin C. Während des Zweiten Weltkrieges schloss er sich dem ungarischen Widerstand an. Der Haftbefehl wurde von Hitler persönlich unterschrieben. 1945 emigrierte er nach Woods Hole, Massachusetts, wo er bis zu seinem Lebensende in der Krebsforschung tätig war.

SZYMBORSKA, WISLAWA (Polen, geboren 1923). Literatur 1996. Die Dichterin verbrachte fast ihr ganzes Leben in Krakau. Während der deutschen Besatzungszeit war sie Mitglied eines illegalen Untergrundtheaters. Das Nobelkomitee würdigte ihre »Dichtung, die es dem geschichtlichen und biologischen Umfeld ironisch-präzise ermöglicht, in Teilstücken der menschlichen Realität ans Licht zu kommen«.

TAGORE, RABINDRANATH (Indien, 1861–1941). Literatur 1913. Der Bengale Tagore war Nationalist und ein Freund Gandhis. Er studierte in Großbritannien und wurde 1915 zum Ritter geschlagen, einen Titel, den er 1919 aus Protest gegen das Massaker von Amritsar zurückgab, in dem britische Truppen Hunderte von unbewaffneten Demonstranten töteten. Seine Romane, Theaterstücke, Kurzgeschichten und Essays spiegeln ausnahmslos seine religiöse Mystik und seinen indischen Hintergrund wider. Tagore verfasste auch den Text der indischen Nationalhymne.

TANAKA, KOICHI (Japan, geboren 1959). Chemie 2002. Tanakas Mutter starb einen Monat nach seiner Geburt. Er studierte und machte seinen Abschluss an der Tohoku Universität. Danach arbeitete er für die Shimadzu Corporation, in der sechs von neun japanischen Preisträgern zum einen oder anderen Zeitpunkt arbeiteten. Er teilt sich den Nobelpreis mit J. B. Fenn und K. Wüthrich für ihre Beiträge zur »Entwicklung von Methoden zur Identifikation und Strukturanalyse biologischer Makromoleküle«.

TERESA, MUTTER (Mazedonien, Indien, 1910–1997). Frieden 1979. Die als Mutter Teresa bekannt gewordene Anjeze Gonxha Bojaxhiu ging 1928 als katholische Missionsschwester nach Indien. 1950 gründete sie ihren eigenen Orden, die *Missionarinnen der Nächstenliebe*, um für die Obdachlosen, die Sterbenden und die Verwaisten zu sorgen. Die Gemeinschaft arbeitet mittlerweile in fünfundzwanzig Ländern.

THOMSON, J. J. (Großbritannien, 1856–1940). Physik 1906. Der Sohn eines Buchhändlers in Manchester besuchte mit vierzehn das College und begann sein Studium in Cambridge mit neunzehn. Dort blieb er sein ganzes Leben lang und stieg zum Master des Trinity College auf. Während er das Cavendish Labor leitete, arbeiteten sieben zukünftige Nobelpreisträger für ihn. Er gewann den Nobelpreis für seine Arbeit über die elektrische Leitfähigkeit von Gasen, obwohl seine Entdeckung des Elektrons im Jahr 1897 von größerer Bedeutung war.

TRIMBLE, DAVID (Nordirland, geboren 1944). Frieden 1998. Trimble lehrte an der Queen's University in Belfast Rechtswissenschaften. Der Führer der Ulster Unionist Party wurde 1999 der erste Premierminister Nordirlands. Obwohl ursprünglich ein unbeugsamer Protestant, gewann er zusammen mit John Hume den Nobelpreis für ihre Arbeit, die 1998 zum nordirischen Friedensabkommen führte.

TUTU, DESMOND (Südafrika, geboren 1931). Frieden 1984. Der anglikanische Pfarrer Tutu studierte und arbeitete mehrere Jahre in Großbritannien. Als Generalsekretär des Südafrikanischen Kirchenrates wurde er zum führenden Sprecher gegen die Apartheid. Das Nobelpreiskomitee ehrte seine lebenslangen Bemühungen um die »menschliche Würde, Brüderlichkeit und Demokratie«. Nach Verleihung des Preises wurde er zum Erzbischof Kapstadts ernannt. Nach dem Ende der Apartheid war er Vorsitzender der Wahrheits- und Versöhnungskommission.

WALCOTT, DEREK (St. Lucia, Trinidad, geboren 1930). Literatur 1992. Die winzige und abgelegene Vulkaninsel St. Lucia ist die Heimat von gleich zwei Nobelpreisträgern. Walcott ist afrikanischer, niederländischer und englischer Abstammung. Der Dichter und Theaterautor unterrichtete einige Jahre an karibischen Schulen. Mittlerweile teilt er sich seine Zeit zwischen Trinidad und der Boston University auf. »In ihm«, so verkündete die Schwedische Akademie, »hat die westindische Kultur ihren größten Dichter gefunden«.

WALD, GEORGE (USA, 1906–1997). Medizin 1967. Wald wurde in der Lower East Side in New York geboren. Er lehrte vierzig Jahre als Professor in Harvard und erhielt den Nobelpreis für seine Forschung über die Rolle des Vitamin C bei der Entstehung der drei Farbpigmente der Retina. Neben seiner wissenschaftlichen Arbeit war er leidenschaftlicher Dozent und ein hartnäckiger Kämpfer gegen Atomwaffen. Seine Opposition gegenüber der amerikanischen Einmischung in Vietnam brachte ihm einen Platz auf Präsident Nixons »Feinde der USA« ein.

WAŁĘSA, LECH (Polen, geboren 1943). Frieden 1983. Wałęsa wurde für seine gewaltfreien Bemühungen um die polnische Arbeitergewerkschaft gewürdigt. Er war Führer der Gewerkschaft Solidarność, die auf der Leninwerft in Danzig entstand. Mit der Verhängung des Kriegsrechts wurde Solidarność 1981 verboten und Wałęsa für ein Jahr ins Gefängnis geschickt. Nach Ende des Kriegsrechts erhielt Solidarność bei den Parlamentswahlen die

Mehrheit aller Stimmen. Von 1990–1995 war Wałęsa Staatspräsident Polens.

WATSON, JAMES (USA, geboren 1928). Medizin 1962. Watson wurde mit fünfzehn an der University of Chicago zugelassen, mit vierundzwanzig war er Mitentdecker der DNA-Doppelhelix. Watsons Ansichten waren oftmals provokativ, sein 1968 erschienenes Buch *Die Doppelhelix* wurde zum Bestseller. Er lehrte zwanzig Jahre in Harvard, wechselte dann aber zum Cold Spring Laboratory in New York, das er zum weltweiten Zentrum der Molekularbiologie aufbaute. Watson gehörte von 1988–1992 auch zu den Mitgestaltern des Humangenomprojekts an den National Institutes of Health.

WEINBERG, STEVEN (USA, geboren 1933). Physik 1979. Weinberg machte Abschlüsse an der Bronx High School of Science, Cornell und Princeton. Danach lehrte er an der University of California in Berkeley, der University of Texas in Austin, am MIT und in Harvard. Zusammen mit Abdus Salam und Sheldon Glashow erhielt er den Nobelpreis für ihren Beitrag zur Theorie der Vereinigung schwacher und elektromagnetischer Wechselwirkung zwischen Elementarteilchen. 1977 erschien sein bekanntes Buch *Die ersten drei Minuten* über die Entstehung des Universums.

WHITE, PATRICK (Australien, 1912–1990). Literatur 1973. Der Sohn eines Schafzüchters lebte mehrere Jahre in Großbritannien, studierte in Cambridge und diente während des Zweiten Weltkrieges bei der Aufklärung der Royal Air Force. Wieder in Australien schrieb er eine Reihe von Romanen und Theaterstücken, die seine Erfahrungen und die australische Landschaft widerspiegeln. Die Schwedische Akademie lobte seine »epische und psychologische Erzählweise, die einen neuen Kontinent in die Literatur einführte«.

WIEMAN, CARL (USA, geboren 1951). Physik 2001. Wieman wuchs an der bewaldeten Küste Oregons auf. Der Professor an der University of Colorado ist mit einer Physikerin verheiratet und setzt sich intensiv für eine bessere Ausbildung seiner Studenten ein, ein Projekt, für das er sein Preisgeld spendete. Er wurde mit dem Nobelpreis ausgezeichnet für die Erzeugung der Bose-Einstein-Kondensation.

WIESCHAUS, ERIC FRANK (USA, geboren 1947). Medizin 1995. In der Highschool interessierte sich Wieschaus für Musik und Kunst, seine Liebe zur Wissenschaft entdeckte er während eines Sommerlagers. Er studierte in Notre Dame, Yale und Zürich. Seit 1981 lehrt Wieschaus in Princeton. Für seine gemeinsamen Arbeiten mit Christiane Nüsslein-Volhard und E. B. Lewis erhielt er den Nobelpreis für ihre Forschungen über Taufliegen, durch die sich Erkenntnisse über menschliche Fehlbildungen im Embryonenstadium ableiten lassen.

WIESEL, ELIE (Rumänien, Frankreich, USA, geboren 1928). Frieden 1986. Elie Wiesel berichtete, dass seine Jugend in dem Viehtransporter starb, in dem er von Rumänien nach Auschwitz deportiert wurde. Er überlebte zehn Monate in verschiedenen Konzentrationslagern. Bis zu seiner Befreiung in Buchenwald verlor er seine Eltern und seine Schwester. 1948 ging er nach Paris und emigrierte 1955 in die USA. Wiesels Werk beschäftigt sich intensiv mit dem Holocaust. Daneben setzte er sich gegen Unterdrückung in der ganzen Welt ein.

WIESEL, TORSTEN (Schweden, USA, geboren 1924). Medizin 1981. Der Sohn eines Psychiaters absolvierte seine medizinische Ausbildung in Schweden und den USA. Nach vierundzwanzig Jahren in Harvard wechselte er 1983 zur Rockefeller Universität, deren Präsident er 1991 wurde. Wiesel teilt sich den Nobelpreis mit D. H. Hubel für ihre Arbeit über Informationsverarbeitung beim Sehen. Die Forschungsergebnisse unterstützten die Einstellung, dass bestimmte Augenfehler bei Neugeborenen so schnell wie möglich chirurgisch korrigiert werden sollten.

WIGNER, EUGENE (Ungarn, USA, 1902–1995). Physik 1963. Der in Ungarn geborene Wigner emigrierte 1930 in die USA und arbeitete mehr als vierzig Jahre in Princeton. Er gehörte der Gruppe von Wissenschaftlern an, die die US-Regierung von der Notwendigkeit eines Atombombenprojektes überzeugten. Zusammen mit Enrico Fermi konstruierte Wigner an der University of Chicago den ersten Atomreaktor. Er erhielt den Nobelpreis für seinen Beitrag zur Elementarteilchenphysik, insbesondere für die Symmetrieprinzipien. Seine fünfhundert Artikel füllen acht Bände.

WILKINS, MAURICE (Neuseeland, Großbritannien, 1916–2004). Medizin 1962. Wilkins zog mit sechs Jahren von Neuseeland nach Großbritannien. Er studierte Physik in Cambridge und verbrachte den größten Teil seiner Laufbahn an der University of London. Während des Zweiten Weltkrieges arbeitete er am Manhattan Projekt mit. Danach wechselte er zur Biophysik und entdeckte zusammen mit Francis Crick und James Watson die DNA-Struktur.

WILLIAMS, BETTY (Nordirland, USA, geboren 1943). Frieden 1976. Williams, eine Empfangsdame, musste 1976 mitansehen, wie das außer Kontrolle geratene Auto eines erschossenen Terroristen in drei Kinder hineinraste und sie tötete. Zusammen mit Mairead Corrigan, der Tante der getöteten Kinder, gründete sie die Organisation Peace People, wofür sie mit dem Nobelpreis geehrt wurden. 1982 zog Betty Williams in die USA.

WILLIAMS, JODY (USA, geboren 1950). Frieden 1997. Die Menschenrechtsaktivistin Jody Williams teilte sich den Nobelpreis mit der von ihr koordinierten Internationalen Kampagne für das Verbot von Landminen. 1997 fand ihre Arbeit ihren Höhepunkt im Vertrag von Oslo zur Ächtung von Landminen, den 121 Staaten unterzeichneten. Russland, China und die USA schlossen sich dem Vertrag nicht an.

WILSON, WOODROW (USA, 1856–1924). Frieden 1919. Der Sohn und Enkel presbyterianischer Pfarrer wurde Professor der Rechtswissenschaften und später Präsident der Princeton University. Von 1911–1912 war er Gouverneur von New Jersey und von 1912–1920 der achtundzwanzigste und einzige Präsident mit einem Doktortitel. Er erhielt den Nobelpreis für seine »Vierzehn Punkte«-Bemühungen, am Ende des Ersten Weltkrieges einen gerechten und anhaltenden Frieden zu schaffen.

XINGJIAN, GAO (China, Frankreich, geboren 1940). Literatur 2000. Yingjian absolvierte ein Französisch-Studium am Institut für Fremdsprachen in Peking. Während der Kulturrevolution wurde er sechs Jahre in ein Umerziehungslager gesteckt. Zwischen 1980 und 1986 schrieb er viele Geschichten, Essays und Theaterstücke. Als diese von der Zensur verboten wurden, verließ er 1987 China und ließ sich in Frankreich nieder. Er ist ein anerkannter Tuschekünstler mit vielen internationalen Ausstellungen.

YALOW, ROSALYN (USA, geboren 1921). Medizin 1977. Rosalyn Yalow promovierte 1945 in Atomphysik. Die Ehefrau und Mutter zweier Kinder arbeitete dreißig Jahre lang für das Bronx Veterans Administration Medical Center. Sie wurde für die Entwicklung radioimmunologischer Methoden zur Bestimmung von Peptidhormonen mit dem Nobelpreis ausgezeichnet. 1995, nach einem Schlaganfall, verweigerte ihr ein New Yorker Krankenhaus, dessen Mutteruniversität Yalow die Ehrendoktorwürde verliehen hatte, die Aufnahme, da sie für eine verdächtige (illegale) Ausländerin gehalten wurde.

YANG, CHEN NING (China, USA, geboren 1922). Physik 1957. Der Sohn eines Mathematikprofessors bekam nach dem Abschluss an der Tsinghua-Universität ein Stipendium für die University of Chicago, wo er mit Enrico Fermi zusammenarbeitete. Nach seiner Promotion blieb er noch ein Jahr in Chicago, wechselte nach Princeton und später nach Stony Brook. Er teilt sich den Nobelpreis mit Tsung-Dao Lee für grundlegende Forschungen über die Gesetze der Parität, die zu wichtigen Entdeckungen über Elementarteilchen führten.

YEATS, WILLIAM BUTLER (Irland, 1865–1939). Literatur 1923. Der Patriot Yeats gehörte sechs Jahre zum Irischen Senat. Sein Werk und die Leitung des Abbey Theatre in Dublin führten zu einer neuen literarischen Blüte Irlands. Yeats erhielt den Nobelpreis für seine Dramen, obwohl seine Gedichte bekannter sind. Die schönsten schrieb er erst nach seinem fünfzigsten Lebensjahr.

YUNUS, MUHAMMAD (Bangladesch, geboren 1940). Frieden 2006. Der als »Bankier der Armen« bekannte Yunus erhielt 1969 seinen Doktortitel in Wirtschaftswissenschaften an der Vanderbilt University. 1974 lieh er einer Gruppe armer Frauen zwanzig Dollar, um sie vor Geldhaien zu bewahren. Dies führte 1976 zur Gründung der Grameen Bank, die Armen Mikrokredite zur Verfügung stellt, um ihnen die Selbständigkeit zu ermöglichen. Seither hat die Bank sechs Milliarden Dollar an sieben Millionen Einwohner Bangladeschs verliehen. Siebenundneunzig Prozent davon waren Frauen. Die Bank blickt auf eine Rückzahlungsquote von neunundneunzig Prozent, erwirtschaftet Gewinne und initiiert umfangreiche Programme in den Bereichen Wohnunterkünfte, Stipendien und Telekommunikation.

ANHANG 3

LISTE ALLER NOBELPREISTRÄGER
1901 BIS 2008

PHYSIK

2008 – Yoichiro Nambu, Makoto Kobayashi, Toshihide Maskawa

2007 – Albert Fert, Peter Grünberg

2006 – John C. Mather, George F. Smoot

2005 – Roy J. Glauber, John L. Hall, Theodor W. Hänsch

2004 – David J. Gross, H. David Politzer, Frank Wilczek

2003 – Alexei A. Abrikosov, Vitaly L. Ginzburg, Anthony J. Leggett

2002 – Raymond Davis Jr., Masatoshi Koshiba, Riccardo Giacconi

2001 – Eric A. Cornell, Wolfgang Ketterle, Carl E. Wieman

2000 – Zhores I. Alferov, Herbert Kroemer, Jack S. Kilby

1999 – Gerardus 't Hooft, Martinus J.G. Veltman

1998 – Robert B. Laughlin, Horst L. Störmer, Daniel C. Tsui

1997 – Steven Chu, Claude Cohen-Tannoudji, William D. Phillips

1996 – David M. Lee, Douglas D. Osheroff, Robert C. Richardson

1995 – Martin L. Perl, Frederick Reines

1994 – Bertram N. Brockhouse, Clifford G. Shull

1993 – Russell A. Hulse, Joseph H. Taylor Jr.

1992 – Georges Charpak

1991 – Pierre-Gilles de Gennes

1990 – Jerome I. Friedman, Henry W. Kendall, Richard E. Taylor

1989 – Norman F. Ramsey, Hans G. Dehmelt, Wolfgang Paul

1988 – Leon M. Lederman, Melvin Schwartz, Jack Steinberger

1987 – J. Georg Bednorz, K. Alex Müller

1986 – Ernst Ruska, Gerd Binnig, Heinrich Rohrer

1985 – Klaus von Klitzing

1984 – Carlo Rubbia, Simon van der Meer
1983 – Subramanyan Chandrasekhar, William A. Fowler
1982 – Kenneth G. Wilson
1981 – Nicolaas Bloembergen, Arthur L. Schawlow, Kai M. Siegbahn
1980 – James Cronin, Val Fitch
1979 – Sheldon Glashow, Abdus Salam, Steven Weinberg
1978 – Pyotr Kapitsa, Arno Penzias, Robert Woodrow Wilson
1977 – Philip W. Anderson, Sir Nevill F. Mott, John H. van Vleck
1976 – Burton Richter, Samuel C.C. Ting
1975 – Aage N. Bohr, Ben R. Mottelson, James Rainwater
1974 – Martin Ryle, Antony Hewish
1973 – Leo Esaki, Ivar Giaever, Brian D. Josephson
1972 – John Bardeen, Leon N. Cooper, Robert Schrieffer
1971 – Dennis Gabor
1970 – Hannes Alfvén, Louis Néel
1969 – Murray Gell-Mann
1968 – Luis Alvarez
1967 – Hans Bethe
1966 – Alfred Kastler
1965 – Sin-Itiro Tomonaga, Julian Schwinger, Richard P. Feynman
1964 – Charles H. Townes, Nicolay G. Basov, Aleksandr M. Prokhorov
1963 – Eugene Wigner, Maria Goeppert-Mayer, J. Hans D. Jensen
1962 – Lev Landau
1961 – Robert Hofstadter, Rudolf Mössbauer
1960 – Donald A. Glaser
1959 – Emilio Segrè, Owen Chamberlain
1958 – Pavel A. Cherenkov, Il'ja M. Frank, Igor Y. Tamm
1957 – Chen Ning Yang, Tsung-Dao Lee
1956 – William B. Shockley, John Bardeen, Walter H. Brattain
1955 – Willis E. Lamb, Polykarp Kusch
1954 – Max Born, Walther Bothe
1953 – Frits Zernike
1952 – Felix Bloch, E. M. Purcell
1951 – John Cockcroft, Ernest T.S. Walton
1950 – Cecil Powell
1949 – Hideki Yukawa

1948 – Patrick M.S. Blackett
1947 – Edward V. Appleton
1946 – Percy W. Bridgman
1945 – Wolfgang Pauli
1944 – Isidor Isaac Rabi
1943 – Otto Stern
1942 – kein Preis verliehen
1941 – kein Preis verliehen
1940 – kein Preis verliehen
1939 – Ernest Lawrence
1938 – Enrico Fermi
1937 – Clinton Davisson, George Paget Thomson
1936 – Victor F. Hess, Carl D. Anderson
1935 – James Chadwick
1934 – kein Preis verliehen
1933 – Erwin Schrödinger, Paul A.M. Dirac
1932 – Werner Heisenberg
1931 – kein Preis verliehen
1930 – Sir Venkata Raman
1929 – Louis de Broglie
1928 – Owen Willans Richardson
1927 – Arthur H. Compton, C.T.R. Wilson
1926 – Jean Baptiste Perrin
1925 – James Franck, Gustav Hertz
1924 – Manne Siegbahn
1923 – Robert A. Millikan
1922 – Niels Bohr
1921 – Albert Einstein
1920 – Charles Edouard Guillaume
1919 – Johannes Stark
1918 – Max Planck
1917 – Charles Glover Barkla
1916 – kein Preis verliehen
1915 – William Bragg, Lawrence Bragg
1914 – Max von Laue
1913 – Heike Kamerlingh Onnes

1912 – Gustaf Dalén
1911 – Wilhelm Wien
1910 – Johannes Diderik van der Waals
1909 – Guglielmo Marconi, Ferdinand Braun
1908 – Gabriel Lippmann
1907 – Albert A. Michelson
1906 – J.J. Thomson
1905 – Philipp Lenard
1904 – Lord Rayleigh
1903 – Henri Becquerel, Pierre Curie, Marie Curie
1902 – Hendrik A. Lorentz, Pieter Zeeman
1901 – Wilhelm Conrad Röntgen

CHEMIE

2008 – Osamu Shimomura, Martin Chalfie, Roger Y. Tsien
2007 – Gerhard Ertl
2006 – Roger D. Kornberg
2005 – Yves Chauvin, Robert H. Grubbs, Richard R. Schrock
2004 – Aaron Ciechanover, Avram Hershko, Irwin Rose
2003 – Peter Agre, Roderick MacKinnon
2002 – John B. Fenn, Koichi Tanaka, Kurt Wüthrich
2001 – William S. Knowles, Ryoji Noyori, K. Barry Sharpless
2000 – Alan Heeger, Alan G. MacDiarmid, Hideki Shirakawa
1999 – Ahmed Zewail
1998 – Walter Kohn, John Pople
1997 – Paul D. Boyer, John E. Walker, Jens C. Skou
1996 – Robert F. Curl Jr., Sir Harold Kroto, Richard E. Smalley
1995 – Paul J. Crutzen, Mario J. Molina, F. Sherwood Rowland
1994 – George A. Olah
1993 – Kary B. Mullis, Michael Smith
1992 – Rudolph A. Marcus
1991 – Richard R. Ernst
1990 – Elias James Corey
1989 – Sidney Altman, Thomas R. Cech
1988 – Johann Deisenhofer, Robert Huber, Hartmut Michel

1987 – Donald J. Cram, Jean-Marie Lehn, Charles J. Pedersen

1986 – Dudley R. Herschbach, Yuan T. Lee, John C. Polanyi

1985 – Herbert A. Hauptman, Jerome Karle

1984 – Bruce Merrifield

1983 – Henry Taube

1982 – Aaron Klug

1981 – Kenichi Fukui, Roald Hoffmann

1980 – Paul Berg, Walter Gilbert, Frederick Sanger

1979 – Herbert C. Brown, Georg Wittig

1978 – Peter Mitchell

1977 – Ilya Prigogine

1976 – William Lipscomb

1975 – John Cornforth, Vladimir Prelog

1974 – Paul J. Flory

1973 – Ernst Otto Fischer, Geoffrey Wilkinson

1972 – Christian Anfinsen, Stanford Moore, William H. Stein

1971 – Gerhard Herzberg

1970 – Luis Leloir

1969 – Derek Barton, Odd Hassel

1968 – Lars Onsager

1967 – Manfred Eigen, Ronald G.W. Norrish, George Porter

1966 – Robert S. Mulliken

1965 – Robert B. Woodward

1964 – Dorothy Crowfoot Hodgkin

1963 – Karl Ziegler, Giulio Natta

1962 – Max F. Perutz, John C. Kendrew

1961 – Melvin Calvin

1960 – Willard F. Libby

1959 – Jaroslav Heyrovsky

1958 – Frederick Sanger

1957 – Alexander Todd

1956 – Sir Cyril Hinshelwood, Nikolay Semenov

1955 – Vincent du Vigneaud

1954 – Linus Pauling

1953 – Hermann Staudinger

1952 – Archer J.P. Martin, Richard L.M. Synge

1951 – Edwin M. McMillan, Glenn T. Seaborg

1950 – Otto Diels, Kurt Alder

1949 – William F. Giauque

1948 – Arne Tiselius

1947 – Sir Robert Robinson

1946 – James B. Sumner, John H. Northrop, Wendell M. Stanley

1945 – Artturi Virtanen

1944 – Otto Hahn

1943 – George de Hevesy

1942 – kein Preis verliehen

1941 – kein Preis verliehen

1940 – kein Preis verliehen

1939 – Adolf Butenandt, Leopold Ruzicka

1938 – Richard Kuhn

1937 – Norman Haworth, Paul Karrer

1936 – Peter Debye

1935 – Frédéric Joliot, Irène Joliot-Curie

1934 – Harold C. Urey

1933 – kein Preis verliehen

1932 – Irving Langmuir

1931 – Carl Bosch, Friedrich Bergius

1930 – Hans Fischer

1929 – Arthur Harden, Hans von Euler-Chelpin

1928 – Adolf Windaus

1927 – Heinrich Wieland

1926 – The Svedberg

1925 – Richard Zsigmondy

1924 – kein Preis verliehen

1923 – Fritz Pregl

1922 – Francis W. Aston

1921 – Frederick Soddy

1920 – Walther Nernst

1919 – kein Preis verliehen

1918 – Fritz Haber

1917 – kein Preis verliehen

1916 – kein Preis verliehen

1915 – Richard Willstätter
1914 – Theodore W. Richards
1913 – Alfred Werner
1912 – Victor Grignard, Paul Sabatier
1911 – Marie Curie
1910 – Otto Wallach
1909 – Wilhelm Ostwald
1908 – Ernest Rutherford
1907 – Eduard Buchner
1906 – Henri Moissan
1905 – Adolf von Baeyer
1904 – Sir William Ramsay
1903 – Svante Arrhenius
1902 – Emil Fischer
1901 – Jacobus H. van 't Hoff

MEDIZIN

2008 – Harald zur Hausen, Françoise Barré-Sinoussi, Luc Montagnier
2007 – Mario R. Capecchi, Sir Martin J. Evans, Oliver Smithies
2006 – Andrew Z. Fire, Craig C. Mello
2005 – Barry J. Marshall, J. Robin Warren
2004 – Richard Axel, Linda B. Buck
2003 – Paul C. Lauterbur, Sir Peter Mansfield
2002 – Sydney Brenner, H. Robert Horvitz, John E. Sulston
2001 – Leland H. Hartwell, Tim Hunt, Sir Paul Nurse
2000 – Arvid Carlsson, Paul Greengard, Eric R. Kandel
1999 – Günter Blobel
1998 – Robert F. Furchgott, Louis J. Ignarro, Ferid Murad
1997 – Stanley B. Prusiner
1996 – Peter C. Doherty, Rolf M. Zinkernagel
1995 – Edward B. Lewis, Christiane Nüsslein-Volhard, Eric F. Wieschaus
1994 – Alfred G. Gilman, Martin Rodbell
1993 – Richard J. Roberts, Phillip A. Sharp
1992 – Edmond H. Fischer, Edwin G. Krebs

1991 – Erwin Neher, Bert Sakmann
1990 – Joseph E. Murray, E. Donnall Thomas
1989 – J. Michael Bishop, Harold E. Varmus
1988 – Sir James W. Black, Gertrude B. Elion, George H. Hitchings
1987 – Susumu Tonegawa
1986 – Stanley Cohen, Rita Levi-Montalcini
1985 – Michael S. Brown, Joseph L. Goldstein
1984 – Niels K. Jerne, Georges J.F. Köhler, César Milstein
1983 – Barbara McClintock
1982 – Sune K. Bergström, Bengt I. Samuelsson, John R. Vane
1981 – Roger W. Sperry, David H. Hubel, Torsten N. Wiesel
1980 – Baruj Benacerraf, Jean Dausset, George D. Snell
1979 – Allan M. Cormack, Godfrey N. Hounsfield
1978 – Werner Arber, Daniel Nathans, Hamilton O. Smith
1977 – Roger Guillemin, Andrew V. Schally, Rosalyn Yalow
1976 – Baruch S. Blumberg, D. Carleton Gajdusek
1975 – David Baltimore, Renato Dulbecco, Howard M. Temin
1974 – Albert Claude, Christian de Duve, George E. Palade
1973 – Karl von Frisch, Konrad Lorenz, Nikolaas Tinbergen
1972 – Gerald M. Edelman, Rodney R. Porter
1971 – Earl W. Sutherland, Jr.
1970 – Sir Bernard Katz, Ulf von Euler, Julius Axelrod
1969 – Max Delbrück, Alfred D. Hershey, Salvador E. Luria
1968 – Robert W. Holley, H. Gobind Khorana, Marshall W. Niren-
      berg
1967 – Ragnar Granit, Haldan K. Hartline, George Wald
1966 – Peyton Rous, Charles B. Huggins
1965 – François Jacob, André Lwoff, Jacques Monod
1964 – Konrad Bloch, Feodor Lynen
1963 – Sir John Eccles, Alan L. Hodgkin, Andrew F. Huxley
1962 – Francis Crick, James Watson, Maurice Wilkins
1961 – Georg von Békésy
1960 – Sir Frank Macfarlane Burnet, Peter Medawar
1959 – Severo Ochoa, Arthur Kornberg
1958 – George Beadle, Edward Tatum, Joshua Lederberg
1957 – Daniel Bovet

1956 – André F. Cournand, Werner Forßmann, Dickinson W. Richards
1955 – Hugo Theorell
1954 – John F. Enders, Thomas H. Weller, Frederick C. Robbins
1953 – Hans Krebs, Fritz Lipmann
1952 – Selman A. Waksman
1951 – Max Theiler
1950 – Edward C. Kendall, Tadeus Reichstein, Philip S. Hench
1949 – Walter Hess, Egas Moniz
1948 – Paul Müller
1947 – Carl Cori, Gerty Cori, Bernardo Houssay
1946 – Hermann J. Muller
1945 – Sir Alexander Fleming, Ernst B. Chain, Sir Howard Florey
1944 – Joseph Erlanger, Herbert S. Gasser
1943 – Henrik Dam, Edward A. Doisy
1942 – kein Preis verliehen
1941 – kein Preis verliehen
1940 – kein Preis verliehen
1939 – Gerhard Domagk
1938 – Corneille Heymans
1937 – Albert Szent-Györgyi
1936 – Sir Henry Dale, Otto Loewi
1935 – Hans Spemann
1934 – George H. Whipple, George R. Minot, William P. Murphy
1933 – Thomas H. Morgan
1932 – Sir Charles Sherrington, Edgar Adrian
1931 – Otto Warburg
1930 – Karl Landsteiner
1929 – Christiaan Eijkman, Sir Frederick Hopkins
1928 – Charles Nicolle
1927 – Julius Wagner-Jauregg
1926 – Johannes Fibiger
1925 – kein Preis verliehen
1924 – Willem Einthoven
1923 – Frederick G. Banting, John Macleod
1922 – Archibald V. Hill, Otto Meyerhof
1921 – kein Preis verliehen

1920 – August Krogh
1919 – Jules Bordet
1918 – kein Preis verliehen
1917 – kein Preis verliehen
1916 – kein Preis verliehen
1915 – kein Preis verliehen
1914 – Robert Bárány
1913 – Charles Richet
1912 – Alexis Carrel
1911 – Allvar Gullstrand
1910 – Albrecht Kossel
1909 – Theodor Kocher
1908 – Ilya Mechnikov, Paul Ehrlich
1907 – Alphonse Laveran
1906 – Camillo Golgi, Santiago Ramón y Cajal
1905 – Robert Koch
1904 – Iwan Pawlow
1903 – Niels Ryberg Finsen
1902 – Ronald Ross
1901 – Emil von Behring

LITERATUR

2008 – Jean-Marie Gustave Le Clézio
2007 – Doris Lessing
2006 – Orhan Pamuk
2005 – Harold Pinter
2004 – Elfriede Jelinek
2003 – J. M. Coetzee
2002 – Imre Kertész
2001 – V. S. Naipaul
2000 – Gao Xingjian
1999 – Günter Grass
1998 – José Saramago
1997 – Dario Fo
1996 – Wislawa Szymborska

1995 – Seamus Heaney
1994 – Kenzaburō Ōe
1993 – Toni Morrison
1992 – Derek Walcott
1991 – Nadine Gordimer
1990 – Octavio Paz
1989 – Camilo José Cela
1988 – Nagib Mahfuz
1987 – Joseph Brodsky
1986 – Wole Soyinka
1985 – Claude Simon
1984 – Jaroslav Seifert
1983 – William Golding
1982 – Gabriel García Márquez
1981 – Elias Canetti
1980 – Czesław Miłosz
1979 – Odysseus Elytis
1978 – Isaac Bashevis Singer
1977 – Vicente Aleixandre
1976 – Saul Bellow
1975 – Eugenio Montale
1974 – Eyvind Johnson, Harry Martinson
1973 – Patrick White
1972 – Heinrich Böll
1971 – Pablo Neruda
1970 – Alexander Solschenizyn
1969 – Samuel Beckett
1968 – Yasunari Kawabata
1967 – Miguel Angel Asturias
1966 – Schmuel Agnon, Nelly Sachs
1965 – Michail Alexandrowitsch Scholochow
1964 – Jean-Paul Sartre
1963 – Giorgos Seferis
1962 – John Steinbeck
1961 – Ivo Andric
1960 – Saint-John Perse

1959 – Salvatore Quasimodo
1958 – Boris Pasternak
1957 – Albert Camus
1956 – Juan Ramón Jiménez
1955 – Halldór Laxness
1954 – Ernest Hemingway
1953 – Winston Churchill
1952 – François Mauriac
1951 – Pär Lagerkvist
1950 – Bertrand Russell
1949 – William Faulkner
1948 – T.S. Eliot
1947 – André Gide
1946 – Hermann Hesse
1945 – Gabriela Mistral
1944 – Johannes V. Jensen
1943 – kein Preis verliehen
1942 – kein Preis verliehen
1941 – kein Preis verliehen
1940 – kein Preis verliehen
1939 – Frans Eemil Sillanpää
1938 – Pearl S. Buck
1937 – Roger Martin du Gard
1936 – Eugene O'Neill
1935 – kein Preis verliehen
1934 – Luigi Pirandello
1933 – Ivan Bunin
1932 – John Galsworthy
1931 – Erik Axel Karlfeldt
1930 – Sinclair Lewis
1929 – Thomas Mann
1928 – Sigrid Undset
1927 – Henri Bergson
1926 – Grazia Deledda
1925 – George Bernard Shaw
1924 – Władisław Stansiław Reymont

1923 – William Butler Yeats

1922 – Jacinto Benavente

1921 – Anatole France

1920 – Knut Hamsun

1919 – Carl Spitteler

1918 – kein Preis verliehen

1917 – Karl Gjellerup, Henrik Pontoppidan

1916 – Verner von Heidenstam

1915 – Romain Rolland

1914 – kein Preis verliehen

1913 – Rabindranath Tagore

1912 – Gerhart Hauptmann

1911 – Maurice Maeterlinck

1910 – Paul Heyse

1909 – Selma Lagerlöf

1908 – Rudolf Eucken

1907 – Rudyard Kipling

1906 – Giosuè Carducci

1905 – Henryk Sienkiewicz

1904 – Frédéric Mistral, José Echegaray

1903 – Bjørnstjerne Bjørnson

1902 – Theodor Mommsen

1901 – Sully Prudhomme

FRIEDENSNOBELPREISE

2008 – Martti Ahtisaari

2007 – *Intergovernmental Panel on Climate Change,* Al Gore

2006 – Muhammad Yunus, Grameen Bank

2005 – Internationale Atomenergiebehörde, Mohamed El-Baradei

2004 – Wangari Maathai

2003 – Shirin Ebadi

2002 – Jimmy Carter

2001 – Vereinte Nationen, Kofi Annan

2000 – Kim Dae-jung

1999 – Médecins Sans Frontières

1998 – John Hume, David Trimble
1997 – Internationale Kampagne für das Verbot von Landminen, Jody Williams
1996 – Carlos Filipe Ximenes Belo, José Ramos-Horta
1995 – Joseph Rotblat, Pugwash Conferences on Science and World Affairs
1994 – Jassir Arafat, Schimon Peres, Jitzchak Rabin
1993 – Nelson Mandela, F.W. de Klerk
1992 – Rigoberta Menchú Tum
1991 – Aung San Suu Kyi
1990 – Michail Gorbatschow
1989 – Der vierzehnte Dalai Lama
1988 – Friedenstruppe der Vereinten Nationen
1987 – Oscar Arias Sánchez
1986 – Elie Wiesel
1985 – *International Physicians for the Prevention of Nuclear War*
1984 – Desmond Tutu
1983 – Lech Wałęsa
1982 – Alva Myrdal, Alfonso García Robles
1981 – Der Hohe Flüchtlingskommissar der Vereinten Nationen
1980 – Adolfo Pérez Esquivel
1979 – Mutter Teresa
1978 – Anwar al-Sadat, Menachem Begin
1977 – Amnesty International
1976 – Betty Williams, Mairead Corrigan
1975 – Andrei Sacharow
1974 – Seán MacBride, Eisaku Sato
1973 – Henry Kissinger, Le Duc Tho
1972 – kein Preis verliehen
1971 – Willy Brandt
1970 – Norman Borlaug
1969 – Internationale Arbeitsorganisation
1968 – René Cassin
1967 – kein Preis verliehen
1966 – kein Preis verliehen
1965 – United Nations Children's Fund

1964 – Martin Luther King Jr.

1963 – Internationales Komitee Rotes Kreuz, *League of Red Cross Societies*

1962 – Linus Pauling

1961 – Dag Hammarskjöld

1960 – Albert Lutuli

1959 – Philip Noel-Baker

1958 – Georges Pire

1957 – Lester Bowles Pearson

1956 – kein Preis verliehen

1955 – kein Preis verliehen

1954 – Der Hohe Flüchtlingskommissar der Vereinten Nationen

1953 – George C. Marshall

1952 – Albert Schweitzer

1951 – Léon Jouhaux

1950 – Ralph Bunche

1949 – Lord Boyd Orr

1948 – kein Preis verliehen

1947 – *Friends Service Council, American Friends Service Committee*

1946 – Emily Greene Balch, John R. Mott

1945 – Cordell Hull

1944 – Internationales Komitee Rotes Kreuz

1943 – kein Preis verliehen

1942 – kein Preis verliehen

1941 – kein Preis verliehen

1940 – kein Preis verliehen

1939 – kein Preis verliehen

1938 – *Nansen International Office for Refugees*

1937 – Robert Cecil

1936 – Carlos Saavedra Lamas

1935 – Carl von Ossietzky

1934 – Arthur Henderson

1933 – Sir Norman Angell

1932 – kein Preis verliehen

1931 – Jane Addams, Nicholas Murray Butler

1930 – Nathan Söderblom

1929 – Frank B. Kellogg
1928 – kein Preis verliehen
1927 – Ferdinand Buisson, Ludwig Quidde
1926 – Aristide Briand, Gustav Stresemann
1925 – Sir Austen Chamberlain, Charles G. Dawes
1924 – kein Preis verliehen
1923 – kein Preis verliehen
1922 – Fridtjof Nansen
1921 – Hjalmar Branting, Christian Lange
1920 – Léon Bourgeois
1919 – Woodrow Wilson
1918 – kein Preis verliehen
1917 – Internationales Komitee Rotes Kreuz
1916 – kein Preis verliehen
1915 – kein Preis verliehen
1914 – kein Preis verliehen
1913 – Henri La Fontaine
1912 – Elihu Root
1911 – Tobias Asser, Alfred Fried
1910 – Internationales Ständiges Friedensbüro
1909 – Auguste Beernaert, Paul Henri d'Estournelles de Constant
1908 – Klas Pontus Arnoldson, Fredrik Bajer
1907 – Ernesto Teodoro Moneta, Louis Renault
1906 – Theodore Roosevelt
1905 – Bertha von Suttner
1904 – Institute of International Law
1903 – Randal Cremer
1902 – Élie Ducommun, Albert Gobat
1901 – Henry Dunant, Frédéric Passy

WIRTSCHAFT

2008 – Paul Krugman
2007 – Leonid Hurwicz, Eric S. Maskin, Roger B. Myerson
2006 – Edmund S. Phelps
2005 – Robert J. Aumann, Thomas C. Schelling

2004 – Finn E. Kydland, Edward C. Prescott

2003 – Robert F. Engle III, Clive W.J. Granger

2002 – Daniel Kahneman, Vernon L. Smith

2001 – George A. Akerlof, A. Michael Spence, Joseph E. Stiglitz

2000 – James J. Heckman, Daniel L. McFadden

1999 – Robert A. Mundell

1998 – Amartya Sen

1997 – Robert C. Merton, Myron S. Scholes

1996 – James A. Mirrlees, William Vickrey

1995 – Robert E. Lucas Jr.

1994 – John C. Harsanyi, John F. Nash Jr., Reinhard Selten

1993 – Robert W. Fogel, Douglass C. North

1992 – Gary S. Becker

1991 – Ronald H. Coase

1990 – Harry M. Markowitz, Merton H. Miller, William F. Sharpe

1989 – Trygve Haavelmo

1988 – Maurice Allais

1987 – Robert M. Solow

1986 – James M. Buchanan Jr.

1985 – Franco Modigliani

1984 – Richard Stone

1983 – Gerard Debreu

1982 – George J. Stigler

1981 – James Tobin

1980 – Lawrence R. Klein

1979 – Theodore W. Schultz, Sir Arthur Lewis

1978 – Herbert A. Simon

1977 – Bertil Ohlin, James E. Meade

1976 – Milton Friedman

1975 – Leonid Witaljewitsch Kantorowitsch, Tjalling C. Koopmans

1974 – Gunnar Myrdal, Friedrich August von Hayek

1973 – Wassily Leontief

1972 – John R. Hicks, Kenneth J. Arrow

1971 – Simon Kuznets

1970 – Paul A. Samuelson

1969 – Ragnar Frisch, Jan Tinbergen

INDEX

Die angegebenen Zahlen entsprechen der Nummerierung der Zitate.

Ralf Höcker / Klemens Skibicki / Frank Mühlenbeck

Lexikon der Internetfallen

Was Ihnen im Netz blühen kann und was Sie dagegen tun können
Originalausgabe

ISBN 978-3-548-37322-5
www.ullstein-buchverlage.de

Web 2.0 hat die Welt verändert. Das Internet wird zunehmend zum Minenfeld für arglose Nutzer. Ungewollte Geschäftsabschlüsse durch falsche Mausklicks, illegale Downloads mit strafrechtlichen Konsequenzen oder Mobbing via SchülerVZ sind nur ein paar der Fallen, die im Netz lauern. Das Autorenteam um Ralf Höcker verdeutlicht anhand konkreter Beispiele die Gefahren des Internets und zeigt, wie man sich juristisch gegen unrechtmäßige Ansprüche oder Verleumdungen wehren kann.

US327